記号
IMIAIRIKI

真知 卓思 洞见

生而无权
资本主义与奴隶制度

［特多］埃里克·威廉斯（Eric Williams）著

陆志宝 彭坤元 张晓华 译

北京科学技术出版社

CAPITALISM AND SLAVERY, third edition
by Eric Williams with a new foreword by William A. Darity Jr. and Introduction by Colin A. Palmer
1944, 1994 The University of North Carolina Press, renewed 1972 by Eric Williams
2021 Erica Williams Connell
Foreword 2021 The University of North Carolina Press
Published by arrangement with The University of North Carolina Press
Simplified Chinese translation copyright: 2023 Beijing Science and Technology Publishing Co., Ltd.
by Beijing Science and Technology Publishing Co., Ltd.
ALL RIGHTS RESERVED

著作权合同登记号 图字：01-2023-5455

图书在版编目（CIP）数据

生而无权：资本主义与奴隶制度 /（特多）埃里克·威廉斯著；陆志宝，彭坤元，张晓华译. -- 北京：北京科学技术出版社，2024.4

书名原文：Capitalism and Slavery
ISBN 978-7-5714-3450-2

Ⅰ.①生… Ⅱ.①埃… ②陆… ③彭… ④张… Ⅲ.①奴隶制度—研究—英国②资本主义—研究 Ⅳ.①D756.19②D091.5

中国国家版本馆CIP数据核字（2023）第243899号

选题策划：记　号	邮政编码：100035
策划编辑：闻　静	电　话：0086-10-66135495（总编室）
责任编辑：闻　静　武环静	0086-10-66113227（发行部）
责任校对：赵艳宏	网　址：www.bkydw.cn
封面设计：刘树栋	印　刷：北京华联印刷有限公司
图文制作：刘永坤	开　本：889 mm×1194 mm 1/32
责任印制：张　良	字　数：234千字
出 版 人：曾庆宇	印　张：11.75
出版发行：北京科学技术出版社	版　次：2024年4月第1版
社　　址：北京西直门南大街16号	印　次：2024年4月第1次印刷
ISBN 978-7-5714-3450-2	

定　价：89.00元

京科版图书，版权所有，侵权必究
京科版图书，印装差错，负责退换

专家推荐

欧洲，特别是英国，为什么在近代崛起？在跨大西洋贸易期间，1500万~3000万非洲人被强迫运至美洲从事种植园奴隶劳动。这种全球性劳动力迁移为欧洲和北美带来了大量财富，构成原始积累的主要来源之一。作为美洲殖民地主要劳动力，非洲奴隶移民从15世纪起为英国工业革命和欧洲近代繁荣做出了巨大贡献，并将丰富的黑人文化带到美洲，开创了一片新天地。埃里克·威廉斯博士在本书中为我们揭示了这一历史事件给人类文明带来的巨变。

李安山

北京大学国际关系学院教授

现任中国非洲史研究会名誉会长、中国非洲问题研究会副会长

本书主要聚焦奴隶贸易和奴隶制与早期资本主义经济发展的关系，在学术研究领域具有里程碑式的地位。第一，威廉

斯开辟了新的研究领域，即奴隶贸易、奴隶制与早期资本主义发展之间的关系，这个课题涉及历史学和经济学等相关学科。第二，从表面上看，威廉斯的研究只是局限英国一国及在奴隶贸易和奴隶制与资本主义关系的范围内。但是，其更大的意义是揭示了资本主义早期西方国家为完成资本原始积累对亚非拉国家实施的残酷掠夺和剥削，也真实展示了亚非拉人民对早期资本主义发展做出的不可磨灭的贡献。第三，威廉斯在他的著作里首次公开对传统的西方史学发起挑战。第四，威廉斯对于奴隶贸易、奴隶制与早期资本主义关系的研究，实际上也为当代亚非拉发展中国家与欧美发达国家之间的关系研究提供了深刻的历史渊源。虽然本书的首次出版距今已经80年了，但是它的学术意义至今闪烁着光芒。即便今天重读这部著作，我们仍能获得新的启迪。

舒运国
上海师范大学非洲研究中心教授

本书是西方学术界第一本系统探究奴隶制与资本主义关系的著作，创造性地揭示了二者之间的悖论关系：正是对数百万加勒比海地区黑人的奴役，帮助英国人积累了工业革命所需的资本；奴隶制在18世纪被废除，并非人道主义理念的发展所致，而是因为其经济效率已经跟不上工业资本主义的步伐，无法提供足够的利润。这一创见永久地改变了奴隶制史、资本主义史、殖民主义史，乃至整个世界近代史的书写。此后的学者们可能会批判或者更新威廉斯的论点，但是几乎无人可以否认奴隶制与资本主义之间存在密切而复杂的关联。而且，不管时代如何变迁，人们也无法忽视威廉斯在此书中给出的尖锐提醒：每一个经济腾飞、财富膨胀的进步时代都不是自动到来的，背后可能有无数的被奴役者在沉默中付出惨痛的代价。

杜华

武汉大学历史学院副教授、副院长，博士生导师
中国美国史研究会理事

特立尼达和多巴哥前总理埃里克·威廉斯的《生而无权》是一部被遗忘的经典。由于研究视角过于超前，本书在首次出版数十年后才重新被发现，并震惊了美国史学界。本书率先提出，大西洋加勒比地区的奴隶制劳动为英国工业革命提供了沾满鲜血的"第一桶金"，不仅革新了史学界对奴隶制的认识，也将美洲纳入了近代欧亚"大分流"的版图，是全球史领域不可不读的先驱之作，必将颠覆读者对世界现代格局形成过程的传统认知。

焦姣

上海大学文学院历史学系讲师，硕士生导师

无论你对奴隶制和殖民主义的遗产持何种立场，威廉斯优雅而充满激情的分析都是必读的。本书对任何真正关心历史的人来说都是必不可少的读物。

特雷弗·菲利普斯
英国作家和政治家，英国伦敦议会前主席

本书是一位牙买加同学在1968年推荐给我的，它改变了我的世界观。我第一次直观了解到现代英国是如何在跨大西洋奴隶贸易和奴隶劳动所创造的财富的基础上发展起来的。

迈克尔·罗森
"nice"爷爷，政治专栏作家

不读埃里克·威廉斯的《生而无权》，就不可能有效地理解现代性和后殖民世界。

希拉里·贝克尔斯爵士
西印度大学副校长

能经受住时间的考验，并持续推进历史学辩论的书籍并不多见。本书就是这类罕见的书籍。

安东尼·博格斯
美国布朗大学阿萨·梅瑟人文与批评理论教授、
奴隶制与正义研究中心首任主任

自　序

　　本书试图以英国作为典型例子，从历史角度阐述早期资本主义与奴隶贸易、奴隶制度，以及与17—18世纪整个殖民地贸易之间的关系。每一个时代都要重新编写历史，我们这个时代也是如此。由于这个时代的种种事变，我们不得不重新评价我们原有的历史观点，原有的经济和政治的发展观点。关于英国工业革命的发展过程，许多专门著作和通俗读物已经做了比较充分的论述。一方面，工业革命时期的经验教训，在一般受过教育的阶层的思想中，特别是在那些对现有见解的形成和引导做过努力的人的思想中，已经深深扎了根。另一方面，关于工业革命发生之前那个时期的情况，虽然已有大量材料，并有不少著作问世，但鉴于当时世界范围的贸易及其内在关系的性质，这种贸易对工业革命发展所产生的影响，以及它留给现代文明世界的遗产，则还没有人加以全面和详细的阐述。因此，本书打算在这方面做一次尝试。此外，对人们熟知的社会、政治，甚至思潮的经济根源，本书也要加以阐明。

本书既不是一部思想方面的论著，也不是一部解释性的著作。严格地说，这是一部经济史著作，它研究黑人奴隶制的作用，研究奴隶贸易积累的资本在为英国工业革命提供资金方面所起的作用，以及研究工业资本主义成熟后在摧毁奴隶制方面所起的作用。因此，本书首先是一部研究英国经济史的著作，其次是一部研究西印度群岛和黑奴历史的著作。本书研究的并非奴隶制的结构，而是奴隶制对英国资本主义发展做出了什么贡献。

我在此要向有关方面表示感谢。下列机构的许多工作人员给了我热切的关怀和帮助，这些机构是：英国的大英博物馆（British Museum）、国家档案馆（Public Record Office）、印度事务部档案馆（India Office Library）、西印度群岛委员会（West India Committee）、牛津大学（University of Oxford）的罗德楼图书馆（Rhodes House Library）、英国银行档案馆（Bank of England Record Office）、英国反奴役与原住民保护协会（British Anti-Slavery and Aborigines Protection Society）、伦敦的友好大厦（Friends' House）、曼彻斯特的约翰·赖兰兹图书馆（John Rylands Library）、曼彻斯特的中央图书馆（Central Library）、利物浦的公共图书馆（Public Library）、赫尔的威尔伯福斯博物馆（Wilberforce Museum），美国国会图书馆（Library of Congress），哈瓦那的国家图书馆（Biblioteca Nacional）、友好经济学会之家（Sociedad Económica de Amigos del Pais）。我还要对美国芝加哥的纽贝里图书馆（Newberry Library）致以谢意。在该图书馆的帮助下，我得以通过与霍华德大学的创始人图书馆（Founders' Library）有馆际借书关系的一个内部图书馆，借阅了查尔斯·惠特沃思爵士（Sir Charles Whitworth）关于"大不列颠进出口贸易1697—1773年历年状况"的统计数字，这些数据很有价值。

我的研究项目得到下列机构的帮助：特立尼达岛的当地政府提供了第一笔奖学金，牛津大学奖给了我2笔高级奖学金，研究英国殖民地史的拜特基金会（Beit Fund）提供了2笔基金，朱利叶斯·罗森沃尔德基金会（Julius Rosenwald Foundation）分别于1940年和1942年授予我奖学金。华盛顿的乔治·华盛顿大学（George Washington University）的洛厄尔·J. 拉加茨（Lowell J. Ragatz）教授、加利福尼亚州克莱尔特蒙市波莫纳学院（Pomona College）的弗兰克·W. 皮特曼（Frank W. Pitman）教授和西北大学（Northwestern University）的梅尔维尔·J. 赫斯科维茨（Melville J. Herskovits）教授非常热心地审阅过这份书稿，并提出了许多建议。我在霍华德大学的多年同事查尔斯·伯奇（Charles Burch）教授也给予了我同样的帮助。文森特·哈洛（Vincent Harlow）博士现任伦敦大学帝国史的罗兹教授，他曾辅导我在牛津大学的博士论文，不断给我以极大帮助。最后，我的妻子在摘录笔记和录入文稿方面给了我很大帮助。这里一并向他们致谢。

埃里克·威廉斯（Eric Williams）
霍华德大学，1943年9月12日

目 录

第1章　黑人奴隶制的起源　　　　　　　001

第2章　黑奴贸易的发展　　　　　　　　039

第3章　英国的商业与三角贸易　　　　　067

第4章　西印度群岛利益集团　　　　　　111

第5章　英国的工业与三角贸易　　　　　129

第6章　美国独立战争　　　　　　　　　143

第7章　1783—1833年英国资本主义的发展　165

第8章　新的工业生产秩序　　　　　　　179

第9章　英国资本主义与西印度群岛　　　205

第10章　英国的商业界与奴隶制　　　227

第11章　"圣徒"与奴隶制　　　237

第12章　奴隶与奴隶制　　　261

第13章　结　论　　　277

注　释　　　283

参考文献　　　347

第1章
黑人奴隶制的起源

1492年，克里斯托弗·哥伦布（Christopher Columbus）以西班牙国王的名义发现了新大陆。从此以后，国与国之间为争夺殖民地爆发了一系列长期而激烈的冲突。然而，四个半世纪[1]的光阴过去了，仍未找到解决冲突的方案。最早对外扩张的葡萄牙宣称新大陆是属于它的，理由是：罗马教皇在1455年的诏谕中把奴役所有异教徒的权利授予了葡萄牙，而新大陆正好属于该诏谕划定的范围。西班牙和葡萄牙为了解决两国之间的争执，四处寻找仲裁。鉴于两国都信奉天主教，理所当然地把问题提到了教皇面前。当时教皇拥有至高无上的权力，任何个人和政府都不敢违抗他。罗马教皇仔细地研究了两国针锋相对的申诉之后，于1493年连续发布了几道诏谕，划定了两国殖

---

[1] 此处及本书中的"今日"等表述，均指作者撰写本书的20世纪30—40年代。

民地的分界线，分界线以东划归葡萄牙，以西划归西班牙。但是，这样的划分并不能满足葡萄牙的欲望，翌年，敌对双方又签订了《托德西利亚斯条约》(Treaty of Tordesillas)，才取得了较为满意的妥协结果。该条约修订了教皇所做的允许葡萄牙占有巴西的裁决。

但是，无论教皇的调解还是正式的条约，均不能约束其他国家，实际上反而遭到了它们的抵制。1497年，卡伯特（Cabot）之航行抵达北美洲，就是英国对葡萄牙、西班牙两国分割领土所做的直接反应。法国国王弗朗索瓦一世（François I）发出了著名的抗议："太阳照耀他人，也照耀我。我倒想看看在亚当遗嘱的条文里是否写明不许我分享世界。"丹麦国王则说，就东印度群岛而言，他拒绝接受教皇的裁决。伊丽莎白一世（Elizabeth I）时代的著名政治家威廉·塞西尔爵士（Sir William Cecil）认为，教皇无权"随心所欲拿走或转送国土"。1580年，英国政府还提出"实际占领决定主权"[1]这一针锋相对的原则。自此之后，就应了当时的说法——"世上无和平"。后来巴巴多斯的一个总督说："西班牙国王无法长期控制下去……那么，该由谁来主宰西印度群岛呢？是英国国王，还是法国国王？"[2]这是一场激烈的争吵。英国、法国，甚至荷兰，都开始向伊比利亚半岛上的两个轴心国挑战，而且宣布要占有阳光下的土地。以后黑人也会来分占地盘，不过他们并非自己要来，而是新大陆的甘蔗、烟草、棉花种植园的阳光要煎熬他们。

根据亚当·斯密（Adam Smith）的理论，一个新殖民地的成功取决于一个简单的经济因素，即"有大片肥沃的土地"[3]。1776年以前，英国占有的殖民地大致可以分为两种类型。第一类殖民地是多样化的自给自足的小农经济。吉本·韦克菲尔德（Gibbon Wakefield）[1]讥笑这类小农生产者是一帮"搔抓地皮者"，[4]他们过着"发不了横财，也难飞黄腾达，但生计可靠的生活"[5]。1840年的加拿大，情况就是如此。第二类殖民地则拥有设备，能够大规模生产供出口的产品。美洲大陆北部的殖民地属于第一类；而大陆南部的烟草种植园和加勒比地区盛产蔗糖的岛屿属于第二类。政治经济学家赫尔曼·梅里韦尔（Herman Merivale）指出，在第二类殖民地中，必须实行强制劳动，否则土地和资本都得白费。[6]换句话说，只有依靠强迫命令，劳动才可能成为持续、有效和协调的。马萨诸塞的农夫一向在小面积土地上耕作，用自己的血汗换取少得可怜的收获。因此，个人主义在马萨诸塞的农夫中非常盛行。这就需要把他们变为有组织的集体，以从事大面积的资本主义大农业生产。不实行这种强制性，劳动者就会自发地为自己的利益劳作，耕种自己的小土地。人们经常讲英国大资本家皮尔（Peel）

---

[1] 建立澳大利亚南部殖民地和新西兰殖民地的关键人物，并对英属北美殖民地很感兴趣，参与了《英属北美事务报告》（Report on the Affairs of British North America）的起草，短期担任过加拿大省议会议员。（本书中无特殊说明的页下注，均为编注。）

先生的故事：他曾携带5万英镑、300名劳工来到澳大利亚的斯旺里弗（Swan River）殖民地。他的计划当然是要这批劳工为他干活，就像在英国一样。但抵达澳大利亚之后，这批劳工看到了广袤的土地，他们宁可自己种地当小业主，也不愿为挣工资去给资本家干活。澳大利亚毕竟不是英国，这个资本家最终被大伙抛弃，无人给他铺床，无人为他打水。[7]

在加勒比地区的殖民地，防止"劳动力走失"和"小农耕作"的办法是实行奴隶制。对此，佐治亚早期的历史经验是有助益的。这个地区的某些托管人尽管在其他殖民地拥有奴隶，却禁止该地的种植园使用奴隶。这让佐治亚的种植园主处于十分不利的地位，正如乔治·怀特菲尔德（George Whitefield）[1]描写的那样：两条腿都被捆起来了，还要人往前跑。无怪佐治亚的种植园主纷纷举杯，祝愿早日实行奴隶制。后来对该地的禁令终于取消了。[8]梅里韦尔曾把奴隶制看作"可恨的资源"[9]，也许是这样。不过，奴隶制的确是具有头等重要意义的经济体制。它曾经是古希腊的经济基础，还缔造了罗马帝国。在近代，它又为西方人的香茶和咖啡提供白糖。奴隶制生产出来的棉花是近代资本主义的基础，它塑造了美国南部和加勒比地区。如果从历史的角度看，奴隶制不过是下等阶层横遭虐待的

---

[1] 英国国教的牧师和传教士，美国基督教大觉醒运动的重要人物之一，同时也是奴隶制的拥护者。1751年，在怀特菲尔德的支持下，佐治亚恢复了本已废除的奴隶制度。

一部分；是整个严酷无情的封建法律和贫民法的组成部分，是新兴的资产阶级冷漠地"开始用英镑计算财产……为了达到提高生产、聚敛财富的目的，不惜牺牲人的生命"[10]。

亚当·斯密是具有新自由主义思想的工业中产阶级的代表，他后来经常宣传这样的观点：总的来说，实行奴隶制是由于主人的傲慢和贪权，在役使奴隶的地方，如若实行自由的劳动，收益当会更可观。他还指出，普遍的经验无可争辩地说明，"用奴隶干活，似乎只需维持其生命就够了，然而实际上所花费的代价却最大，因为对不可能积蓄财富的人来说，他总想吃得最多，干得最少"[11]。

在这里，亚当·斯密把时间、地点、劳动和土地这一个个具体的问题看作抽象的命题。自由雇佣劳动比奴隶劳动当然具有经济上的优越性，奴隶主也明白这一点。奴隶并非心甘情愿地劳动，他们既没有技术，又缺乏才干。[12]如果其他条件都一样，人们当然会选择自由劳动。但是，在殖民地发展的早期阶段，其他条件是不一样的。当时并不是因存在自由雇佣劳动，与之对比后才选择奴隶制的；相反，那时在客观上没有可供选择的余地。吉本·韦克菲尔德写道，奴隶制产生的原因"取决于当时的经济环境，与道德无关，也无所谓邪恶与善行，完全是出于生产上的需要"[13]。由于16世纪的欧洲人口有限，不能向美洲新大陆提供足够的自由劳动力以从事甘蔗、烟叶和棉花的大规模种植，因此，实行奴隶制就势在必行。为了获得奴隶，欧洲人最初的目标是当地居民，后来又转向非洲。

在某种情况下，奴隶制有一些明显的"好处"。如在种植甘蔗、烟叶和棉花方面，可以大大降低成本。奴隶主使用有组织的奴隶从事大规模的生产，由此从土地上得到的好处超过个体小农或小农业主。而生产上述经济作物所获得的巨额利润，完全足以补偿由于奴隶劳动效率不高而造成的较大费用。[14]况且种植园的劳动不需要多少知识，工作单调，只需要协调一致、手脚不停。这就是奴隶制的实质。情况后来发生了变化，由于新移民不断地输入和繁衍，人口到达了一定密度，可供私人耕种的土地全部分配完毕。只有到了这个阶段时，奴隶制的费用，包括生产成本、养活生产与非生产奴隶的开支，才超过雇佣劳动的费用。正如赫尔曼·梅里韦尔所写："一旦可以获得大量自由劳动力，使用奴隶劳动的费用才会超过雇用自由劳动力的费用。"[15]

从发展的眼光看，实行奴隶制的最大弊病是使土地迅速贫瘠。因为要取得驯服而廉价的劳动力，只有迫使下等社会阶层日益堕落和贫困化，并千方百计造成他们愚昧无知，从而使他们安于现状。因此，农田轮作制和科学耕作完全不适宜奴隶制社会。结果是造成了土地肥力递减。托马斯·杰斐逊（Thomas Jefferson）描写弗吉尼亚当时的情况说："花钱买1英亩[1]新地，比买肥料给1英亩旧地施肥来得便宜。"[16]在南方，奴隶主有个"美名"，叫作"土地扼杀者"（land-killer）。如果

---

[1] 1英亩约为4047平方米。

肥沃的土地真是无边无际的,那么奴隶制造成的恶果倒还可以弥补或延缓,也因此,奴隶制社会必须不断向外扩张,只有不断取得肥沃的新土地,奴隶制才能有生命力。[17]梅里韦尔写道:"与其雇用廉价的自由劳动力耕作贫瘠的旧地,还不如使用昂贵的奴隶劳动力耕作新地,后者更能挣钱。"[18]这个逻辑,从弗吉尼亚、马里兰到卡罗来纳、佐治亚、得克萨斯和中西部地区,从巴巴多斯到牙买加、海地和古巴,都是一成不变的。这好比是一场接力赛跑,最先起跑的人把接力棒传给另外一个人,然后满腹悲伤,一瘸一拐地落在后面,他当然不会是心甘情愿的。

加勒比地区役使的奴隶一直局限于黑人。这最初本来是一种经济现象,后来就产生了种族的纠葛。种族主义不是产生奴隶制的根源;相反,它是实行奴隶制的产物。在美洲大陆的非自由劳动力中,有棕种人、白种人、黑种人和黄种人,有基督教徒、新教徒和异教徒。

在新大陆,就种族而言,最早被卷入奴隶买卖并发展为奴隶劳动对象的还不是非洲黑人,而是当地的印第安人。印第安人由于过度劳累、饮食不足、白人带来的传染病,以及无法适应新的生活方式,大批地加速死亡。他们过惯了自由自在的生活,他们的体质和性情都不适应奴隶制种植园的恶劣状况。费尔南多·奥尔蒂斯（Fernando Ortíz）[1]这样写道："逼迫印第安人下矿井，去从事单调、紧张而又繁重的劳动，断绝了他的部族联系，取消了他的宗教仪式……这简直如同剥夺了他的生机……这不仅是奴役他的肉体，也是奴役他的集体精神。"[19]

来到多米尼加共和国首都圣多明各的游客都会看到哥伦布的雕像，在它的下方还塑造了一个印第安妇女，正怀着感恩不尽的心情（铭牌上是这么写的）书写着这位新大陆发现者的名字。但是，另一个故事是这样叙述的：有一个名叫阿图埃伊（Hatuey）的印第安人部族首领，因为抵抗侵略被判处了死刑。当他得知要杀他的刽子手也期望死后进天堂时，他至死都不肯接受用基督教信仰为他超度。看起来，比起无名氏妇女的塑像，阿图埃伊的故事更能代表当时印第安人对新来的统治者所持的态度。

英国和法国在各自的殖民地效仿西班牙的做法，也使印第安人沦为奴隶。不过有一个明显的区别：西班牙国王曾企图只把奴隶制施于那些拒绝信奉基督教的印第安人和好战的加勒比人，后者被认为是食人族；但是在英国政府看来，奴役印第安人仅仅是殖民地当地的事情，不同于后来奴役黑人那样，牵涉大英帝国的重大利益。阿尔蒙·惠勒·劳伯（Almon Wheeler Lauber）写道："只有牵涉非洲奴隶贸易时，本国政府才对殖

---

[1] 古巴人类学家，1940年提出了"跨文化"（transculturation）的思想，著有《古巴对位：烟草与甘蔗》(*Contrapunteo cubano del tabaco y el azúcar*)。

民地的奴隶状况和立法感兴趣……印第安人奴隶制一直不普遍，也没有影响到黑奴制度和黑奴买卖，所以也未引起本国政府的注意。但因为对印第安人的奴役从未被宣布为非法，所以它就一直合法地存在着。"[20]

在英国属地，印第安人奴隶制并未普及。詹姆斯·柯蒂斯·巴拉克（James Curtis Ballagh）在其撰写的关于弗吉尼亚的著作中这样写着，公众的情绪"从来没有要求征服整个印第安种族。这与1661年关于黑奴的第一个奴隶法令一样，实际上都只要求奴役一部分人，而且是很少的一部分人……对印第安人实行奴隶制的问题，不过被看作一种偶尔的、保护性的惩罚，并非正当的永久之计"[21]。在新英格兰殖民地实行印第安人奴隶制无利可图。那里的殖民地经营多种农业经济，不适宜实行任何奴隶制，也无利可图。此外，印第安人奴隶劳作效率也不高。西班牙人发现，1个黑人奴隶顶得上4个印第安人。[22] 1518年，伊斯帕尼奥拉岛（即海地岛）上的一名重要官员执意要求"准予引进黑奴以取代当地的原住民。因为黑奴身强力壮，适宜田间劳动；而印第安人瘦弱无力，只能干些轻便的工作，如看管玉米地或庄园"[23]。后来新大陆种植棉花、甘蔗等需要强劳动的作物时，印第安人是干不了的，而需要靠身强力壮的"棉花黑奴"。"棉花黑奴"这一名称，就类似路易斯安那的"甘蔗骡子"——那里的甘蔗地需要强壮的骡子。据劳伯说："在同一时间、同一地点，你会发现，印第安人奴隶的价格比黑奴的价格要低得多。"[24]

再说，印第安人人口有限，而非洲黑奴却取之不尽用之不竭。结果形成了用从非洲抓来的黑奴耕种从美洲印第安人那里窃取来的土地这一局面。航海家恩里克王子（Prince Henry the Navigator）的航行补充了哥伦布的航行，西非的历史也构成了西印度群岛历史的附加部分。

∽

但是随后直接取代印第安人的还不是黑人，而是贫穷的白人。这些"白人苦工"的情况各不相同，有的人是契约奴，这是因为他们在离开本国前签订了合同，受法律的约束。为此他们不得不在一个规定的时期内服劳役，然后才能回国。另外一些穷白人叫"赎身者"。他们与某个船长讲好条件，乘其船到美洲后支付船费，或者到达后一段时间内付清船费。如果到时不能付清，船长有权把他们转卖给出价最高的人。还有一些是犯人，系按本国政府商定的方针流放到国外服刑一段时期。

上述移民方式十分符合当时的重商主义理论。这一理论不仅极力鼓吹不管是否自愿，都得把穷人投入到有用的艰苦劳动中；而且还大力支持向外移民，以便降低国内穷人的比例，并给懒汉和游民提供到国外挣钱的职业。C. M. 哈尔（C. M. Haar）写道："契约劳役的形成来源于两种不同而又相辅相成的力量：一种是来自新大陆的正面的吸引力，另一种是来自欧洲大陆的反面的驱逐力。"[25] 1606年，安东尼·培根（Antony

Bacon）[1]在呈递给英国国王詹姆斯一世（James I）的公文中强调："通过移民，英国会获得双重好处，既减少了国内的人口，又能在国外利用他们。"[26]

一开始，服短期劳役并不算下贱事情，契约奴中有许多人原是采邑庄园的佃户，为了逃脱令人厌恶的封建束缚才来到美洲。同样，爱尔兰人是为摆脱地主和主教的压迫，来美洲寻求自由的。德国人则是为了逃离三十年战争的创伤。在这些人的心中，有着得到土地的强烈愿望和渴望自由的炽热感情。他们来到这片新的土地，渴望获得成为自由人的机会。他们的想象力已被在国内听到的种种生动而夸张的描绘所唤起。[27]可是，情况后来发生了变化。用历史学家詹姆斯·亚历山大·威廉姆森（James Alexander Williamson）的话说："人们想象的那种美好的殖民地，想象海外还有一个更大更好的英国，这一切此刻都淹没在追逐眼前的利益之中。"[28]此时，新来的移民也开始多是品行不端的人，这成了契约劳役的特点。

在输送契约奴的过程中形成了一条正规的运输线。1654—1685年，仅英国布里斯托尔一地就输出1万名契约奴，主要前往西印度群岛和弗吉尼亚。[29] 1683年，白奴占弗吉尼亚总人口的六分之一。18世纪，在宾夕法尼亚的移民中，有三分之二是白奴。在4年间，仅输入费城一地的白奴就有2.5万人。据估

---

[1] 英国商人、工业家，他在梅瑟蒂德菲尔成为英国炼铁中心的过程中发挥了重大作用。

计,在殖民地时期,白奴有25万多人。[30]他们约占全部英国移民的一半,其中大部分人去了中美洲一带的殖民地。[31]

随着商业投机卷入这场输入移民的活动,种种不正当的手段出现了。如绑架受此刺激盛行起来,而且在伦敦、布里斯托尔等城市竟成为一种正式的行当。绑匪会用酒灌醉成人,用甜食诱骗小孩。人们把这些绑匪叫作"幽灵"(spirits),他们"绑架男男女女和小孩,然后把他们卖给船主,远渡重洋"。即将出航牙买加的船长总要带着酒去光顾一下克拉肯威尔教养所(Clerkenwell House of Correction),"邀请"因扰乱治安而被关在那里的一些女孩一起前往西印度群岛。[32]这些诱惑,一如布里斯托尔市长抱怨的那样,对那些冒冒失失和轻易受骗的人很有吸引力,竟致使丈夫遗弃妻子,妻子丢弃丈夫,徒工远离师父;而为逃避法律制裁的逃犯也在海船上找到了藏身之所。[33]在德国的移民浪潮中,出现了所谓"新登陆者"(newlander),这是指当时的劳工经纪人。这些经纪人奔走于莱茵河两岸,劝诱封建领地上的农民卖掉家当移居美洲,事成后向每个移民索取一笔酬金。[34]

这些"新登陆者"会施展各种诡计,有关这方面的叙述很多。[35]但是无论他们施展了什么样的诡计,起决定作用的还是当时客观存在的社会现实。正如弗里德里希·卡普(Friedrich Kapp)所写:"移民热的真正原因在于本国恶劣的政治经济状况。比起'新登陆者',德意志各小邦贫穷、压迫的状况更能有力而持久地推动移民。"[36]

大批的罪犯是白人苦工的又一个来源。英国严酷的封建法律拟定了300种死罪。例如，有下列罪行者要处以绞刑：扒窃1先令以上，入店行窃价值达5先令，偷盗一匹马或一只羊，偷猎绅士庄园里的兔子，等等。[37]根据法律要处以放逐的罪行有：偷布，焚烧玉米秸，伤害或打死牲畜，阻挠税务官履行职责，腐败的法律实践。[38]1664年制定的法律提案提出，要把所有的游民、懒汉、恶棍、小偷、吉卜赛人，以及那些经常出入非法妓院的嫖客统统放逐到殖民地去。[39]1667年的一份请求宽恕的请愿书，恳请当局把一名妇女的死刑改判为流放。其实这名妇女只不过偷了仅值3先令4便士的东西。[40]到了1745年，凡偷一个银勺或一块金表的人都得被判处流放。[41]解放黑奴后的第一年，判处流放则成为对工会活动实施惩罚的手段。因此我们很难不得出如下结论：种植园劳动力需求与法律之间有着某种联系。不过令人惊奇的是，在海外殖民地终其一生者竟寥寥无几。

本杰明·富兰克林（Benjamin Franklin）反对"把欧洲的垃圾倾倒在美洲大陆"的做法，他认为这是一国对另一国的极大侮辱。他反问道，如果英国有权把它的犯人遣送到殖民地，那么为了交换，殖民地是否也有权把响尾蛇送往英国呢？[42]富兰克林为何如此敏感，我们不得而知。即使遣送来的罪犯都是难以改恶从善的，但人数更多的契约奴和自由移民也能够抵消罪犯的坏影响。这就好比往有毒的杯子里倒入大量的清水。没有犯人的劳动，澳大利亚在19世纪早期的发展是不可能实现的。当然，其中个别移民的情况是例外。当时有人总结了这种普遍看法："在新开拓的殖民地，犯人劳动做出的贡献大于他们的恶行所造成的损失。"[43]这种看法无疑是正确的。一个新兴国家遇到的最大问题便是劳动力问题。正如赫尔曼·梅里韦尔指出的：罪犯劳工事实上等于本国政府送给殖民地的礼物，而殖民地用不着负担进口这批劳力的费用。[44]1611年，弗吉尼亚总督表示乐意接受一批暂缓执行死刑的犯人。他说："这源源不断地给我们提供了人力。这些人并不总是穷凶极恶的。"[45]西印度群岛准备接受一切三教九流之人，甚至包括来自纽盖特和布莱德威尔两座监狱里的社会渣滓。因为，"没有不可救药的铁笼之鸟。他们来到此地后，就有可能改过自新并得到晋升，何况已有了这方面的可喜实例"[46]。

1640—1740年的100年间，英国国内的政治动乱大大增加了白人苦工的输出。一些不遵奉国教者或政治异见者因为他们的非正统信仰而遭到驱逐，其中大多数人被流放到西印度群岛。这也是奥利弗·克伦威尔（Oliver Cromwell）执政时期许多爱尔兰囚犯的命运，他们也被流放到西印度群岛。[47]这一政策推行得如此彻底，以至于在英语中增添了一个主动动词barbadoes，意思是把某人放逐到巴巴多斯等地。[48]蒙特塞拉特岛[1]后来变成了以爱尔兰人为主的殖民地。[49]直至今日，在英

---

[1] 属于西印度群岛，位于下文中背风群岛的南方，是一座火山岛，至今仍为英国海外领土。

属西印度群岛各地，人们还不时可以听到夹杂着爱尔兰口音的英语。然而，爱尔兰人多是穷奴仆，他们痛恨英国人，并随时准备帮助英国的敌人。1689年，在背风群岛的暴动[50]中，我们可以看到爱尔兰人的这种深仇大恨。据威廉·爱德华·莱基（William Edward Lecky）[1]说，这种情绪后来使爱尔兰人在华盛顿领导的反英斗争中成为最勇敢的战士。[51]在这之前，克伦威尔执政时期的苏格兰民族运动的失败者和爱尔兰人一样，也遭到了流放。苏格兰人"在国外许多地方大多充当苦力和士兵"[52]。由于宗教方面的迫害，也有许多工人被遣送到种植园。1661年，贵格会信徒因第三次拒绝向政府宣誓，遭到流放。1664年又有规定，凡16岁以上借宗教之名举行集会达3次、人数超过5人者，罚款100英镑，或放逐到弗吉尼亚和新英格兰以外的任何殖民地种植园。[53]蒙茅斯[2]的许多支持者被遣送到巴巴多斯，判处为奴10年。当时，国王还把这些犯人分批赐给受宠的朝臣，获赐的朝臣通过转卖这些劳动力牟取了巨额利润。据说女王也参与其中。[54]18世纪詹姆斯党人叛乱失败后，遭到了类似的处置。

---

[1] 爱尔兰历史学家、散文家和政治理论家。著有8卷本的《18世纪爱尔兰史》。
[2] 指1685年在英国发生的一场反对信仰天主教的英国国王詹姆斯二世（James Ⅱ）的叛乱，由流亡荷兰的第一代蒙茅斯公爵詹姆斯·斯科特（James Scott）发起。詹姆斯·斯科特在战败后被处决，詹姆斯二世的权力因此得到巩固，直到1688年光荣革命时被推翻。

流放白奴这件事充分说明了中央航路（Middle Passage）[1]的悲惨。这种悲惨并不是什么罕见和不人道的，它只不过是那个时代的产物。这些移民在船舱里挤得动弹不得。据戈特利布·米特尔贝格尔（Gottlieb Mittelberger）[2]说，每个人的铺位仅0.6米宽、1.8米长。[55]由于船身小、航程长，加上没有冷冻设备，食物腐坏，疾病自然不可避免。1659年，在呈送议会的一份请愿书上，提到有72个白奴被锁在船舱里，度过了5个半星期的航程。请愿书上写道："他们与马挤在一起，承受着热带高温的熬煎，许多人晕厥了过去。"[56]这种不人道之举当然受到了抨击。费伦（Fearon）在提到费城的一艘移民船时吃惊地说："这真是埋葬活人的坟墓。这是人类受苦的悲惨景象。"[57]其实，当时自由旅客的条件也好不了多少。一名贵妇描述了从苏格兰到西印度群岛的一次航行，当时船上挤满了契约白奴。这番描述可以表明，奴隶在船上遭受的苦难不以自己肤色是黑是白而有所区别。这名贵妇写道："简直不能相信，人之本性竟会如此堕落，为了一点蝇头小利就可以如此虐待自己的同胞。"[58]

契约白奴和罪犯的流放，在英国竟成为一项得到法律保护的巨大收益。1661年，殖民局（Colonial Board）成立，它的

---

[1] 是大西洋三角奴隶贸易的中段旅程，即横渡大西洋，数百万非洲人经此航线被运往美洲。
[2] 德国作家，以作品《1750年宾夕法尼亚之旅》（*Journey to Pennsylvania in the Year 1750*）最为出名。米特尔贝格尔的游记描写了美洲殖民时期德国移民的苦难，是这一时期的一手历史资料。

一个主要职责是管理契约白奴的买卖事宜。1664年，国王还指派了一个以王弟为首的委员会来检查和报告有关白奴输出的情况。1670年，关于禁止把英国罪犯流放国外的提案遭到否决，另一项关于反对拐骗儿童的提案也不了了之。然而，在流放重罪犯时，整个等级体系，上自威严的大臣和严肃的法官，下至狱卒看守，都要分一杯羹。[59]有人认为，对同胞和同肤色人的仁慈决定了种植园主对黑奴的偏爱。[60]但是，从当时的文字记载中并未找到这种仁慈的痕迹，至少在殖民地种植园和商品生产部门中不会有这种仁慈。相反，当时的豪商官吏都参与了输出白奴的交易。他们千方百计逃避出洋白奴的登记，不执行有关流放的规定，因而实际上承认了这一制度。即使抓到了人贩子，也只是给他戴上木枷示众，还不准围观者向他投击器物。对上述贩运白奴勾当提出抗议的是广大群众。如在伦敦大街上，只要你指着一位女性说她是"拐人的妖精"，马上会引起一场风波。

这就是当时英国的国内形势。乔治·杰弗里斯（George Jeffreys）[1]就是在这种形势下来到了布里斯托尔。在这之前，他在英国西部忙于剿灭蒙茅斯叛乱的残余。杰弗里斯作为一个"刽子手"为后世所熟知，他是暴君的代言人，十分骄横残暴。关于他视察西部的情况，在教科书中以"血腥的巡回审判"（Bloody Assizes）被记录下来。这个标题有一个可取之处。

---

[1] 威尔士法官，他在詹姆斯二世统治时期升任大法官。

杰弗里斯在抵达布里斯托尔之前就发誓说,他要用扫帚把布里斯托尔市打扫干净。果然,他的怒火就发泄到那些出入市最高机关的"绑匪"身上。当时,商人和司法官员为了增加重罪犯的人数,常常滥施刑罚,以便把更多的人发配到他们在西印度群岛经营的甘蔗种植园。他们惯会用绞刑恫吓轻罪犯,然后诱迫罪犯提出自愿流放的请求。杰弗里斯到布里斯托尔后,正赶上该市市长准备判决一名扒手流放牙买加,他对这位市长大发雷霆。使布里斯托尔市知名人士大为吃惊的是,市长不得不像个罪犯那样走上被告席,并要亲口表示自己是否服罪。杰弗里斯以特有的语言风格威吓道:"先生,市长先生,不!还是称你为绑匪好,我这个坐在法官席上的老治安官本不认识他这个老无赖。他到酒馆去,为了一小包东西的贿赂,就把别人捆起来流放到西印度群岛。我要割去你的耳朵,你这个老绑匪。如果不是怕玷辱了我的宝剑,我要杀你的头,或把你送到新门监狱去坐牢。你比那些扒手更可恶……我听说这伙绑匪的贩人勾当越做越大。那些重罪犯或叛国犯,只要愿意去阿尔德曼先生在西印度群岛的种植园,就可以被放走。"后来这位市长虽然被科罚1000英镑,但对其同伙和商人们来说,除了感到有点丢脸和受惊,什么也没有损失。他们的利益也丝毫未受侵犯。[61]

　　杰弗里斯之所以如此侮辱市长,有一种解释是他喝醉了,要不就是气得失了常态。[62]但主要原因可能在于英国本身的发展,在于重商主义者对移民问题的看法发生了根本的改变。17世纪末,英国国民经济政策的重点已经由积累贵金属转为发展本国的工业，转为扩大就业和鼓励出口。重商主义者极力主张，为了与他国竞争，就必须降低生产成本。而降低成本的最好办法就是实行低工资，而大量人口往往能保证这一点。17世纪初的欧洲担心人口过剩，到17世纪中期却在担心人口不足。早先开拓殖民地，基本的条件就是能得到来自本国的大量移民。而此时，把大量的人口留在国内却成了本国的利益所在。这样就产生了矛盾。约西亚·蔡尔德爵士（Sir Josiah Child）[1]否认向美洲大量移民削弱了英国本身，但他不得不承认，在这一观点上，他可能只是千分之一的少数。然而他却附和当时世人的看法："任何使一国人口减少的做法，都会使该国贫穷。"[63]照此看来，杰弗里斯把市长臭骂一顿的异常举动就不足为奇了。杰弗里斯的动机可能是经济方面的，而不是感情上的冲动。他的后台——英国王室——在这之前已经授权皇家非洲公司（Royal African Company）可以从事黑奴买卖。此后英国就转向非洲寻找劳动力，以满足新大陆殖民地的需要。到1680年，在巴巴多斯已有足够的例子证明，非洲人比欧洲人更能满足生产上的需要。

后来，在殖民地种植园的契约奴地位每况愈下。最初，自由民是自愿签订的契约，来新大陆服一定期限的劳役。他们既不是被流放的，也不是靠别人供养的，但是后来却逐渐形成了一种人身从属的财产关系。这种关系表现为，在服役期间，自

---

[1] 英国重商主义经济学家、商人和政治家。他还是东印度公司的总督。

由民的人身自由受到不同程度的限制，他们实际上被当作一种物品。[64]在革命前夕，威廉·埃迪斯（William Eddis）[1]写道，他发现在痛苦中呻吟的契约奴，"其惨状超过古埃及的奴隶"[65]。在马里兰，这种劳役还发展成为一种近似于把奴隶当作有体动产的制度。[66]至于宾夕法尼亚，人们这样说："在个别情况下，不管什么人得到过怎样宽厚的待遇，也不管他们是如何自愿接受这种关系，就整个阶层来说，一旦受契约的束缚，这些契约奴就成为临时的有体动产。"[67]在巴巴多斯的甘蔗种植园，契约奴一天到晚"不是耕耘灼热的土地，就是推磨面机、烧锅炉，他们常常吃不饱，根本补偿不了因繁重劳动造成的体力消耗。而且他们吃的主要是一点土豆，喝的是掺有几丝土豆的清水，外加少量的面包和自己辛酸的眼泪。种植园主有时把他们转卖出去，有时则把他们连同马匹和其他牲口一起拿去抵债。有的主人还常常鞭打他们来寻欢作乐，他们睡的地方简直不如猪圈狗窝"[68]。哈洛教授概括说，大量事实无可争辩地说明，在巴巴多斯获得白奴和使用白奴的情况"一直是残酷的，有时是很卑劣的，总之，是有辱英国的名声的"[69]。

可是英国官方认为劳役制不算太坏，因为牙买加的契约白奴比英国的农夫还富有。"牙买加也和世界上任何地方一样，对我们的贸易是十分感激的。那里的状况看起来并不是那么令人

---

[1] 英国人，1769年到达北美殖民地，在马里兰担任海关调查员，反对美国独立，1777年返回英国，并出版《美洲来信集》（Letters from America）。

厌恶。"[70]但是有人对劳役制这一问题很敏感。1676年，分管贸易和种植园的大臣就反对使用"劳役"（servitude）这个字眼，说它意味着奴役和奴隶制，并建议改用"服务"（service）一词。[71]然而用词的更改并未影响到制度本身。人们希望任意抽打黑奴的鞭子不要落到白奴的身上，[72]但是白奴却没有这份福气。因为他们是在一个有限的时期内受奴役的，所以种植园主对他们的福利不像对黑奴的福利那样关心。作为终身奴隶的黑奴在种植园被当作"最有用的附属品"[73]。埃迪斯看到，"黑奴在各个方面，几乎都比可怜的白奴过得要好一些，严厉的种植园主对白奴一直是十分粗暴的"[74]。种植园主把白奴叫作"白渣滓"，让他们混在黑奴当中一起干活。1680年，蒙特塞拉特岛的议会宣称："若不给殖民地提供白奴和黑奴，任何一个殖民地都不会有显著的发展。"[75]欧洲社会把等级制度看得十分重要，无怪埃德蒙·伯克（Edmund Burke）[1]在提到工人阶级时说他们是"一群可怜的羊"，伏尔泰（Voltaire）把他们称作"贱民"。西蒙-尼古拉斯·亨利·兰盖（Simon-Nicolas Henri Linguet）[2]则认定对工人只可利用其体力，他说："一旦工人知道，他也有一个大脑，那么一切事情都要糟糕。"[76]在上述这样等级分明的社会里，有什么必要为殖民地白奴的处境感到内疚呢？

---

[1] 爱尔兰政治家、作家、演说家、政治理论家和哲学家，曾在英国下议院担任数年辉格党的议员。
[2] 以保守政治著称的法国记者，法国大革命期间被处决。

英国作家丹尼尔·笛福（Daniel Defoe）曾直截了当地说白奴实际上就是奴隶。[77]其实不然。白奴丧失人身自由仅仅是一段时期，而黑奴却是终身为奴。前者的地位不会传给后代，而后者的子女要从母为奴。主人从来没有完全控制过白奴的人身自由，但却可以控制黑奴的一切。白奴还享有一定权利，这种权利虽然很有限，但却得到法律的认可，而且也在契约中载明。例如，白奴可以拥有一定的财产。在法律的实施中，把白奴当作财产的概念，从未超出个人财产的范畴，更没有达到有体动产或不动产的阶段。殖民地的法律严格维护这种区别，对诸如不同种族男女之间同居之类的事，实行严厉惩罚。白奴在契约期满后，有希望获得一块土地。当然，每个殖民地的情况各不相同。如托马斯·杰斐逊·沃顿贝克（Thomas Jefferson Wertenbaker）[1]就指出，在弗吉尼亚，白奴期满后可分得土地并未成为一项法定的权利。[78]欧洲的农奴在家乡改变不了自己的身份，到了美洲后却有希望早日获得自由。白奴获得了自由，就成为自耕农，并移居到偏僻之乡。他们在大种植园主贵族的社会中形成了一股民主力量，他们也是向西部扩张的开拓者。美国的杰斐逊和古巴的何塞·安东尼奥·萨科（José Antonio Saco）[2]之所以赞成从欧洲引进白奴，而不主张从非洲

---

[1] 美国著名历史学家，普林斯顿大学美国历史爱德华兹教授。他因1910年发表的博士论文《弗吉尼亚的贵族和平民》（Patrician and Plebeian in Virginia）而声名鹊起。

[2] 作家、政治家、人类学家、历史学家，19世纪古巴的著名人物之一。

输入黑奴，正是因为前者有助于建立民主政治，而不利于贵族政治。[79]

但是，白人劳役制有严重的缺陷。固执的重商主义者马拉奇·波斯尔思韦特（Malachy Postlethwayt）论证说，在商品制造方面，殖民地的白人苦工将会与宗主国产生竞争。所以，与其在工厂使用那些一心想摆脱宗主国的白人劳工，不如让黑人在种植园劳动的好。[80]再说，向殖民地提供劳动力越来越困难，因为种植园对劳动力的需求大大超过了英国流放犯人的人数。同时，人贩子也处境不佳，官司缠身、花费剧增。因为有些人先是表示愿意出洋当劳工，一旦拿到食物和衣服，就上法院控告有人非法扣留他们。[81]这样，新来的契约奴数量远远不足以替换已经期满的那批契约奴数量。在种植园里，白奴容易逃跑，黑奴则不会。黑奴要是获得了自由，为了自身安全计，往往愿意留在原来的住地，因为当地人认得他，不会把他当作游民或逃亡奴隶加以逮捕。白奴在契约期满时能得到一块土地，但黑奴的处境不同，他们的肤色和长相惹人注目，他们不懂白人的语言和生活方式，所以始终被剥夺享有土地的权利。种族上的这些差异更易于使黑奴制度变得合情合理，更易于迫使黑奴像耕牛或拉车之马那样机械地服从，也更易于在精神和智力上把黑奴贬为下等人，从而使奴隶劳动得以推广。最后，实行黑奴制的决定因素，是黑奴的价格比较低廉。付给1个白人劳工10年的工钱就够买1个黑奴劳动一辈子。[82]诚如巴巴多斯总督所宣称的，巴巴多斯的种植园主亲身体会到，"买3个黑人不但比买1个白人便宜,而且前者干的活还多"[83]。

这种与白奴打交道的经验,对船长们来说是十分宝贵的。另外,在非洲绑架黑人要比在英国绑架白人容易得多。运奴船的船长贩运白奴的经验也可以用来指导黑奴的贩运。布里斯托尔,这个当年买卖白奴的中心,现在变成了买卖黑奴的中心。而贩卖白奴累积起来的资本正好可以用于黑奴贸易。白奴的劳役制,为后来黑奴制度的建立奠定了历史基础。种植园里原来监督重罪犯的监工,毫不费力地转为黑奴的监工。历史学家乌尔里克·邦内尔·菲利普斯(Ulrich Bonnell Phillips)教授写道:"作为新大陆后来者的非洲人,被强制纳入业已发展起来的制度中。"[84]

下面谈一谈黑奴制的起源问题。实行黑奴制是出于经济上的原因,而不是种族上的歧视,也就是说,实行黑奴制与劳动者的肤色全然无关,而是由于黑奴价格低廉。比起奴役印第安人或者白人,役使黑奴有着明显的好处。约翰·斯宾塞·巴西特(John Spencer Bassett)[1]在论及北卡罗来纳的情况时写道:"在任何场合,都是适者生存。黑人亦如此。他们吃苦耐劳,既驯服又能干活。印第安人奴隶和白奴比起他们来,相形见绌。"[85]黑人的外貌,他们的头发、肤色、牙齿及"下等人"

---

[1] 美国历史学家,他以1903年公开批评南方精英的种族主义而闻名。

（subhuman）的习性，早为人们广为议论。但是把这些特征看作黑人生来就是奴隶的论据则是后来的事，而且是基于这样一个简单的经济因素：殖民地需要劳动力；之所以用黑人劳动，是因为黑人既便宜又能干。这不是一个理论问题，而是种植园主亲身体验得来的一个实际结论。如果有必要，种植园主甚至会登上月球去寻找劳动力。当然，非洲比月球要近得多，比人口众多的印度和中国也近得多，至于到印度和中国寻找劳动力，那是下一步的事。

要了解美洲的发展进程以解释黑人在这一发展进程中的地位和作用，把白人劳役制的问题讲清楚是十分重要的。讲清这个问题就可以完全打破原来的神话，即白人不能胜任在新大陆气候下的劳动，因此欧洲各国不得不求助于非洲。这种辩解是根本站不住脚的。密西西比有一句格言："唯有骡子和黑人能忍受7月的骄阳。"可是，事实上，白人已经在巴巴多斯的烈日下度过了100多年。佐治亚萨尔斯堡的居民还愤然否认过种植水稻会有损他们的健康。[86]加勒比地区虽然处于热带地区，但那里的气候比热带均一，而且由于温和的海风时时吹来，全年平均气温很少超过27℃。8月的加勒比地区也不似美国某些地区那样潮湿，那样令人难以忍受。美国的领土只有佛罗里达的南端处于热带地区，但是黑奴劳动盛行的地区不在那里，而在弗吉尼亚和卡罗来纳。美国的南部并不比西班牙或意大利南部更热，无怪亚力克西·德托克维尔（Alexis de Tocqueville）会发问，既然欧洲人能够在西班牙或意大利劳动，为什么就不能在美国南部劳动呢？[87]在伊莱·惠特尼（Eli Whitney）发明轧棉机的时候，人们就满怀信心地期望棉花将会由小型农场里的自由劳工来种植，事实也正是如此。[88]后来之所以把种植棉花的白人农夫赶跑，并不是气候原因，而是由于推广了奴隶制种植园。被赶跑的白人农夫向西迁移，种植园也尾随他们向西扩展，结果又迫使白人农夫不得不再次背井离乡。乔治·梅尔维尔·韦斯顿（George Melville Weston）在1857年所写的著作[1]中指出，白人在南方炎热的田野里耕作，在新奥尔良从事繁重的野外劳动，对他们的健康并没有产生什么不良影响。他写道："美洲沿墨西哥湾一带和加勒比地区各岛屿，都可以不必实行残酷的黑奴制度。"[89]在今天，我们亲眼看到，白人佃户在南方取代了黑人，而大批黑人则由南方迁往较寒冷的北方，定居在底特律、纽约、匹兹堡等工业中心。因此，我们再也不应赞同那种认为奴隶制种植园雇用黑奴，是由于白人忍受不了南方恶劣气候的幼稚说法了。

西班牙把贫穷白人源源不断运往古巴和其他各个西属殖民地，这是西班牙殖民政策的特点。费尔南多·奥尔蒂斯指出，在古巴发展史中，烟草和甘蔗显然起了完全不同的作用。烟草在小农场里由白人雇工实行精耕细作，而甘蔗则是在规模很大的种植园里由黑奴实行粗放耕种。作者还把古巴自由民的烟草生产与美国弗吉尼亚奴隶的烟草生产做了进一步的比较。[90]比

---

[1] 指《美国奴隶制的发展》(The Progress of Slavery in the United States)。

较结果说明，这两个地区的主要差别不在于气候，而在于它们的经济结构。不错，古巴的炎热气候对白人来说是难以忍受，还有白人在巴巴多斯死于酷热。但是，今天生活在波多黎各的穷白人农民，基本上安然如故。用历史学家阿奇博尔德·格伦费尔·普赖斯（Archibald Grenfell Price）的话来说，白人在热带地区繁衍了三代人，却还有人认为白人在热带地区不能生存，这是何等的荒谬。[91]同样，从移民初期直到今天，生活在加勒比地区、西印度群岛的荷属萨巴岛和圣马丁岛的白人都生存下来了。来自法国的移民在圣托马斯岛[1]定居约有60年了，他们靠打鱼和种田为生，是今天岛上"最大的单一农民阶级"[92]。普赖斯这样总结说："看来，来自北方的白人只要居住地不暴发可怕的热带疾病，经济收入又充裕，而且有志于从事艰苦的体力劳动，那么他们在信风热带地区是可以一代又一代地度过美好的日子的。"[93] 100多年前，有一批德国移民在牙买加的锡福德定居下来。今天，他们既没有断后，也没有发生本质上的变化，这就完全否定了那种认为北方的白人不能在热带地区生存的主流看法。[94]总之，在热带地区，只要存在以小农场为基础的农业，白人不但能够生存下来，而且还能兴旺繁荣起来。白人离去并不是气候的原因，而是受到了种植园的排挤，而这类种植园需要得到源源不断的大量劳动力。

由此可见，"种植园气候说"不过是一种似是而非的理论。

---

[1] 美属维尔京群岛的主要岛屿，位于波多黎各以东64千米处。

埃德加·特里斯特雷姆·汤普森（Edgar Tristram Thompson）[1]教授就这个问题撰写过一篇精辟的文章，文中说："种植园是一种政治制度，用'气候说'是解释不了的。"是的，种植园是一种政治制度，而且我们可以补充说：它也是一种经济制度。这一理论"是为现存的社会经济秩序辩护的片面理论。它企图说明这种秩序是合乎自然的，因此凡是存在种族问题的地方，这一学说似乎也就成为一种通说"[95]。

澳大利亚的历史可以用来论证这个论点。澳大利亚的陆地面积有将近一半位于热带地区。处于热带地区范围里的昆士兰，种植的主要作物就是甘蔗。当初澳大利亚在发展这项生产时，是使用白人劳动力还是黑人劳动力，原本有选择的余地。可是这个英联邦国家一开始就遵循普遍的做法，从太平洋岛屿引进黑人劳动力从事甘蔗种植。后来，由于越来越多的人要求推行把澳大利亚变成一个白种人国家的政策，到20世纪时，澳大利亚明令禁止非白种人入境。有人认为推行这一政策的结果是导致了澳大利亚甘蔗种植的成本高昂，生产依靠的是人为的办法，而且实行了闭关自守政策才得以维持下来。这些看法没有触及问题的实质。事实上，澳大利亚为成为白人之国，愿意付出任何高昂的代价。在这个问题上，我们主要关心的是澳大

---

[1] 美国种植园历史社会学及种植园在塑造欧洲对新世界殖民化方面作用的权威。他的博士论文题为《种植园》(The Plantation)，为种植园研究从气候和种族理论转向做出了贡献。

利亚消费者所付出的代价,而不是那里劳动者的体质是否出现了逐代退化。

今天,在昆士兰从事制糖业的完全是白人。H. L. 威尔金森(H. L. Wilkinson)写道,从全球范围看,"昆士兰是欧洲人向热带地区发起大规模殖民的一个突出例子。更重要的是,从这个例子可以看到大批欧洲人开展文明活动的整个过程,即从最低等的工作和艰苦的体力劳动,一直到高等的脑力劳动的整个过程"[96]。科学破除了迷信,以至于今天的澳大利亚科学家坚持说,白人男女能在热带健康地生活,唯一的条件是必须从事艰巨的体力劳动。只要具备这个条件,不论在昆士兰还是其他热带地方,他们都能健康地活着。1920年,澳大利亚医学委员会(Australian Medical Congress)的调查报告显示,"对昆士兰的白人展开了严格的科学检查,结果表明,他们在生理上与居住在温带地区的白人一样,并未发生任何变化"[97]。

可见,黑奴制度与气候并没有直接关系,其起源可以用3个短语来概括:加勒比地区的甘蔗,美洲大陆的烟草,还有美洲大陆的棉花。由于经济结构的变化,劳动力的供应也发生了相应的变化。这个变化的基本因素是,"形成了一个包括剥削者和被剥削者的低等社会和经济组织"[98]。另外,甘蔗、烟草和棉花这些经济作物,需要靠拥有大批廉价劳动力的种植园来生产,而由原先是契约奴的白人所经营的小农场,在这种情况下根本无法存在。在巴巴多斯，原来种植烟草的小农场后来被大甘蔗种植园取代了。同样，在加勒比地区，蔗糖业的发展预示着对小农生产者的广泛剥夺。1645年，巴巴多斯的白人小农生产者有11 000人，黑奴有5680人。到1667年时则有大种植园主745人，黑奴82 023人。1645年，该岛有18 300名白人符合征兵条件，但是到1667年只剩8300人符合条件。[99]这说明，白人小农生产者纷纷被挤走了。虽然种植园主继续用各种办法引诱新来的移民，但是最有诱惑力的东西——土地，他们已无法提供了。所以那些期望得到土地的白奴宁愿去其他岛屿，也不愿去巴巴多斯，他们知道去那里根本得不到土地。[100]无可奈何的种植园主只好建议通过立法来制止土地所有者购买更多的土地，同时迫使黑奴和白奴穿用巴巴多斯生产的棉布（英国的重商主义者对此有何反应呢？），从而为贫穷白人提供就业机会，还可以防止黑人学会经商。[101] 1695年，巴巴多斯的总督描绘了这些当过契约奴的白人的悲惨情景：他们吃不上鲜肉，喝不上甜酒，"他们像狗一样受人管制，供人驱使。这种情况无疑会使这些普通白人成群地逃离此地"。然而，这位总督也仅仅是提议给每个拥有8000平方米土地的白人以投票选举议会议员的权利。当时每年都举行议员选举，那些竞选议员的候选人为了捞取选票，"有时给这些可怜的穷人施舍一点甜酒和新鲜食物。这点东西对穷人来说已是营养品了"[102]。生活在这种情况下，贫穷白人不断地离去也就不足为奇了。

贫穷白人为了寻找土地，争先恐后地跑遍了加勒比地区。

他们从巴巴多斯跑到尼维斯岛、安提瓜岛，再从这些地方迁往圭亚那地区和特立尼达岛，最后到达了卡罗来纳。但是他们所到之处都受到一股无情的经济力量——使用黑奴劳动的蔗糖业——的驱赶或掠夺。只有来到当时种植棉花的卡罗来纳时，他们才得以安居下来。可是这种好光景也不过持续了100年。1672—1708年，尼维斯岛的白人减少了五分之三，而黑人增长了一倍。1672—1727年，蒙特塞拉特岛的男性白人减少了三分之二以上，而同一时期的黑人人口却增长了11倍。[103]巴巴多斯人说："种植园主买进的黑奴越多，就越有钱多买黑奴。因为，承蒙上帝恩赐，买进来的黑奴只需一年半的时间就能给主人挣回买他们的价钱。"[104]在种植园发展起来的地方，甘蔗大王已经开始掠夺那些欣欣向荣的农民小生产者同业会，把他们抛进了巨大的蔗糖厂。这些工厂属于一群"幕后人"，即不直接参与经营的大资本家所有，他们雇用了一大批外国的无产者。在这样的种植园经济中，贫穷白人是没有出路的，他们，也许还包括他们的家属，或者充当管家、监工，或者在较为富有的种植园当医生，这就是他们能够得到的一切。乔治·梅尔维尔·韦斯顿写道："假如一个国家竟是由一系列种植园组成，那么白人不是被活活饿死，就是注定要被排挤出去。"[105]当地的种植园主对白人和黑人的人口比例愈加失衡感到不安，他们通过了《差额限定法》(Deficiency Laws)，硬性规定"幕后人"要收留白人苦工，否则要科以罚金。但是这些"幕后人"宁可受罚也不愿收留白人苦工。今天在西印度群岛，那些在巴巴多斯艰难度日的"红腿"(Red-legs)[1]，由于营养不良、嗜饮烈性酒，又不怎么从事体力劳动，个个苍白无力。此外又因近亲通婚，在人种上也发生了退化。这正如赫尔曼·梅里韦尔所说："在一个黑奴制度极其盛行的国家里，白人是不会勤劳的。"[106]

但是哈洛教授坚持认为，这一切成就取决于经济条件而非地理条件。[107]非洲黑人和白人小农生产者都是受害者。少数白人的财富积聚越多，意味着广大黑人的痛苦越深。1650年，巴巴多斯20个月生产出来的经济作物，价值超过300万英镑[108]，约等于现在的1500万英镑。根据计算，1666年，巴巴多斯比在种植甘蔗以前富裕了17倍。"1643年时，巴巴多斯人的住房十分简陋，屋里仅有必需的生活用品。但是到1666年，仅就屋里的摆设，金银餐具和珠宝首饰，价值就达50万英镑。他们的住房既整洁又美观。有些楼房俨然是城堡，周围环绕着蔗糖仓库和黑人的小茅屋，从海上看去宛如许多小城镇。"[109]土地的价格也水涨船高。一个拥有约200公顷土地的种植园在1640年可卖得400英镑；到1648年，仅100公顷就可卖得7000英镑。[110]沃特曼(Waterman)船长拥有占地约320公顷的庄园，一度竟被超过40个业主分割了。[111]蔗糖业基本上用资本主义方式经营，它不仅包括农业生产，还包括炼制粗糖的前几

---

[1] 这个术语用来指生活或曾经生活在巴巴多斯、圣文森特岛、格林纳达岛和其他一些加勒比岛屿上的贫穷白人，他们的祖先从爱尔兰、苏格兰和欧洲大陆被送来做契约奴、劳工或苦力。

道工序。有一份关于法属岛屿蔗糖生产情况的报告，提到炼制10大桶蔗糖与炼制100大桶蔗糖所需费用大致一样，因为所使用的畜力和作坊设备都差不多。[112]牙买加的种植园主詹姆斯·奈特（James Knight）估计过，开办一个甘蔗种植园起码要有160公顷土地。[113]据该岛另一个种植园主兼历史学家爱德华·朗（Edward Long）说，开办一个占地120公顷、年产蔗糖30~50大桶的小种植园，需要资本5000英镑。如果把资本增加到1.4万英镑，那么同样规模的种植园就可以年产蔗糖100大桶。[114]在这样一个社会里，只能有两个阶级，一个是富有的种植园主阶级，一个是受压迫的奴隶阶级。

回顾弗吉尼亚的历史，上述的教训就深刻得多了。弗吉尼亚的种植园经济不是以甘蔗而是以烟草为基础的。沃顿贝克教授的研究推翻了关于弗吉尼亚从一开始就是贵族自治领地这一神话。在17世纪初期，这个殖民地大约三分之二的土地所有者既不使用奴隶也不使用契约奴，其生命力得之于为数众多的白人自耕农。后来由于西班牙的竞争，市场烟草供过于求，弗吉尼亚的烟叶生产情况恶化了。弗吉尼亚人极为气愤，纷纷要求采取措施来对付"那些在西印度野人岛上的英国小种植园"，西班牙人就是通过它们把大批的烟叶运往英国。[115]尽管价格不断下跌，1663—1699年，弗吉尼亚和马里兰的烟叶出口额反而增长了6倍。其原因很简单，就是实行了黑人奴隶制，因而大大降低了生产成本。1670年，弗吉尼亚的黑奴只占总人口的二十分之一，到1730年上升为四分之一。"在殖民地的经济生活中，黑奴制最初是一个无关紧要的因素，后来竟变成了殖民地经济赖以生存的基础。"弗吉尼亚的情况与巴巴多斯不同，小农生产者仍然可以获得闲置的土地。但是这些小生产者如果竞争不过奴隶劳动，那么有了土地也没有用。所以与巴巴多斯农民的命运一样，弗吉尼亚的农民最后也被挤走了。"弗吉尼亚曾是小农生产者的广阔天地，后来也变成了主人和奴隶的地盘。真是处处都没有小农生产者的立足之地。"[116]

加勒比地区后来的全部历史就简单明了多了。那里的英属岛屿和法属岛屿的发展比西属岛屿要早得多。在美元外交到来之前，西属岛屿一直没有得到很好的发展。现在，我们亲眼看到，在美国资本的影响下，古巴、波多黎各、多米尼加共和国都变成了巨大的制糖厂。（虽然在西班牙统治时期，人们不大了解那些地区，特别是古巴的大种植园。）这些制糖厂为外国资本家所有，雇用的是外国工人，采用的是英属西印度群岛制糖厂的经营方式。这个变化过程是和雇用自由劳工同步的，而且又是发生在名义上独立的地区（波多黎各除外）的。这样就有助于我们真正了解当初把黑奴输入英属加勒比地区的实质，也就是种植园发展史中一个阶段的实质。用菲利普斯教授的话说，不是种植园制度"依附于奴隶制，而是奴隶制依附于种植园制度。……可以说，种植园制度已构成国家工业和社会框架，而奴隶制则是为了实现上述目的而制定的一部成文法典"[117]。

凡是种植园未得到发展的地方，如古巴的烟叶种植园，黑人劳工很少，白人劳工占绝大多数。那些具有自由主义思想的古巴人一再要求停止黑奴买卖，招引白人移民。代表自由人士的萨科呼吁："要从世界各地移入自由的白人工人。只要有一副白脸蛋，肯劳动，哪个民族的人都行。"[118]但是蔗糖业终于击败了萨科的呼吁。正是以奴隶劳动为基础的甘蔗种植园，在19世纪阻碍了白人移民进入古巴，正如它在17世纪禁止白人移民到巴巴多斯，在18世纪又禁止白人移民到圣多明各一样。没有甘蔗种植也就没有黑奴。在波多黎各，正规的种植园发展得较晚，在美国统治之前，那里的蔗糖生产从未像其他地方那样主宰过人们的生活和思想，因此务农的贫穷白人得以生存下来，而黑奴人数从未超过总人口的40%。[119]萨科原希望"白化"古巴的社会结构，[120]结果反倒是黑奴制度把整个加勒比地区的社会结构都"黑化"了，而且黑奴的鲜血还染红了大西洋及其两岸。糖甜极了，而且成为人类生活的一种必需品，谁知竟然造成如此多的罪孽和流血，岂不怪哉！

解放黑奴之后，英国种植园主曾想输入白人移民，甚至罪犯。1845年，英属圭亚那总督对来自非洲西海岸外的马德拉群岛的葡萄牙移民赞不绝口。[121]当时的确来了大批葡萄牙人，他们带来的活力在特立尼达岛和英属圭亚那流传至今。但是，他们却宁可当小商小贩也不愿去种植园劳动。牙买加的总督在谈到从英国和爱尔兰来的移民时就做了很大保留。由于疾病蔓延、工资微薄，设法直接增加劳动力的尝试只取得了部分成效。因此，想不加选择地输入移民是行不通的。[122]在圣基茨岛的欧洲移民深感自己命运悲惨，央求当局把他们送回家乡。他们说:"我们乐意从命留在这座岛上,靠自己辛勤的劳动规规矩矩地过日子,并使雇主感到欢欣。无奈这里的气候实在令人无法适应。如果继续生活在西印度炎热有害的气候下,我们中的大部分人恐怕都难免一死……"[123]

其实,并不是气候的原因阻碍了上述试验。奴隶制早就使人们形成了一种极坏的传统观念,即把体力劳动看作奴隶的标志,属于黑人的范畴。所以黑奴在获释后的第一个想法,就是尽快设法离开种植园,到能够获得土地的地方安家。此外,在一个社会中,种植园的白人雇工也不可能与黑人农民在一起生活和劳动。如果小农生产在当时受到鼓励,白人的人数本来是可以兴旺起来的。当然,奴隶制的废除并不意味着甘蔗种植园的消失。黑奴的获释,白人工人的不足,使种植园主重又陷入了17世纪的处境,现在他们需要的仍然是劳动力。17世纪时,他们使用印第安人,后来转用白人,最后奴役黑人。现在失去了黑人,他们又回过头来使用白人,最后又役使东方的印度人。这样,印度就取代了非洲。1833—1917年,特立尼达岛输入了14.5万名印度人,英属圭亚那输入了23.8万名印度人。其他加勒比殖民地也纷纷效仿这种做法。1854—1883年,有3.9万名印度人来到了瓜德罗普岛。1853—1924年,输入到荷属圭亚那的劳工,有3.4万人来自英属印度,2.2万人来自荷属东印度群岛[1]。[124]古巴为解决黑奴短缺问题,也做了一个有趣的尝试。[125]

---

[1] 如今的印度尼西亚。——译注

在解放黑奴后，古巴只好又转向从海地和英属西印度群岛输入劳动力。1913—1924年，古巴从海地、牙买加和波多黎各共输入了12.7万名劳工。[126]萨科在100年前写就的内容，在古巴废除奴隶制60年后，还是变成了现实。

由此可见，实行黑奴制度是在一定的历史条件下，解决加勒比地区劳动力问题的一种办法。蔗糖是靠劳动生产出来的，从事这种劳动的有时是奴隶，有时则是名义上的自由人。从肤色来说，有时是黑人，有时则是白人、棕色人种或黄种人。从任何科学意义上说，奴隶制的实行绝不能说明黑人生来低人一等。1650—1850年，假如没有奴隶制，加勒比地区的甘蔗种植园就不可能取得巨大的发展。

第2章
黑奴贸易的发展

黑奴是"西方世界的力量和肌肉"[1]。实行黑奴制,就需要开展黑奴买卖。因此,维护和促进对非洲的奴隶贸易"对王国及其所属种植园自始至终是十分重要的"[2]。在1783年以前,这一直是英国外交政策的基本方针。1562年,约翰·霍金斯爵士(Sir John Hawkins)开创了英国的贩奴探险活动。这次探险和女王伊丽莎白一世时代的许多其他冒险一样,也是一次海盗式的探险,因为它冒犯了1493年教皇所做的许诺葡萄牙独占非洲的裁决。英国获得的奴隶最初都转卖给了西印度群岛的西班牙人。当时,英国在加勒比地区还没有殖民地,也没有蔗糖生产,所以英国的奴隶贸易还带有很大的盲目性。到1660年,内战时期的政治动荡和社会动乱结束后,英国就准备专心致志地开展这项贸易了。因为,这时英国开始充分认识到,商业贸易对其在新大陆的甘蔗和烟草殖民地所具有的重要性。

根据斯图亚特王朝制定的经济政策，当时把从事奴隶贸易的权利授予了一家垄断公司，即皇家非洲贸易探险者公司（Company of Royal Adventurers Trading to Africa）。该公司于1663年成立时，曾期望千年不衰。为此，克拉伦登伯爵[1]表达了当时同人的普遍热情，说这家公司"将在发展英国贸易方面成为榜样，它要与其他公司一道前进，甚至要与东印度公司并驾齐驱"³。然而，这一乐观的预言未能实现，原因主要是英国与荷兰开战，导致了该公司的亏损和衰落。于是在1672年，建立了皇家非洲公司这个新的贸易公司。

但是，垄断政策仍然奉行不变，因而遭到了来自两个方面的坚决抵制。一方面是中小港口的商人极力要打破贸易公司对商业资本的垄断；另一方面是殖民地的种植园主，他们要求自由买卖黑人。后者主张自由买卖黑人之激烈，与150年后他们激烈反对自由买卖蔗糖，在程度上完全一样。在这个问题上，重商主义学者之间发生了分歧。重商主义的多产作家马拉奇·波斯尔思韦特支持垄断公司，而且是毫无保留地支持。⁴约书亚·吉（Joshua Gee）却强调小贸易商的勤俭和善于经营。⁵当时极为精明的经济学家和财务专家查尔斯·戴夫南特（Charles Davenant）最初反对公司垄断，⁶后来则改变了态度。他辩白

---

[1] 爱德华·海德（Edward Hyde），第一代克拉伦登伯爵（Earl of Clarendon），英国历史学家和政治家。他是查理一世（Charles Ⅰ）和查理二世（Charles Ⅱ）的重臣，也是女王玛丽二世（Mary Ⅱ）和安妮（Anne）的外祖父。

说，其他国家都懂得了组织统一公司的必要性，而这样的公司"在培训大量具有各种非洲贸易知识的人才方面，可以起到专科学校的作用"[7]。

1711年，当时被称作"非法私商"（interlopers）的自由贸易商向贸易委员会（Board of Trade）[1]直截了当地提出反对垄断的提案。垄断意味着把一切置于一家公司的控制之下，诸如购买销往非洲沿海的英国商品、租用运奴船只、向种植园出卖黑奴，以及从种植园输入货物。而由此形成的"海上大循环贸易"，直接或间接地关系到数千自由贸易商的生计。[8]除自由贸易商反对垄断，种植园主也抱怨货物质量、价格的不稳定，以及交货的不及时，并拒绝向公司偿还债务。[9]

当时，奴隶贸易的垄断已遭到强烈反对。"垄断"这个字眼有着丑恶的含义，它使人想起查理一世的残暴政治。可是，还没有一个自由贸易商能想象到，这个字眼在与150年之后西印度群岛甘蔗种植园主的残暴经济相联系时，不知丑恶了多少倍。到了17世纪的最后十几年，经济潮流已完全不利于垄断了。1672年，波罗的海地区的贸易突然打开，东陆公司（Eastland Company）的垄断权也被打破。1688年的光荣革命和放逐詹姆斯二世的一个重要成果，是催生了自由贸易原则。1698年，皇家非洲公司丧失了垄断权，奴隶贸易自由被确认为英国人天经地义的基本权利。同年，伦敦商业冒险家协会

---

[1] 英国主管商务和工业的政府机构。

（Merchant Adventurers of London）的布料出口垄断权被褫夺。1年以后，莫斯科公司（Muscovy Company）的垄断权也被废除，对俄贸易改为自由贸易。这样，自由贩卖奴隶与自由贩卖其他商品之间只有一个区别，即前者的商品本身是活人。

皇家非洲公司实在无力与自由贸易商抗衡，不久宣告破产，不得不依靠议会的津贴维持。1731年，这家公司不再经营奴隶贸易，改为专营象牙和沙金。1750年，一个新的组织成立，名叫非洲贸易商公司（Company of Merchants Trading to Africa）。该公司的9人董事会，由伦敦、布里斯托尔和利物浦各出3名董事组成。1755年，在该公司注册登记的奴隶贩子中有237人来自布里斯托尔，147人来自伦敦，89人来自利物浦。[10]

随着自由贸易的开放和甘蔗种植园日益增长的需要，英国的奴隶贸易大大地发展了。1680—1686年，皇家非洲公司平均每年输送5000名奴隶。[11]自由贸易开放后的9年间，仅布里斯托尔一处就给甘蔗种植园运去了160 950名黑奴。[12]1760年，由英国港口开往非洲的运奴船有146艘，可以运载3.6万名奴隶。[13]1771年，运奴船增至190艘，运载的奴隶数增至4.7万。[14]1700—1786年，输入牙买加的奴隶数为61万。据估计，从1680—1786年，输入西印度群岛英属殖民地的奴隶总数超过200万。[15]

但是，奴隶贸易不仅仅是一种手段，它本身也是一种目的。英国的奴隶贩子不仅为自己本国的种植园提供劳动力，也为竞争者的种植园提供必要的劳动力。这种为外国效劳的做法不但愚蠢，而且也不符合重商主义的宗旨。但说到向西班牙殖民地提供劳动力，倒还情有可原。因为在19世纪以前，西班牙一直是依靠外国为其殖民地提供奴隶的。这可能是因西班牙恪守教皇的裁决，不插足非洲，也可能是因缺乏资本和必要的货物，无法开展奴隶交易。"协议"（Asiento）[1]授予英国向西属殖民地提供奴隶的特权，成为国际外交中一个最令人垂涎和激烈争夺的目标。英国的重商主义者极力保护本国同西属殖民地的贸易，不管它是合法的还是非法的。英国用黑人和工业品与西属殖民地交易，西班牙人用金属货币支付，这使英国得到明显的好处——流入英国国库的金银因而大为增加。然而，英国为法属殖民地提供奴隶，就说不上有什么道理了。这样做的结果，显然给英国的贩奴商与本国的甘蔗园主之间造成了利益冲突，正如1825年以后，英国的出口体系引起了本国船主与制造商之间的利益冲突一样。

在这场冲突中，甘蔗园主有理，贩奴商失理。但是在18世纪上半叶，这一点唯有远见者才能看出来。马拉奇·波斯尔思韦特曾把1713年的"协议"斥责为可耻的、邪恶的、以实物换取幻影的协议，并说："想不到居然能够搞出这样一个对本国毫

---

[1] 又称黑奴贸易特许契约，即黑奴贩卖权（Asiento de Negros），是18世纪中叶前西班牙王室赐予私人、贸易公司或他国向西属美洲殖民地贩运黑奴的特许权。

无益处的条约。"[16]在七年战争中,英国曾占领古巴9个月。在此期间,英国向古巴输入了1.07万名奴隶。这一数目,相当于1512—1763年古巴输入奴隶总数的六分之一,或相当于1763—1789年输入奴隶总数的三分之一。[17]七年战争期间,英国在3年内向瓜德罗普岛输送了4万名黑奴。[18] 1788年,英国枢密院委员会(The Privy Council Committee)特别注意到,英国每年从非洲运出的大量奴隶中,有三分之二转卖给了其他国家。[19]根据布赖恩·爱德华兹(Bryan Edwards)[1]援引的材料,在整个18世纪,英国的贩奴商为法国和西班牙的甘蔗种植园提供了50万名黑奴。爱德华兹也因此对"执行这样的非洲贸易政策是否明智提出了正当的怀疑"[20]。当时,英国不仅是世界上最大的贩奴国家,而且,用废奴主义者詹姆斯·拉姆齐(James Ramsay)的话来说,它还是自己对手的"可敬的运奴船"[21]。

奴隶贸易的发展史,大体上也是利物浦的发展史。利物浦的第一艘运奴船于1709年开往非洲。这是一艘30吨位的中等运输船,它的出航是利物浦发展的开端。及至18世纪末,利物浦显然已成为欧洲最大的贩奴港口。这一发展进程起初是缓慢的,因为该城镇当时热衷于烟草贸易和贩私货去西属殖民地。但后来发展速度加快了,据当地一位历史学家的说法,是由于

---

[1] 爱德华兹出生于英国,于1759年移居牙买加,继承了牙买加的7个种植园,并在当地议会任职;1796年重返英国议会。爱德华兹是一个多产的作家、业余历史学家和博物学家,也是英国皇家学会的成员。他是奴隶制的积极支持者。

成本大幅度降低，使利物浦的商人得以低价出售其货物，因而能与英国其他商人和欧洲大陆的商人竞争。1730年，利物浦仅有15艘运奴船，到1771年，运奴船数量增加了6倍。1709年，该港拥有的全部船只中，运奴船仅占百分之一稍多。到1730年，这一比例为十一分之一，1763年为四分之一。而到1771年，则为三分之一。[22] 1795年，利物浦占有英国全部奴隶贸易额的八分之五，占有全欧洲奴隶贸易总额的七分之三。[23]

关于三角贸易中由非洲到西印度群岛这段中央航路"充满恐怖"的说法，是被过分渲染了。在这个问题上，英国的废奴主义者起了很大作用。他们喋喋不休地咒骂当时收入已减少、重要性已衰微的奴隶贸易，这多少说明了他们的无知或者虚伪，也许两者兼而有之。一个西印度种植园主曾提请英国议会注意：一个民选的国家代表靠奴隶贸易中饱私囊，居然还诬蔑奴隶贸易是罪恶，这太不应该了。[24] 在对契约白奴的遭难司空见惯的年代里，对黑奴的大量死亡又何必大惊小怪呢？何况，黑奴在种植园里所受的剥削与封建主之剥削农民、欧洲城市中之虐待穷人，本没有什么实质区别。

运奴船上发生的反抗与自杀事件，肯定大大超过其他船上的。虐待奴隶、严格限制其活动无疑使死亡率大增。但运奴船上死亡率高的根本原因，也与运载契约奴和自由旅客的船只一样，首先是由于传染病。而传染病之蔓延，又系旅途漫长、食物和饮水不易保存所致。其次是由于船上过分拥挤。奴隶贩子唯一关心的是让船舱里"装满黑人"[25]。我们从书中经常可以看到这样的记载，一艘90吨位的船竟运载了390名奴隶，或100吨的船运载了414名奴隶。[26]废奴主义者托马斯·克拉克森（Thomas Clarkson）在布里斯托尔的调查中曾揭露，一艘25吨位的帆船居然要装载70名奴隶，另一艘仅11吨位的帆船则要装载30名奴隶。[27]在横渡大西洋时，船上每个奴隶分得的空间只有约1.7米长、40厘米宽。克拉克森对此做了如下描述："他们一个挤着一个，就像书架上排列的书本一样。"每两个奴隶并锁：右腿对左腿、右手对左手地锁在一起，每个奴隶躺的地方比棺材还小，这简直是在装运黑牲口。如果船上还有没装满黑奴的空间，通常就用牲口来填补。[28]奴隶贩子一心想着赚钱，哪管受害者舒适与否。1788年制定的一项关于需按船体的容量载运奴隶的温和措施，竟引起了奴隶贩子的大声抗议。有个奴隶贩子写信给他的代理人说："倘若该措施生效，生意必将受损，故望你及早见机行事。"[29]

一个曾侨居非洲的奴隶贩子在日记中承认："我去过许多地方，英国、爱尔兰、美国、葡萄牙，还有加勒比群岛、佛得角和亚速尔群岛等地，可是唯有在非洲，我才能这么快地发家致富。"真是金钱造就贵人。浪子回家，囊空如洗，只好甘心被人称作"来自几内亚的野鸭"。反之，如若他满载黄金而归，"就可出人头地，化恶为善，所有的至爱亲朋都会蜂拥而至，听候你的使唤。人们就会尊称你为'来自非洲的绅士'，并得以出入贵族名门。你的言辞还会被详细记录下来,就像人们详细记载克里斯托弗·哥伦布在美洲的探险活动一样"[30]。

据估计,在1730年前后,一艘从布里斯托尔起航的装载约270名奴隶的货船,如果航行顺利,一次可获利7000~8000英镑,其中还不包括返航后贩卖象牙的利润。同一时期,一艘运抵时景况不佳的"不合格"货物,所获利润仍然能超过5700英镑。[31]在利物浦,达到100%的利润率并不稀罕。有时一次出航所得净利率可达300%。1737年,"活跃号"(Lively)货船首次航行,装载了价值1307英镑的货物,它在返回利物浦时,运来了殖民地的产品和总额为3080英镑的汇兑支票,其中还未把随后提交的棉花和蔗糖计算在内。1751年,利物浦的另一艘船"安号"(Ann)出航,该船的设备及所载货物共值1604英镑,完成航行归来共获净利3287英镑。1753年,"安号"再次出航,船上的货物和设备价值3153英镑,获得利润8000英镑。[32]

生活在18世纪的一位作家估计,1783—1793年,利物浦有878艘船只,运载过303737名奴隶,价值共达1500多万英镑。这位作家的结论是,扣除佣金、杂费,再扣除船上设备和维持奴隶生存的费用之后,每年的利润率平均在30%以上。[33]现在的学者往往不恰当地指责当时的观察家言过其实,但即使按敦贝利(Dumbell)教授缩小了的估算值来看,1803年"企业号"(Enterprise)在扣除设备和货物的价值之后,所得净利率也有38%。而"好运号"(Fortune)在同年,仅仅贩运一船体弱的奴隶,净利率就达16%。根据同样缩小了的估计,1802

年,"运气号"(Lottery)从每个奴隶身上获利36英镑,"企业号"获利16英镑,"好运号"获利5英镑。[34] 估计在18世纪80年代,单单利物浦市,从全部奴隶贸易中所获得的净利润每年便可达30万英镑。利物浦流行过这样的说法:尽管西印度群岛的贸易利润不大,但还是有利可图。船主出航的船,若3艘中有1艘归来,他不赚也不赔;若有2艘归来,他就大赚一笔。因为历来的平均数是每5艘船中仅有1艘失事。[35]

上述的利润率与荷兰东印度公司在其历史上曾获得5000%的神话般的利润率相比,是微不足道的。奴隶贸易所获得的利润甚至可能比英国东印度公司所获得的利润要少,然而其他贸易远不及奴隶贸易重要。这是因为,从重商主义者的观点来看,对印贸易是一桩糟糕的买卖,它耗费了英国大量的金银去购买多余的商品。这使许多人一度想过:"对基督教世界来说,要是没有发现绕过好望角通往东印度的航线,那才好呢。"[36] 与此相反,奴隶贸易倒合乎他们的心意。因为通过奴隶贸易可以销售英国制造的商品,又可以把英国与其殖民地种植园之间的贸易紧密地联系起来,从而使英国无须依赖外商提供热带产品。荷兰的香料贸易之所以取得了巨额利润,主要在于严格控制生产,以确保高昂的价格。英国的奴隶贸易则不仅创立了英国本土的工业,还创立了其热带殖民地的农业。

当时利物浦的史学家把奴隶贸易称作"迷人的非洲流星"[37],这一称谓后来广为流行。虽然利物浦的奴隶贸易被10家大商行垄断,但是该市的不少律师、布商、杂货商、理发师和

第2章 黑奴贸易的发展

裁缝也派出小船参与经营奴隶买卖。这项冒险生意的股份一再重新分配，有的人拥有八分之一股，另一个人拥有十五分之一股，第三个人可能仅拥有三十二分之一股，等等。"几乎每个利物浦的市民都成了商人，拿不出一大捆货物者就拿出一小箱……几乎各个阶层的人都对几内亚的买卖兴趣浓厚。这真是一股浪潮，无怪利物浦的小船多如牛毛。"[38]

在购买奴隶时既要会做生意，又要善于鉴别。来自黄金海岸的阿散蒂人干活出色，但是反抗性太强。塞内加尔的曼丁哥人不老实，尼日利亚的伊博人十分腼腆和消沉，达荷美（今贝宁共和国）的波波人或维达人则很顺从听话。[39]由于奴隶必须从事繁重的田间劳动，因此妇女和儿童的实用价值就不及强壮的男人。妇女一旦怀孕就要停止工作，而男人只要稍加照顾，马上就能自食其力。利物浦的一个商人嘱咐他的代理人留神，不要买进肚子肿胀的奴隶和白痴，以及"瘦腿蜘蛛似的黑人"[40]。西印度群岛的一个诗人还指点过奴隶贩子察看和挑选那些舌头红润、胸肩宽阔和腹部扁平的奴隶。[41]来自尼维斯岛的一个监工忠告说要买年轻的奴隶，"那些成年家伙，没有养成干活的习惯，难以驯服。要训练年轻的，否则他们笨得什么都干不了"[42]。

但是从事奴隶贸易总是一桩冒险生意。1795年有人写道："非洲贸易不保险，让人一直神经紧绷。启运奴隶的时间不固定，漫长的中央航路命运莫测，船只可能部分或者全部被撞毁，死亡率可能很高。各种各样难以预料的事故都可能发生。"[43]

况且，经营甘蔗种植也不能确保生财。种植园主的负债、破产、求助于长期贷款，使商人焦虑万分。某个商人写道："诚如你所知，靠贸易为生贵在办事神速。这一年来，我常常坐立不安，即使能赚得双倍利润，我也不愿再受这份罪了。"[44] 1763—1778年，伦敦的商人认为奴隶贸易在经营上日趋亏损，因此极力回避与利物浦的贩奴商打交道。据说1772—1778年，利物浦的商人共损失了70万英镑。[45] 自1773年起一度控制了奴隶贸易的30个大家族，到1788年，有12家破产，其余多家也蒙受了相当的损失。[46] 此外，美国的革命也严重中断了奴隶贸易。1775年，利物浦的一份报纸哀叹说："一朝兴隆的非洲贸易现在已处于停顿状态。那些华丽的船舶停靠岸边，一无所用。"利物浦的奴隶贩子纷纷改行，从事海上私掠。[47] 他们焦急地期待着昔日荣华的再现，却根本没有想到他们正在亲身经历着旧时代的奄奄一息和新时代诞生的阵痛。

1783年以前，英国社会的各个阶级，在奴隶贸易问题上采取了完全一致的态度。王室、政府、教会和公众舆论都支持奴隶贸易。虽然有一些反对者，但影响不大。

西班牙王室开创的路子一直为欧洲其他王室所效仿。马德里和托莱多的宫廷要塞，就是西班牙国王用出售运奴许可证得来的金钱盖成的。1701年，西班牙和葡萄牙两国君主就西班牙送给葡萄牙1万"吨"黑奴的合同所引起的计算问题，举行了一次讨论会。[48] 19世纪中期，西班牙王后克里斯蒂娜（Christina）公开参与向古巴贩卖奴隶的活动。葡萄牙王室为了不落在拿破仑手里而撤离到巴西以后，并没有发觉这块殖民地从事奴隶买卖的现象有什么不顺眼的地方。路易十四（Louis XIV）十分重视奴隶贸易对法国大都市和海外省所起的重要作用。普鲁士大选帝侯的对外扩张计划就包括了非洲奴隶贸易这一项。[49]

约翰·霍金斯开展的奴隶贸易探险活动是得到英国女王伊丽莎白一世赞助的。女王表示了这样的愿望：如果黑人本人不同意，不要强行把他们运走，"不然就会令人感到厌恶，还会招致上帝的严惩"。但是如若采取集体谈判等民主做法，在贩运黑奴时效果可能要好得多。皇家非洲贸易探险者公司、皇家非洲公司正如其名称所示，是得到王室支持的，而且王室成员也经常参与投资。[50]据威廉·威尔伯福斯（William Wilberforce）[1]说，乔治三世（George III）后来也反对废除黑奴制度。[51]克拉伦斯公爵，也就是后来的威廉四世（William IV），坚决维护黑奴制度，并"拿起棍棒"攻击威尔伯福斯，[52]说他不是空想家就是伪君子。对此，利物浦的奴隶贩子和牙买加的甘蔗种植园主欣喜若狂。[53]

1783年之前，英国政府始终一贯地鼓励奴隶贸易，当时

---

[1] 1780—1825年在英国议会下议院担任议员，也是慈善家、废奴主义者。见证了1807年《废除奴隶贸易的法令》（An Act for the Abolition of the Slave Trade）的通过。

它最大的竞争对手是荷兰。荷兰差不多垄断了英国殖民地的贸易。17世纪下半叶，英国与荷兰展开了一场激烈的贸易战。英国的目的是要打破荷兰遍布在英国及其殖民地的贸易网。海军上将乔治·蒙克（George Monk）带着好战的口吻说："我们现在要做到的是，在贸易方面必须超过荷兰。"[54]不管是处在和平时期还是在开战的情况下，荷兰西印度公司和英国皇家非洲公司之间一直保持着明争暗斗。这场斗争前后达30年。

英国战胜荷兰之后，又与法国发生了冲突。英法之间为争夺殖民地和贸易爆发的战争构成了18世纪历史的主要内容。这是两个敌对的重商主义国家之间的斗争。这场斗争一直扩展到加勒比地区、非洲、印度、加拿大和密西西比河两岸。斗争的原因是为了掠夺印度，控制某些具有战略意义的重要商品——黑奴、蔗糖、烟草、渔产、皮毛，以及占据海岸仓库。[55]双方争夺的重点是加勒比地区和非洲，争夺的主要商品是黑奴和蔗糖，其中最尖锐的争夺是占有"协议"中关于向西属美洲殖民地提供奴隶的权利。根据1713年签订的《乌得勒支和约》（Treaty of Utrecht），这个权利转让给了英国。这是英国在西班牙王位继承战争中获得的战果。英国曾为这一胜利举国欢庆。查塔姆伯爵老威廉·皮特（William Pitt, the Elder）因此骄傲地吹嘘说，他对法国的一战，使英国几乎控制了整个非洲海岸及奴隶贸易。

殖民地的立法会议经常设法阻挠奴隶贩子，对他们输入的奴隶课以重税。此举既是为了增加岁入，也是出于担心奴隶人口的增长。但这些立法都遭到英国政府反对，因为英国商贾坚决反对向本国的贸易征税。1708年，贸易委员会做出决定："奴隶贸易是必不可少的，它使王国大为受益，必须最大限度地推行下去。我们认为，向种植园和殖民地提供足够数量的黑奴，并做到价格合理，是首先要考虑的问题。"[56] 1773年，牙买加议会为了增加财政收入，并减轻人们对奴隶叛变的担心，决定对每一个输入的奴隶再征税。结果招致伦敦、利物浦和布里斯托尔商人的抗议，贸易委员会也指责这项增税不公正、不合时，是对英国贸易的歧视。该岛的总督受到了严厉训斥，因他未能制止那些人想要"中断、破坏对英国极有利的贸易的行为"[57]。后来甘蔗种植园主的一名律师争辩说："掌管公共事务的历届政府和各个政党，对待奴隶贸易政策的态度始终是一致的。在我国历史的各个时期，在各种政治气候中，每个党派和每个政党人物都相继表示赞同这一贸易，投票支持发展这一贸易，并认为它对英国十分有利。"[58]

英国议会也认识到奴隶制和奴隶贸易对英国及其拥有的种植园是十分重要的。1750年，霍勒斯·沃波尔（Horace Walpole）辛辣地写道："英国上议院——这座自由的庙宇、新教的堡垒，一直在冥思苦想，寻找办法，以便更有效地推行可怕的黑奴买卖。"[59]议会在壮丽的大厅里就废除奴隶制和解放黑奴问题举行了多次辩论。议会的记录表明，奴隶贩子和奴隶主有不少骁勇的捍卫者，其中便有埃德蒙·伯克。他在美洲是调解纠纷的能手，而在非洲却是暴行的帮凶。1772年，下议院讨论一个提案，内容是不准与奴隶贸易无关的局外人控制非洲委员会（African Committee）。伯克对此提案提出抗议，但他并非反对奴隶贸易，而是反对剥夺那些人合法买来的投票权。他认为，那些人当中该受指责的是少数几个。"我们不能效法圣谕，发现10个人不行就取缔全体……我们行事还是不要违反前人的智慧吧，前人对这个问题是深思熟虑过的。自由贸易的做法也不必跟着垄断贸易走。"[60] 整个布里斯托尔都应该与大家一起感谢这位伟大的自由战士。

教会也支持奴隶贸易。西班牙人看到这是使异教徒改宗的机会。耶稣会、多明我会和方济各会的会士都积极参与了甘蔗种植业，这意味着他们占有奴隶。据说新港的一名教会长老，在每次运奴船抵港之后举行的礼拜上总要感谢上帝，"又送来了一船无知的生灵，他们可以在这块国土上得到上帝的福音"[61]。一般说来，英国的种植园主不愿让自己的奴隶成为基督徒，因为这意味着不同的部族由于都使用英语而得以聚合在一起，并策划叛变。[62] 支持这种反对意见还有许多经济上的原因。1695年，巴巴多斯总督说，种植园主不肯给黑奴放假，让他们去做礼拜或过其他宗教节日。[63] 直到1823年，种植园主为了取消黑奴的星期日集市，竟拒绝每周放假一天的建议，这令英国的公众舆论大为吃惊。[64] 教会也效仿类似的做法。英国圣公会差会禁止巴巴多斯的基督教徒向奴隶传教，[65] 并且给所有新来的奴隶烙上"福音社"的印记，以资区别；[66] 而先前加入的一批奴隶都是克里斯托弗·科德林顿（Christopher

Codrington)[1]的遗产。[67]后来当了伦敦主教的托马斯·舍洛克（Thomas Sherlock）向种植园主保证："对基督和福音的信仰不会使公民的财产发生任何变化。"[68]这当然也不会妨碍牧师的任何行动。布里斯托尔的主教约翰·罗宾逊（John Robinson）是签订《乌得勒支和约》的英国全权代表，由于他的努力，英国获得了"协议"规定的那项权利。为此，罗宾逊也被提升到伦敦教区。[69]在布里斯托尔，当传出威尔伯福斯关于废除奴隶制的提案在议会遭到否决的消息后，教堂以悦耳的钟声传报了这一好消息。[70]奴隶贩子约翰·牛顿（John Newton）在利物浦教堂入教时，为上次贩奴冒险的成功一再谢恩，并祈求上帝保佑他下次冒险成功。约翰·牛顿每天在自己的运奴船上亲自主持规定的两次公众礼拜，每周还要斋戒一天，并跪下虔诚祈祷。这样做当然不是为船上的那些奴隶，而是为他的船员。他承认："我对前两次航行去几内亚做生意的经历十分满意，觉得时常能感受到与上帝同在，这些是以往从未有过的。"[71] 19世纪有名的枢机主教亨利·爱德华·曼宁（Henry Edward Manning）的父亲是在西印度群岛经商的富商，这名富商父亲经营的就是奴隶生产的产品。[72]许多传教士发现以邪治邪更为有效。据英国最近研究奴隶贸易的作家的说法，传教士们"认为补救滥用黑奴弊病的最好办法，是通过参与蓄奴和管理，给种植园主提供一个样板，这样既可以拯救种植园主，又可以发

---

[1] 曾任巴巴多斯总督，拥有巴巴多斯最大的甘蔗种植园。

展种植园的基础"[73]。西印度群岛摩拉维亚教会的传教士就毫不犹豫地使用奴隶。一位史学家微妙地写道:"浸礼会教派不允许他们早期的传教士反对奴隶制。"[74]埃克塞特主教在寿终前还拥有655名奴隶,1833年,这批奴隶使他获得了12 700英镑的补偿金。[75]

教会史学家为教会支持奴隶制之举做了十分拙劣的辩护,说什么对实行奴隶制所造成的错误,良心上的发现是很迟缓的,还说什么教会人士维护奴隶制是"出于对道德的微妙领悟"[76]。其实辩护根本是多余的。教会人士的态度是门外汉的态度。18世纪与其他世纪一样,都不能超越当时的经济局限性。正如乔治·怀特菲尔德在鼓吹废除佐治亚宪章中禁止奴隶制的条款时所申辩的:"很明显,没有黑奴,根本无法开发热带国家。"[77]

贵格会在不奉新教上并没有发展到对奴隶贸易持不同态度。1756年,贵格会有84名信徒成了非洲贸易公司(Company Trading to Africa)的成员,其中有巴克利和巴林两个家族。[78]对英美贵格会来说,奴隶买卖是最赚钱的一项投资。1793年来自波士顿的报告说,[79]在塞拉利昂,有一艘运奴船的船名就叫"自愿贵格信徒号"(*The Willing Quaker*),这表明在贵格会内,奴隶贸易是得到认可的。贵格会里最早也最激烈反对奴隶贸易的信众,不是来自英国,而是来自美国,特别是美国北部那些不依靠奴隶劳动的小农业团体。加里(Gary)博士写道:"人们会很自然地认为,首先反对奴隶制的是一批没有直接从奴隶制得到好处的人，他们持反对态度是当然的。"[80]

英国海军深感西印度群岛殖民地的重要性，所以不愿去干扰和破坏殖民地的安全。西印度群岛基地是"值得尊敬的基地"，有很多海军将领受到了奴隶主的款待，海军将领乔治·罗德尼（George Rodney）就反对废除奴隶制。[81]圣文森特伯爵约翰·杰维斯（John Jervis）[1]争辩说：比起生活在非洲，生活在种植园的黑奴犹如生活在真正的天堂里。[82]废奴论是"被诅咒的邪说，只有伪君子才会提出来"[83]。这名高贵将领的感情与他实在的物质考虑不会全然无关。他在牙买加拥有418名奴隶，在1837年获得了6000英镑的补偿金。[84]海军将领霍雷肖·纳尔逊（Horatio Nelson）的妻子是西印度群岛人，无怪他关于奴隶贸易的观点十分直率。他说："我是在出名的旧式学校长大的，我受到的教育使我懂得了西印度群岛殖民地的重要性。只要我手握武器，我就保卫它；只要我能说话，我就反对威尔伯福斯那帮伪君子的可恶说教。不管是在战场上还是在议会里，我决不能让殖民地的正当权利受到侵害。"[85]

奴隶制在18世纪的英国人眼里真实存在着。英国有一种金币叫作"基尼"（guinea），虽然无论过去还是现在都难得一见，但是它的起源确实与非洲贸易有关。[86]威斯敏斯特的金匠为黑奴与狗制作银锁，[87]黑人与大象的雕像装饰着利物浦的市政厅。这是奴隶贸易的象征。奴隶贩子的徽章和装备的广

---

[1] 同时也是英国皇家海军元帅和议会议员。

告公开登在报刊上，在商店里毫无顾忌地展出、销售；奴隶在拍卖市场被公开拍卖。[88]奴隶被视为宝贵财富，得到法律的承认；邮局总长有时甚至受雇追捕逃亡的奴隶；当地政府的报纸上经常刊登处置奴隶的广告。[89]使唤家用黑奴相当普遍。黑人男孩是奴隶船船长、漂亮太太或放荡女人的附属品。威廉·贺加斯（William Hogarth）的画作《娼妓的历程》（The Harlot's Progress）中的女主人公就是由一个黑人孩子伺候的。作家玛格丽特·斯蒂恩（Marguerite Steen）笔下的主人公奥莱贝拉·伯梅斯特（Orabella Burmester）也期望得到一个黑人小孩，她表示会像爱她的长毛小猫一样爱这个孩子。[90]这些都是18世纪英国人的典型想法。在伦敦行乞的自由黑人很惹人注目，人们称之为圣吉勒斯（St. Giles）[1]的黑鸟。其人数之多，以至于议会不得不于1786年设立一个委员会，专司救济穷黑人。[91]

诗人威廉·柯珀（William Cowper）写道："奴隶在英国无法呼吸。"这当然是诗人的夸张。但1677年的人们确实认为"黑奴同商品一样可以买卖，而且黑奴又是异教徒，商人是可以把他们当作私有财产的"。1729年，司法大臣做出决定：受洗仪式并不能赋予奴隶自由，也不能任意改变奴隶的现状。此外，奴隶不能因为被带到了英国就成为自由人。奴隶即使到了英国，主人也有权把他赶回种植园。[92]像威廉·布莱克斯通爵

---

[1] 法国隐士，出生于希腊，是残疾人、乞丐与被社会遗弃者的主保圣人。

士（Sir William Blackstone）[1]这样有名的权威人士也认为："根据法律，主人有获得永久使用某个奴隶的权利。生活中的这种主仆关系，在英国和其他地方不应有任何改变。"[93]

1772年，一个名叫詹姆斯·萨默塞特（James Somersett）的黑奴即将被主人从伦敦遣回牙买加，热心肠的格兰维尔·夏普（Granville Sharp）[2]坚持要求首席法官曼斯菲尔德男爵威廉·默里（William Murray）处理这起案件。当时已有许多先例证明，英国舆论对这类案件态度不一致。首席法官曼斯菲尔德男爵想极力避开这个问题，他建议释放这个黑奴，并十分温和地表示，"英国法律不赞同也不认可这起案件"，这个黑奴必须被释放。热衷于追求人道主义的人们，在这个事件上大做文章。牛津大学的殖民史学家雷金纳德·库普兰（Reginald Coupland）教授断言，这次司法裁量的背后是良心的审判。黑奴萨默塞特的案件标志整个大英帝国的奴隶制开始走向结束。[94]这只不过是把诗人的多愁善感倾注到近代史中去罢了。本杰明·富兰克林辛辣地指出："这个国家的虚伪在于，一方面鼓励罪恶的奴隶贸易，另一方面为法庭释放一个黑奴而自豪，还自以为兼有热爱自由和善良公正的美德。"[95]萨默塞特案发生两年后，英国政府驳回了牙买加的关于限制奴隶贸易的法案。

---

[1] 18世纪英国法学家、法官、托利党政治家，创作了著名的《英国法释义》（Commentaries on the Laws of England），对英美法系影响巨大。
[2] 英国学者、慈善家，英国第一批废除奴隶贸易的运动者之一。1769年，夏普在英国出版了第一本明确攻击奴隶制的小册子。

1783年，贵格会提交的一份要求废除奴隶制的请愿书，也遭到了议会的正式拒绝。

1783年，上述这位曼斯菲尔德男爵又处理了一起关于运奴船"宗格号"(Zong)的案件。这艘船因途中缺水，船长下令把132名黑奴扔进大海。船主要求得到保险赔偿，理由是，这些奴隶的死亡符合保险法"海上遇难"的条例。在曼斯菲尔德男爵看来，"把奴隶扔进大海如同把马匹扔进大海"，判决保险商为每个损失的奴隶支付30英镑的赔偿金。至于船长和船员大规模杀害奴隶是否应受制裁，人道主义者从未加以考虑。1785年，另外一起保险案件摆到了曼斯菲尔德男爵面前。这是一艘英国船，船上的奴隶发生了叛乱。这位法官做出的判决是，凡在叛乱中被打死或受伤致死的奴隶应由保险商赔偿损失；至于跳海、呛水或气愤而死的奴隶，则不在保险商赔偿之列，因为后者不是在叛乱中受伤致死的。叛乱后幸存的奴隶，如果价格下跌，保险商不承担责任。[96]

在英国，从事奴隶贸易的并不是社会的下等人。有个奴隶贩子的女儿保证说，她父亲虽然是运奴船和私掠船的船长，但他是个善良公正的人，是个好父亲、好丈夫、好朋友。[97]这或许是实情。因为积极经营这项买卖的人大多是家庭中干练的父亲、社会里优秀的公民。废奴主义者拉姆齐痛心地认识到这个事实，但他辩解说："这些人并未研究过奴隶贸易的本质就投身其中，他们不过是效仿前人的做法，至于个中原因，今世不得知，后世也不会知道。"[98]这样的辩解完全是多余的。奴隶贸易是一项贸易，而且是一项很重要的贸易。从事这项贸易的一名官员曾说："从现实来看，要能在运奴途中到黑人所在的船舱里待上一分钟，比罗伯逊（Robertson）的笔杆更有益于人类的事业，也比英国议会全体议员的夸夸其谈更为实际。"[99]这种说法模棱两可。正如后来辩论古巴和巴西的奴隶贸易一样，说这项贸易是罪恶的、反基督的行为，顶什么用？只要它还是一项挣钱的贸易就行了。[100]奴隶贸易甚至被认为具有巨大的教育作用。"想想它的影响吧，一个十来岁的青年出海航行、装运奴隶，这对一个农家子弟来说是一次多么难得的教育，对一个村野男童来说，又增添了多少阅历。当他重返自己的村庄时，整个人生观已发生变化。他离家时还是个毛孩子，归来时成了男子汉。"[101]

在当时出名的人道主义者当中也有奴隶贩子。约翰·卡里（John Cary）是个奴隶贸易的吹鼓手，但却以正直和奉行仁慈著称，他还是人们称作"穷人合作社"（Incorporation of the Poor）的创始人。[102]布里斯托尔有一艘叫"索思韦尔号"（Southwell）的运奴船，就是以该市一名议会议员的名字命名的。在索思韦尔纪念馆里，人们讲述他对国王与国家的赤胆忠心，对自己信仰的始终不渝。[103]利物浦的巨富商人布赖恩·布伦德尔（Bryan Blundell）同时从事奴隶贸易和西印度贸易，他不仅当了多年的受托人、财务主管，而且是1709年建立的慈善机构蓝衣医院（Blue Coat Hospital）最热心的资助人。[104]利物浦的另一个奴隶贩子福斯特·坎利夫（Foster Cunliffe）也慷慨解囊，大力资助了这家慈善机构。坎利夫是奴隶贸易的开拓者。1752年，他和两个儿子当上了利物浦非洲贸易商委员会（Liverpool Committee of Merchants Trading to Africa）的委员。父子三人拥有4艘船，可装运1120名奴隶，他们用从这批奴隶身上赚来的利润买下足以装满12艘大船的蔗糖和朗姆酒。在圣彼得教堂，有一块纪念福斯特·坎利夫的石碑，铭文这样描写他："无论在履行公众的抑或私人的职责方面，他都是一个模范的虔诚基督教徒。他是穷人之友、不幸者之恩人，他视邪恶和懒散为仇敌。生前他备受结识者的崇敬，死后深为善人智者所哀悼……"[105] 当过利物浦市长的托马斯·莱兰（Thomas Leyland）也是当地的大奴隶贩子。他对垄断者、抢购者和囤积居奇者毫不留情，对恶人从不手软。[106] 海伍德一家也是奴隶贩子，是他们率先进口了美国奴隶种植的棉花。阿瑟·海伍德（Arthur Heywood）掌管曼彻斯特学院的财政，他的两个儿子在该学院读书。他还有一个儿子本杰明（Benjamin）被选为曼彻斯特文学与哲学社的成员，还加入了台球俱乐部。后者是当地独一无二的高雅俱乐部，只有那些有风度、有地位、有成就的优秀人物才能加入。加入了这个40人的有影响的社团，就意味着毫无疑问地被承认为绅士。后来，本杰明·海伍德自己组织了曼彻斯特首届工业和艺术品展览会。[107]

这些奴隶贩子在英国还担任着要职。1667年成立的皇家非洲贸易探险者公司，成员就是以王室为首，包括2名长老议员、3名公爵、8名伯爵、7名勋爵、1名伯爵夫人和27名爵士。[108]

在1739年的一份奴隶贩子请愿书上,可以看到利物浦和布里斯托尔两市市长的签名。[109] 1789年,布里斯托尔成立了负责抵制废除奴隶贸易的委员会,委员中就有5名长老议员和1名原运奴船船长。[110] 许多奴隶贩子在利物浦的市政府里位高爵显。[111] 奴隶贩子在英国上下两院也根基很深,1755—1767年,埃利斯·坎利夫(Ellis Cunliffe)一直是利物浦在议会中的代表。[112] 在奴隶贸易中发迹的塔尔顿家族,在议会中代表利物浦反对废除奴隶制。[113] 一贯保守的上议院由于封有贵族头衔的奴隶贩子众多,而本能地反对废除奴隶制。上议院还十分同情地聆听威斯特摩兰伯爵的陈词,说他们之所以获得上议院的席位,多亏了奴隶贸易,[114] 还说废除奴隶制是雅各宾派的激进主义。[115] 如此看来,威尔伯福斯不敢冒犯上议院是有道理的。[116] 有鉴于此,牙买加议会就满怀信心,于1792年明确地声明:"西印度群岛的安全不但取决于奴隶贸易之保存,也取决于上议院及早宣布,决不允许取消奴隶贸易。"[117]

18世纪,有一些知识分子和牧师对奴隶贸易提出过抗议。丹尼尔·笛福在他的《改革社会风俗》(*Reformation of Manners*)一书中谴责了奴隶贸易。诗人詹姆斯·汤姆森(James Thomson)在诗作《夏天》(*Summer*)里描写了一幅阴暗的景象——一条大鲨鱼追逐着一艘运奴船。威廉·柯珀几经犹豫之后在《任务》(*The Task*)一诗中,写下了值得纪念的诗句。诗人威廉·布莱克（William Blake）写出了华章《小黑人》（Little Black Boy）。罗伯特·骚塞（Robert Southey）在《为奴隶贸易尽过力的海员》（The Sailor, Who Had Served in the Slave Trade）中书写了几行辛辣的诗句。但是怀利·西弗尔（Wylie Sypher）教授在透彻地分析了这些18世纪的文学作品后指出，[118]这些作品大多描写的是"高贵的黑人"，是不幸被俘的王子，这些黑人即使当奴隶也比捕捉他们的人高贵。这是18世纪流行的典型的多愁善感。这种情绪往往含有险恶的用意，即奴役下贱的黑人是理所当然的。詹姆斯·博斯韦尔（James Boswell）[1]则从另一方面强调，取缔奴隶贸易就是关闭怜悯人类的大门，他还给威尔伯福斯起了个绰号——"大名鼎鼎的矮子"[119]。

　　18世纪的两名商人本特利（Bentley）和威廉·罗斯科（William Roscoe），早在1783年以前就反对奴隶贸易。他们并非一般商人，而是利物浦的商人。迪安·塔克（Dean Tucker）和亚当·斯密这两名18世纪的经济学家，指责奴隶贸易花费大、收效少，敲响了旧时代的警钟，吹起了新时代的号角。然而，这些不合潮流的调子没有引起人们的注意。18世纪的人赞赏坦普尔·勒特雷尔（Temple Luttrell）的呼吁："诚然，有些绅士反对奴隶贸易，指责这种贸易不人道，而且邪恶。可是，让我们考虑一下吧，如果我们想要维护和开发殖民地，而且只能用黑奴来开发，那么最好还是由英国的船只给我们提供黑奴

---

[1] 苏格兰传记作家，被认为是现代传记写作形式的开创者。

劳力！而不是通过法国、荷兰或丹麦的代理商购买。"[120]

有一次，毛里求斯的一位绅士因急于让废奴主义者福韦尔·巴克斯顿（Fowell Buxton）相信"黑人是世界上最幸福的人"，便请求妻子用她的亲眼所见来证实他的说法。这位贤妻马上回答："啊，是真的，这些黑奴都很幸福，这是肯定的。不过我常常感到奇怪，为什么要把黑人厨子锁在炉子旁边？"[121] 1783年以前，只有很少的英国人像这位绅士的贤妻那样，对奴隶贸易的道德产生些许怀疑。波斯尔思韦特说过，那些认识到反对奴隶贸易意义的人，对政治家几乎没有产生影响，这些政治家只看到奴隶贸易给国家带来了巨大收入。"我们应该按照事物的本来面目观察事物，并从事物当时所处的状态中寻找原因，而不能凭主观愿望，希望事物处于某种状态，从而寻求原因……我们不能考虑放弃奴隶贸易，尽管我很希望这样做。"后来，某些高尚的、仁慈的基督徒也许想要改变这种制度，"但是事情已发展到这种地步，要加以改变并不是那么容易"[122]。在美国独立战争之前，英国的公众舆论普遍接受奴隶贩子的下列说法："初看起来贩卖活人似乎有点野蛮、不人道、违反天性，但是商人们也有好多理由可以申辩，如说奴隶贸易和某些其他贸易一样，是利多益大的。总之，奴隶贸易带来的好处，大大超过了它实际存在或者虚构出的缺陷和罪行。"[123]

第3章
英国的商业与三角贸易

三角贸易

根据亚当·斯密的看法,发现美洲大陆和发现绕过好望角通往印度的航线是"人类历史所记载的两个伟大和重要的事件"。他认为:"发现美洲大陆的重要性不仅在于美洲大陆能够提供大量的贵金属,而且在于它能够为欧洲商品提供新的、永葆兴旺的市场。"这一发现的重要后果之一,是"把商业活动推到了一个光辉灿烂的境地,没有美洲大陆,完全不可能取得如此成就"[1]。它促使全世界的贸易突飞猛进。如果说19世纪是生产的世纪,那么17世纪和18世纪则是贸易的世纪。对英国来说,当时的贸易主要是三角贸易。威廉·伍德(William Wood)在1718年说过,奴隶贸易是"万流之源"[2]。几年之后,波斯尔思韦特称奴隶贸易是"一切事物的首要原则和基础,也是让机器运转的主要动力"[3]。

在三角贸易中,英国、法国和殖民地时期的美洲提供出口货物和船只,非洲提供活人商品,种植园提供殖民地所需的原料。运奴船首先从英国起锚,满载工业品,用这些工业品在非洲海岸交换黑人,先赚得一份利润。接着把黑人运到种植园交换殖民地的产品,又赚得一份利润。最后,运奴船满载着殖民地的产品返回英国。随着贸易规模的不断扩大,也曾出现过英国与西印度群岛之间的直接贸易,以英国的工业产品直接换取殖民地的产品。但是这种贸易仅作为三角贸易的补充,从未取代过三角贸易。

因此,三角贸易对英国的工业产生了三重刺激。黑奴是用英国工业品买来的,他们被运到种植园后,在那里生产蔗糖、棉花、靛蓝染料、糖浆和其他热带产品。这些产品的生产过程使英国产生了许多新兴的产业。同时,供养种植园的大批黑奴和奴隶主又为英国的工业、新英格兰的农业和纽芬兰的渔业提供了另一个市场。1750年以前,几乎英国的每一个贸易市镇或者工业市镇都与三角贸易或者殖民地的直接贸易有关系。[4]从这些贸易中获得的利润是英国资本积累的主要来源之一,为英国的工业革命提供了资金。

西印度群岛成为大英帝国的中心,这对英国的富强有着极其重要的作用。正是黑奴的劳动使这些种植甘蔗的殖民地成为帝国主义历史上最有价值的殖民地。在波斯尔思韦特的眼里,黑奴是殖民地的"支柱和栋梁",是"宝贵的人",他们的劳动为英国提供了种植园的一切产品。大英帝国是"一座富丽堂皇的大厦，上层建筑是美洲贸易和制海权，下面的基础是非洲黑人的劳动"[5]。

约西亚·蔡尔德爵士估计，在西印度群岛，一个英国人"领着10个黑奴干活，连他们吃穿和开销的费用都算在内，可以为身在英国的4个白人提供就业机会"[6]。根据戴夫南特的估计，西印度群岛的一个人，不管是白人还是黑人，创造的财富等于英国7个人创造的财富。[7]另一个作家认为，群岛上的每户人家能使5个海员得到工作，并使更多的工人就业、厂主办厂、商人经商；他还认为那里的每个白人每年给英国带来了10英镑的纯利润，相当于英国国内一个白人的20倍。[8]威廉·伍德计算出每人每年只要提供7先令的利润就足以使国家富强起来，而海外殖民地的一个白人每年提供的利润不止7英镑。[9]达尔比·托马斯爵士（Sir Dalby Thomas）更甚，他说甘蔗种植园里每个雇工的价值是英国雇工的130倍。[10]皮特曼教授估计，1775年英国的西印度群岛种植园价值5000万英镑，[11]到了1788年，甘蔗种植园主自己把这个数字提高到了7000万英镑。[12]到1798年，小威廉·皮特（William Pitt, the Younger）计算每年来自西印度群岛种植园的收入为400万英镑，而来自其他地方的收入只有100万英镑。[13]亚当·斯密写道："来自西印度群岛殖民地任何一个甘蔗种植园的利润都大大超过当今在欧美已知的任何田庄的利润。"[14]

据戴夫南特说，到17世纪末，英国的全部贸易带来的利润达200万英镑。其中种植园贸易有60万英镑，种植园商品的再出口有12万英镑；欧洲、非洲和地中海东岸的贸易有60万英镑；东印度贸易有50万英镑，东印度商品的再出口有18万英镑。[15]

1776年，查尔斯·惠特沃思爵士根据英国1697—1773年进出口贸易的官方记录编纂了一本完善的资料汇编。这本书价值极大，有助于我们了解18世纪加勒比地区殖民地和美洲大陆殖民地在大英帝国中的重要地位。1697年，西印度群岛殖民地为英国提供了9%的进口额，美洲大陆殖民地提供了8%。而英国对西印度群岛的出口额为4%，对美洲大陆的出口额略少于4%。西印度群岛的贸易额占英国贸易总额的7%，美洲大陆占6%。到1773年，西印度群岛还处于领先地位，但是作为一个出口市场，它已经抵不过白人众多的美洲大陆殖民地了。同年，英国大约四分之一的进口货物来自加勒比地区，八分之一来自美洲大陆。加勒比地区买进了英国全部出口货物的8%，美洲大陆则买进了16%。英国全部贸易的50%是与西印度群岛达成的，14%是与美洲大陆达成的。纵观1714—1773年的全部英国贸易，包括从被英国军队暂时占领的殖民地和一般殖民地新获得的贸易总额，我们可以得到下列事实：英国进口总值的20%来自加勒比地区，10%来自美洲大陆。英国出口总值的6%运往加勒比地区，9%运往美洲大陆。英国与加勒比地区的贸易额占它贸易总额的12%，而与美洲大陆的贸易额则占它贸易总额的10%。在同一时期，从非洲的进口额只占英国进口总额的1.5%，对非洲的出口额也只占英国出口总额的2%；英国与非洲的贸易额只占英国外贸总额的1.5%。因此，美洲大陆的殖民地，弗吉尼亚、马里兰、卡罗来纳、佐治亚，加上三角贸易和西印度群岛贸易额，等于英国1714—1773年贸易总额的七分之一。

与美洲大陆个别殖民地比较一下，西印度群岛的一些殖民地就显得更加重要。1697年，英国从巴巴多斯的进口额是从那些谷物殖民地进口总额的5倍；英国对巴巴多斯的出口额略高于它的进口额。小小的巴巴多斯，面积只有430平方千米，然而对英国资本主义发展来说，其重要性居然超过新英格兰、纽约和宾夕法尼亚的总和。1773年，英国从牙买加的进口额超过了它从谷物殖民地进口总额的5倍。英国对牙买加的出口额比它对新英格兰的出口额多三分之一，只略少于它对纽约和宾夕法尼亚出口额的总和。1714—1773年，英国从蒙特塞拉特岛的进口总额是从宾夕法尼亚进口总额的3倍，从尼维斯岛的进口总额几乎是从纽约进口总额的2倍，从安提瓜岛的进口总额为从新英格兰进口总额的3倍。从巴巴多斯的进口总额为从谷物殖民地进口总额的2倍。从牙买加的进口总额几乎是从谷物殖民地进口总额的6倍。在同一时期，作为英国的出口市场，牙买加小岛居然与新英格兰同等重要。对英国的出口商来说，巴巴多斯加上安提瓜岛完全可以与纽约相媲美，蒙特塞拉特岛和尼维斯岛组成的市场胜于宾夕法尼亚。在那个时期，英国对非洲的出口额比它对新英格兰的出口额少十分之一；英国从非洲的进口额比它从纽约的进口额多四分之一,比从宾夕法尼亚的进口额多2倍。[16]

重商主义者热情洋溢。由于他们鼓励海外贸易,三角贸易及与甘蔗岛屿的通商对英国来说变得十分重要,而且比英国国内的锡矿和煤矿开采业更有价值。[17]这些殖民地十分理想。但是,英国与这些殖民地的贸易,除去从西属殖民地输入非法商品或者出现贸易逆差的情况,常常无须动用金银。[18]这些殖民地的热带产品不同于美洲大陆北部的产品,不会与英国国内的产品发生竞争。那里的工业发展不显著,即使有点工业也问题不大,而在美洲大陆,工业的发展却常常令人担心。西印度群岛的殖民地有数量众多的黑奴,是一支足以确保遏制独立愿望的力量。[19]在这里起着最大作用的是蔗糖。达尔比·托马斯爵士写道:"还有什么商品能像蔗糖那样,给英国带来这么多的幸福、光荣和威武呢!连羊毛都相形见绌。"[20]

当时的贸易受到垄断的限制。那时的经济理论不允许有门户开放的自由,殖民地的贸易必须受其宗主国的严厉控制。重商主义者对于这一点是坚定不移的。戴夫南特写道:"殖民地应该循规蹈矩,恪守宗主国的基本法律,紧紧依靠祖国,成为祖国的一支力量。若非如此,它们就比国内的敌人更可恶,犹如一支叛离的军队,一旦时机成熟,就会转过来反对祖国。"[21]在波斯尔思韦特看来,作为繁荣的回报,殖民地应该感谢宗主国,它们的感激之情和义不容辞的义务都会使它们"紧紧依附祖国而割舍自身的利益"[22]。

重商主义的理论和实践完全是建立在这些想法的基础上。殖民地不得不把贵重的产品送到英国，而且还必须使用英国的船只。殖民地只能买英国货，如果要买外国货，那也得先将其运到英国，再从英国购买。这些殖民地如同孝顺的儿女，它们勤勉工作，为的是使双亲更加富有、光荣，而它们自己却沦为终身家奴，只能开发当地的农业资源。老威廉·皮特说，殖民地连一根钉子、一个马蹄铁都不能制造，帽子、铁制品、精炼糖都不能生产。作为回报，英国仅做出一个让步，即给殖民地产品以国内市场的垄断权。

重商主义最主要的法宝是《航海法》（Navigation Laws），该法旨在用"英国的手段为英国的目的服务"[23]。制定《航海法》是针对早期居住在英国殖民地的荷兰人，[24]历史学家查尔斯·麦克莱恩·安德鲁斯（Charles Mclean Andrews）称这些荷兰人为"养父"，他们在提供信贷、运送货物、购买殖民地产品运往欧洲的活动中效率很高。在开放市场上，英国人无法与之匹敌。此外，《航海法》也是针对苏格兰人和爱尔兰人的。[25]苏格兰企图建立自己的非洲公司（African Company）[26]，在英格兰引起了巨大恐慌，从而产生了1707年的《联合法案》（Act of Union）。种植甘蔗的岛屿竭力反对这种对其外贸的垄断。那些在1840年反对自由贸易调门最高的人，在1660年时却是自由贸易最热情的倡导者。1666年，巴巴多斯的总督请求"坦率地禀告国王陛下，他的措施到处遇到困难……自由贸易乃是一切殖民地的生命……任何人，谁劝说国王陛下限制和束缚殖民地，谁就不会是忠臣，而是图利的商人"[27]。这名总督的继任者重复了类似劝谏："您一定要开辟一个自由港口，让所有人都可以和到来的商人进行交易。而目前对新种植园所采取的做法，卑职认为是有些缺陷的。陛下制定的'英国贸易与《航海法》'将会最终断送海外的种植园。"[28] 英国的贸易大亨们"鉴于他极力支持自由贸易原则，决心给他一点颜色看"，他们对这名总督严加指责，说他赞赏的那些危险原则"与王国的既定法律和明显的利益相抵触"[29]。

这种对国家不利的思潮，在当时可能是不能被容忍的。那时还有人要求补充《航海法》的条款，规定贸易使用的船只必须是英国造的，而且必须用英国木材，用英国制造的帆布。条款还应规定，死者在入殓时必须要用英国毛织品包裹，种植园里所有的奴仆和黑奴都要穿着英国的毛织品，以利于发展英国这一重要行业。非洲最重要的出口商品是黑奴，西印度群岛最重要的出口商品是蔗糖，这两种商品在《航海法》中也被列为主要商品。但是，西印度群岛的甘蔗种植园主在贸易中从未接受这种限制。1739年，他们终于迎来了《航海法》的修正案，但是改动很少，只是开放了欧洲贫穷的对外市场——菲尼斯特雷角的南端——所以没有起什么作用。但是，就连这点微不足道的让步，也引起了英国商人的强烈愤慨。在修正案生效之前，利物浦的一份请愿书就指出："修正案会在许多方面大大不利于国家利益与制造业，不利于整个大不列颠的贸易和航海，尤其不利于利物浦这个港口。"[30] 100年之后又发生了类似的冲突，是垄断与自由贸易、重商主义与自由竞争之间更为激烈的冲突。敌对的双方没有改变，一方是英国的贸易商和制造商，另一方是西印度群岛的甘蔗种植园主。但是双方的立场有了变化，现在完全赞同垄断制的英国资本家在当时是完全支持自由贸易的，而西印度群岛的种植园主把他们从前向往自由贸易的崇高感情忘得一干二净，转而死死抱住自己曾经谴责的垄断原则不放——彼时，他们认为垄断让自己成了"商人的奴隶"[31]。

海运和船舶制造

对外贸易的开展自然地推动了海运和船舶制造的巨大发展。三角贸易对英国海军的贡献也极大。当时，商船与战舰之间的区别不像今天这么明显。在平时，"万里远航"（long voyage）是令人神往的海员培训机会。在战时，商人能给海军以巨大的协助。因此，奴隶贸易支持者坚持说，如果取消奴隶贸易就会中断海员的重要来源，从而使海军蒙受损失。[32]正如利物浦的一个奴隶贩子所述："这项事业对我们王国来说太重要了，一旦取消奴隶贸易，我国海军的重要性也随之消失，我国的国旗也就不能在各大洋上迎风飘扬了。"[33]

1678年，海关税务局（Commissioners of Customs）报告说，发展与种植园的贸易是发展海运和培养海员的最好办法，也是英国对外贸易中最重要的一项贸易。[34]在这项贸易中，与蔗糖殖民地的贸易又超过了与谷物殖民地的贸易。开往蔗糖殖民地的船只比开往美洲大陆所有殖民地的船只还多。1690年,蔗糖殖民地租用了114艘船,总吨位为13 600吨,海员1203人;而美洲大陆殖民地租用了111艘船,总吨位为14 320吨,海员1271人。[35] 1710—1714年,开往西印度群岛的英国船只总吨位为12.2万吨,而开往美洲大陆的船只总吨位只有11.2万吨。[36] 1709年,为开展与西印度群岛的贸易而租用的英国船只,占英国外贸运输船只的十分之一。[37] 1709—1787年,从事外贸的英国海运船只数量增长了4倍。[38]其中,开往非洲的船只数量增长了12倍,吨位增长了11倍。[39]

三角贸易直接推动了英国的船舶制造业。一些适用于奴隶贸易的特种型号货船被造出来。这些船只既能多装奴隶又能快速航行,为的是降低奴隶的死亡率。利物浦的许多造船主本身也是奴隶贩子,贝克与道森造船公司(Baker and Dawson)是其中生意最兴隆的一家。这家公司曾为西印度群岛提供了大量的奴隶,是主要的奴隶出口公司之一。1783年之后,它又为西属殖民地输送奴隶。约翰·戈雷尔(John Gorell)是非洲贸易商公司在利物浦的成员。约翰·奥克尔(John Okill)也是成员之一,他是利物浦最成功的造船家,但是他没有介入奴隶贸易。还有一个名叫威廉·拉思伯恩(William Rathbone)的商人,居然拒绝提供建造运奴船的木材。[40]鉴于利物浦海员中有一半人参与奴隶贸易,[41]利物浦的财富与奴隶贸易密切相关,威廉·拉思伯恩的行为可以说令人费解。

在组织奴隶贸易的问题上,海运业一般分为两派。一派人赞同皇家非洲公司，另一派人支持自由贸易者。[42]但是在取消奴隶贸易的问题上，海运业却态度一致，阵线统一。他们争辩说，取消奴隶贸易势必动摇英国海军和帝国霸权的根基。1788年颁布的法案限制了奴隶贩子的贩运，它对利物浦产生的第一个影响，就是使22名船长、47名大副和350名水手失业，使他们的家族及与家族有关的商人脱离了非洲贸易。[43]

除了海员，海运业还有许多其他辅助职业。木匠、油漆匠、造船工及与维修、设施、装运有关的技工；还有经管佣金、工资、船坞费和保险的人员等，他们都与开往非洲的商船多少有点关系。1774年，利物浦有15家商店为运奴船提供绳索。[44]据说当地几乎没有人不受到废除奴隶贸易的影响，不管是直接的还是间接的。[45]

种植甘蔗的岛屿对海运业的发展还有其他贡献。在西印度群岛，经济的发展是畸形的，当地集中生产出口作物，而食品必须依靠进口。其中，最重要的进口食品是鱼。这可真是英国重商主义者的掌上明珠，因为它可以促进船舶相关的就业并训练海员。英国通过了鼓励吃鱼的法律，将星期五、星期六定为吃鱼日。鱼是种植园奴隶的重要食物，英国的鲱鱼也因此在种植甘蔗的殖民地找到了主要的市场。[46]纽芬兰的渔业在很大程度上依靠把干鱼，也就是那些没人要的鱼或者"咸鳕干"（poor John）和"不适合其他人吃"的鱼出口到西印度群岛。[47]从此，在西印度群岛形成了吃鱼的传统。直至今日,进口的咸鳕鱼仍是普通人家常吃的佳肴,它们是否仍然"不适合其他人吃"呢?谁也不知道。

海运业的不断发展,使18世纪英国的海港十分繁忙和紧张。1705—1795年,进入伦敦港的船只增加了3倍,吨位增加了4倍。这还不包括从事沿海贸易的小船只。码头上的仓库根本不够堆积进口的物品;运煤船也不能及时卸煤,导致煤的价格飞涨;食糖在码头上堆积如山,6~8大桶地往上堆,很容易引起火灾,偷盗也时有发生。一个有组织的偷盗集团就此形成,1万人牵涉其中。在码头上,每年被盗的财物估计达50万英镑,其中一半是加勒比地区的海船所蒙受的损失。

西印度群岛的商人尽力设法解决这个问题。他们组织了一支特别保安队来防备偷盗,并建立一套制度,对西印度群岛船只的装卸工人实行普遍登记。商人们在议会里游说,最终让议会通过了一项有权修筑西印度码头的法案。在以后的21年中,他们独占了这个码头,专门装卸西印度群岛贸易的船只。修筑这个码头的奠基礼在1800年举行,仪式隆重,有许多知名人士出席并受到盛情款待。宴会上,人们还特意为祝贺西印度群岛殖民地未来的繁荣昌盛干杯。1802年,这个码头落成并对外开放。第一艘进港的船只以时任首相的名字命名,第二艘进港船只满载600吨蔗糖。[48]

英国港口城市的发展

三角贸易、海运业和造船业的发展，促进了一些大型港口城市的发展。布里斯托尔、利物浦和格拉斯哥等港口和贸易中心，在贸易时代所处的重要地位完全可以和后来工业时代的曼彻斯特、伯明翰、谢菲尔德相比拟。

据说，在1685年，布里斯托尔的店主几乎没有人不在开往弗吉尼亚或安的列斯群岛的船上搞点投机买卖的，甚至牧师也开口就谈生意经。因此当地人讽刺地说，布里斯托尔的货船不归商人所有，而为普通工匠所有。[49] 1634年，布里斯托尔的关税为1万英镑，到1785年上升为33.4万英镑。1745—1775年，一艘60吨位以上的货船应付的码头停泊费上涨了1倍。[50]

1700—1775年，正是奴隶买卖和蔗糖贸易使布里斯托尔成为英国第二大城市。该市的一位编年史家写道："这座城市里的每一块砖都是用奴隶的鲜血黏合的。豪华的宅邸、奢侈的生活、穿着制服的仆役所需的钱财都是靠布里斯托尔商人买卖那些痛苦呻吟着的奴隶赚来的。人们像孩子一样天真，他们并不觉得买卖这种活人有什么罪恶，只觉得它有利可图。"[51] 1789年，一个旨在对抗废除奴隶贸易运动的委员会成立了。对这个委员会加以分析，可以看出在当选的委员中有9名商人当过布里斯托尔的市长，有5人是治安官，7人曾经当过或者以后当过商业冒险者协会（Society of Merchant Venturers）的会长。[52]

后来，当布里斯托尔经营奴隶贸易的地位被利物浦取代后，它的注意力就从三角贸易转向直接的蔗糖贸易。由布里斯托尔开往非洲的船只大大减少了，而直接开到加勒比地区的船只日益增多。1700年，布里斯托尔港从事西印度群岛贸易的船只有46艘，[53]到1787年增加到72艘，而从事奴隶贸易的船只为30艘。从事西印度群岛贸易的船只平均吨位是240吨，运奴船的平均吨位是140吨。[54] 1788年，布里斯托尔开往背风群岛的船只数目和开往牙买加及开往非洲的船只数目几乎一样多。[55] 其中将近三分之一的进港吨位数和超过三分之一的出港吨位数是用来与产糖殖民地开展贸易的。[56]布里斯托尔有一个良好的传统，每年都要为抵达该港的第一艘装载蔗糖的货轮举行庆祝仪式，由这位走运的船主出钱买酒请客。[57]布里斯托尔从西印度群岛贸易中获得的利润，是它从所有其他海外贸易中获利总和的2倍。直到1830年，与西印度群岛的贸易仍然占布里斯托尔外贸总额的八分之五。无怪有人在1833年说："要是没有西印度群岛的贸易，布里斯托尔只能成为一个渔港。"[58]

布里斯托尔设有自己的西印度群岛协会（West Indian Society），市议会可以拨出市政基金弥补产糖岛因火灾造成的损失。该市各西印度商行的新手和晚辈按惯例要去种植园生活几年，然后再回国经管商务。18世纪，布里斯托尔在议会的代表经常通过各种途径与甘蔗种植园保持密切联系。西印度群岛对布里斯托尔无比重要，以至于整个19世纪上半叶，布里斯托尔在议会的代表总是由一个在西印度群岛经商的英国商人担任，比如詹姆斯·埃文·贝利（James Evan Baillie）、菲利普·普罗瑟罗（Philip Protheroe）和威廉·迈尔斯（William Miles）。詹姆斯·埃文·贝利曾告诫本市市民不要支持废除西印度群岛的奴隶制，否则就等于拿斧子砍断摇钱树，[59]因为贝利自家的摇钱树也会因此摇摇欲坠。贝利的家族在特立尼达岛和英属圭亚那拥有大量奴隶，后来得到了超过6.2万英镑的补偿金。[60]布里斯托尔曾坚决反对糖税均等的做法，因为这项举措沉重打击了它对西印度群岛贸易的垄断。从此以后，布里斯托尔与西印度群岛的贸易就江河日下。1847年，布里斯托尔开往西印度群岛的货船吨位占全港货船总吨位的40%，而从该群岛返航的货船吨位只占进港总吨位的11%。1871年，布里斯托尔再没有船只开往牙买加了，在该港的全部进港货船中，来自西印度群岛的货船吨位不到2%。布里斯托尔与西印度群岛的贸易处于奄奄一息的状态，直到19世纪香蕉进入世界市场以后，双方的贸易才得以恢复。[61]

西印度群岛贸易对布里斯托尔产生的影响和奴隶贸易对利物浦产生的影响一样。1565年，利物浦有138户人家，居住在仅有的7条小街上。全港口的商船只有12艘，总吨位223吨。一直到17世纪末，该城镇才发生了对它来说唯一的一起重大事件，即在英国内战时期遭受围困。[62]在征收船税时，利物浦仅上缴了15英镑，而布里斯托尔上缴的船税达2000英镑。[63] 1709—1771年，开进利物浦港的船只吨位增长了4.5倍，出港的吨位则增长了6.5倍。同一时期，该港拥有的船只数目也增长了4倍，总吨位和海员人数则分别增长了6倍以上。[64] 1750—1757年，利物浦的年平均关税收入为5.1万英镑；到1785年，这个平均数上升为64.8万英镑。[65] 1752—1771年，利物浦的船坞费也增长了2.5倍。[66]利物浦的城镇人口则由1700年的5000人增长到1773年的3.4万人。到了1770年，利物浦已经成为世界上极负盛名的贸易城市，以至于阿瑟·扬（Arthur Young）[1]在英国旅行时也要特地踏访。[67]

废奴主义者克拉克森认为，利物浦兴起的原因很多，其中和食盐贸易的发展、兰开夏郡人口的骤增，还有曼彻斯特制造业的迅猛发展是分不开的。[68]这是骇人听闻的本末倒置，十分典型。事实只能是，利物浦的资本积累造成了兰开夏郡人口的增长，刺激了曼彻斯特的制造业。而利物浦的资本积累来源于奴隶贸易，当时的人对这一来源重要性的认知，比后来的历史学家了解得更清楚。

当时的普遍说法是，利物浦的几条大街是用镣铐开辟出来的，楼房的墙壁是用非洲奴隶的鲜血砌成的。[69]当地有一条街的绰号就是"黑人街"（Negro Row）[70]。红砖砌成的海关大楼装饰着许多黑人的头像。[71]据说有这么一个故事，利物浦有

---

[1] 英国农业经济学家，被视为英国农业革命的先驱。法国大革命后，他成为英国改革派的重要反对者。1767年起，扬考察英国、法国等地的农村，并撰写了一系列游记。

个男演员，经常因为喝得酩酊大醉被观众喝倒彩，但有时他会镇定地厉声怒斥："我到这里来不是为了让你们这帮小人侮辱的。你们的城市是座地狱，城里的每块砖头都凝结着非洲人的鲜血。"[72]

据1790年的估计，从利物浦开往非洲的138艘商船，其资本总额超过100万英镑。利物浦本身因废除奴隶贸易造成的损失，按当时的货币价值计算可能超过750万英镑。[73]所以人们说，废除奴隶贸易就等于毁灭这座城市，而且还会摧毁它的商业基础，摧毁英国工业和财富的首要来源。利物浦有人责问："这叫什么自由？完全是虚假的。议会的各项法令一直都是批准和鼓励奴隶贸易的，现在人们被虚假的自由冲昏了头脑，竟然声称这桩贸易是不合法的。"[74]

利物浦对奴隶贸易的依赖使那些敏感的爱国历史学家十分为难。1939年，布里斯托尔有位历史学家认为：我们这代人目睹了对埃塞俄比亚的掠夺，目睹了对捷克斯洛伐克的抢劫，无力再去谴责奴隶贸易。[75]利物浦的一个市文书也认为，当地因奴隶贸易而蒙受了太多耻辱，也太过分了。如果没有奴隶贸易，利物浦人的才能和坚忍不拔的毅力也会在其他方面使城市繁华起来。可能速度没有这么快，但效果却是一样的。然而，如若没有奴隶贸易，这个港口的发迹虽然不会承受偏见或者损害，进程也要大大推迟。[76]利物浦的另一位作家说，他们的祖先买卖过黑奴，这没有什么不体面的。奴隶贸易之令人胆寒，还不及利物浦醉汉造成的交通事故令人战栗。但是，不管怎么说，"我们的港口是靠非洲奴隶贸易积累起来的资本建成的，是以活人的血肉为代价奠定了基础"。有些靠奴隶贸易发家的人对利物浦的穷人有恻隐之心，而奴隶贸易的利润代表着"源源不断的财富，大概没有顾虑会让这座商业城市放弃它"[77]。

⚭

一直到1707年《联合法案》颁布之后，苏格兰才被允许参与殖民地贸易，此举令格拉斯哥一举成名。18世纪，这座城市的繁荣是以蔗糖和烟叶为基础的，而与殖民地的贸易刺激了新兴工业的发展。1760年，理查德·波科克（Richard Pocoke）主教访问了格拉斯哥之后，这样写道："这座城市深感联合带来的优越性。人们可以从事与西印度的贸易，这种贸易规模很大，特别是烟草、靛蓝染料和蔗糖的贸易。"[78] 19世纪中叶，在西印度群岛衰落之前，蔗糖加工业一直是苏格兰克莱德河谷的重要工业。

三角贸易中的商品

现在有必要回头来谈一谈英国的工业发展。这种发展直接或间接地受到三角贸易商品的推动，也受到殖民地产品加工的影响。

与奴隶贸易有关的英国工业门类很多。例如，1787年出口到非洲的货物有棉麻制品、丝织手绢、蓝色和红色的呢绒、粗糙的红布、精致草帽、精纺帽、枪支火药、军刀、铅棍、铁棍、合金脸盆、铜锅、铜盘、铁壶，各种五金器具、陶器和玻璃器皿，各种珠子、金银戒指和装饰品、纸张、粗细格子布、亚麻皱边衬衣和帽子，还有英国和其他国家的烈性酒和烟草。[79]

这些各式各样的货物是当时奴隶贸易的标准商品。生产非洲人需要的装饰品、家庭用具、服装、铁器和其他金属，还有枪炮、手铐脚镣这些产品，促进了资本主义的发展，从而为英国劳工提供了就业机会，也给英国带来了巨大利润。

羊毛

在工业革命带来棉纺工业的巨大发展之前，毛纺业曾是英国制造业的骄子。1680年以后整整100年中，毛织品在奴隶贸易中对各个方面的影响极大。如果一艘奴隶船没有装载毛哔叽、毛绒、毛呢、毛棉等毛织商品，这艘船就不能说是货物齐全。这些毛料有时就用最初产地来命名。布里奇沃特公司代表了布里奇沃特在殖民地市场的利益；有一种编织简易的威尔士布兰特毛织品，就是威尔士和英格兰西部出产的。

1695年，议会委员会表达了公众的情绪，声称与非洲的贸易促进了英国的毛纺织业发展。[80]在人们提出的试图证明奴隶贸易重要性的各种论据中，奴隶贸易促进了羊毛的出口一直被当作首要论据。1680年出版的一本小册子，在阐明非洲贸易给公共福利带来好处时,开头是这样写的:"原先羊毛等工业品大部分是从荷兰进口的,现在我国已经能大量出口了……而且羊毛在国内的消费也大大超过从前。这使我国成千上万的穷人得到了就业机会。"[81] 1696年,皇家非洲公司在一份请愿书上说,英国应该支持奴隶贸易,因为这种贸易有利于促进英国的毛纺业和其他制造业。[82]

皇家非洲公司与各个独立的贸易商之间展开了长期而激烈的竞争。在这场竞争中,英国的毛纺织商一直居于重要地位。皇家非洲公司的主顾们坚持说,造成对外贸易混乱和分散状态的是那些私商;皇家非洲公司的垄断一旦遭到削弱,贸易总额就会下降。1694年,威特尼的成衣商请求议会支持公司垄断。1696年,什鲁斯伯里的毛料工人也提出同样的请求。同年,基德明斯特的毛纺工人就同样请求两次陈书国会。1709年,埃克塞特的毛纺工人和伦敦的羊毛商加入进来;1713年,与毛纺织业利益相关的贸易商们也都站在公司一边。[83]

但是,从整体来说,在毛纺织业中占优势的还是自由贸易商。不过公司的垄断却能"迫使自由贸易商限制其毛织品的数量、价格、尺寸和重量"[84]。垄断即意味着只此一家,别无分店。海关总署的一个调查者证实,贸易开放时,羊毛出口量就增大。据两个伦敦商人在1693年的证词,垄断使羊毛的出口减少了大约三分之一。萨福克郡每年出口毛纺织品2.5万件,而在公司合并之后的两年,这个数目下降到每年只有500件。[85] 1690年,萨福克郡和埃塞克斯郡的成衣商与埃克塞特的制造商都上书要求反对公司的垄断。埃克塞特于1694年、1696年、1709年、1710年和1711年再三请求准予实行自由贸易。1694年，英国的羊毛商抱怨说，垄断公司的限制措施大大减少了他们的销售额。1710年，伦敦和普利茅斯的羊毛商呈递请愿书，反对垄断。1711年，托特尼斯和阿什伯顿的羊毛商、基德明斯特的毛纺制造商及迈恩黑德从事毛纺生产的商会也都呈递过同样的请愿书。[86]

呈递给议会的其他请愿书，还强调了殖民地市场对毛纺业的重要性。1690年，牙买加的种植园主对公司的垄断提出抗议，说公司的垄断妨碍贸易，特别是妨碍毛织品的贸易。1704年，来自曼彻斯特的一份请愿书揭露说，英国的羊毛被贩卖到荷兰、汉堡和东方，用以换取那里的亚麻纱线和亚麻布，这些卖出去的羊毛制成毛织品后，直接销往种植园。利物浦的商人先是在1709年，后来又在1715年和其他市民一起抱怨说，公司的垄断损害了毛纺业。1735年，北方工业区提出的请愿书表明，韦克菲尔德、哈利法克斯、伯恩利、科恩和肯德尔等地也对为非洲和西印度群岛制造毛织品十分感兴趣。[87]

毛纺织品能在热带市场畅销，要完全归功于英国实行的重商主义政策。1732年，代表美洲大陆殖民地利益的人宣称，仅宾夕法尼亚一地消费的英国出口毛织品数量，就超过了所有产糖殖民地消费的总和。纽约消费的毛织品数量，也超过除牙买加外的其他甘蔗种植岛屿消费的总和。[88]如果说毛织品适于宾夕法尼亚和纽约这些较寒冷地带，那么巴巴多斯的种植园主喜爱的则是容易洗涤的印花布了。[89]可是，羊毛是英国的主要产品，重商主义者总不能为适应不同的气候而从根本上改变羊毛的出口。今天，任何熟悉英属西印度群岛社会情况的人，都会理解这种由来已久的传统力量。比如群岛上的人，尤其是老年人，至今还经常穿着毛背心；藏青色的毛哔叽西服仍然是穿着讲究的标志。加勒比地区属于中产阶级的有色人种，今天的衣着也不像北美人，而像英国人。他们总是模仿英国人的时装，喜欢穿厚布料做的衣服。可是，在热带环境中穿着厚衣服，既不舒服还显得可笑。

但是，棉花后来在殖民地市场取代了羊毛，一如在英国国内市场一样。1772年，英国毛织品的出口总量为400万磅[1]，其中输出到西印度群岛的不到3%，输出到非洲的不到4%。[90]欧洲和美洲殖民地仍然是毛织品最主要的买主。1783年，毛纺业开始逐渐运用棉纺工业革新的技术推行为时已晚的改革。然而，在1783年以后的毛纺业改革过程中，三角贸易和西印度群岛市场没有起到什么显著的作用。

棉纺织业

正如18世纪运输奴隶推动了利物浦造船业的发展一样，用棉织品换取奴隶，也大大促进了18世纪曼彻斯特棉纺织业的发展。促进曼彻斯特这座棉纺城市发展的第一个动力，是非洲

---

[1] 1磅约为0.45千克。

和西印度群岛的市场。

曼彻斯特的发展,是与利物浦的发展、与利物浦的出海口及整个世界市场有密切联系的。利物浦靠奴隶贸易积累起来的资本不断输入内地,使曼彻斯特发展兴旺起来。曼彻斯特运往非洲的商品先要运到利物浦的海岸,再装上运奴船。兰开夏郡的外贸市场也主要是西印度群岛的种植园和非洲。1739年,曼彻斯特的出口额为1.4万英镑;到1759年,出口额增长了将近8倍;1779年,出口额达到30.3万英镑。截至1770年,曼彻斯特出口的商品有三分之一是输往非洲的奴隶海岸,二分之一输往美洲和西印度群岛殖民地。[91]正是这种对三角贸易的巨大依赖,使曼彻斯特发展为棉纺中心。

轻巧的毛织品在奴隶海岸深受欢迎,色彩绚丽、印有大花的丝织品也有销路,但其中最受欢迎的还是棉织品,因为非洲人已经习惯于穿着他们自己生产的蓝色和白色粗布。而且从贸易起始,一种叫"安纳巴斯"(annabasses)的条纹缠腰布就是每艘奴隶船上的必备货物。印度的纺织品在英国遭到抵制,但在非洲市场上却很快确立了垄断地位。印度生产的各种面料在非洲不仅享有很高的声誉,而且被当作奴隶贸易活动中又一个有保证的重大利益。曼彻斯特想要与东印度公司竞争。例如,曼彻斯特大量仿制"巴夫特"(hafts)这种原产自东方的廉价棉织品,准备销往非洲市场。但是,英国的印染工艺落后,曼彻斯特无法配制出不褪色的红、黄、绿三色,而这几种颜色正是奴隶海岸一带居民所喜爱的。曼彻斯特的尝试已经证明,它无力仿制印度棉纺织品的那种颜色。据说，诺曼底的法国棉织品商也无法掌握东方人的秘诀。

曼彻斯特在推销棉麻格子布方面倒是相当成功的，不过18世纪上半叶的数据并不可靠。1739—1748年，由于欧洲的战争和殖民地的战争，以及皇家非洲公司在1750年前的不断改组，曼彻斯特生产的棉布在非洲滞销。1750年以后，随着棉布生意的复苏，印度的棉布输出又不能满足市场的要求，于是英国的制造商就抓住这个机会，拼命推销他们的商品。1752年，英国仅出口棉麻格子布一项，价值就达5.7万英镑。到1763年，在七年战争结束时，棉麻格子布的出口额达到空前的30.2万英镑。但是1767年以后，由于印度棉织品的竞争力又一次超过英国的棉织品，后者的出口额又下降到10万~20万英镑。

虽然我有一些统计数字，但是无法比较出口到非洲的英国方格花布和印度棉织品的价格。因为前者是以价值计算，后者则以数量计算。但是，从印度与英国出口到非洲的棉织品的增长数字中，我们多少可以看到非洲市场的重要性。1751年，英国棉织品的出口额是21.46万英镑；1763年增长了1倍以上；到1772年，又增长了4倍多。但是，由于美国独立战争的影响，1780年的出口额下降到了19.59万英镑。战争对于奴隶市场和种植园市场的影响一度是很明显的。到1780年，方格花布不再是棉纺生产的重要品种了。但这不能单单归咎于战争。只有当印度的棉织品又贵又少时，曼彻斯特的棉织品才可以满足非洲市场的需要。对种植园市场来说，价格便宜是最重要的。

1780年之前,由于原棉的供应远远跟不上新出现的需求,所以原棉的价格不断上涨。[92]

但是据英国枢密院1788年的估计,曼彻斯特每年向非洲出口的商品价值为20万英镑,其中仅卖给黑人的商品就值18万英镑。制造这些出口商品意味着要投资30万英镑,为18万男女和儿童提供就业。[93]曼彻斯特生产的特色产品"几内亚布"由于物美价廉,给法国制造商留下了深刻印象,他们派遣专人来曼彻斯特谈判,提出只要英国取缔奴隶贸易,他们愿出高价买下曼彻斯特制造商生产"几内亚布"的专利权,并在鲁昂建立生产基地,大力发展生产。[94]除非洲贸易外,曼彻斯特还于1788年为西印度群岛的贸易提供每年价值30多万英镑的工业品,这又使成千上万人获得了就业机会。[95]

曼彻斯特的棉纺织厂主与奴隶贩子之间的联系,不像前面提到的利物浦造船主与奴隶贩子之间的联系那么密切。但是这里有两个例外。威廉·法扎克尔利爵士(Sir William Fazackerlv)和塞缪尔·图谢(Samuel Touchet)是兰开夏郡有名的棉纺织厂主,两人都是非洲贸易商公司的成员。法扎克尔利在伦敦经营粗棉布生意,他曾于1726年代表布里斯托尔和利物浦的独立商人反对皇家非洲公司。[96]图谢是曼彻斯特一家大型花格布商号的成员,于1753—1756年代表利物浦参加该商号的理事会。他十分关心1758年英国占领塞内加尔的远征队的军事装备,并千方百计争取到了为部队提供伙食的合同。他还曾资助保罗(Paul)发明纺纱机以革新棉纺织业,但没有成功,为此被指责企图垄断棉花。图谢伙同兄弟，经营了20艘西印度贸易船。图谢死后留下一大笔财产，讣告说他"是曼彻斯特一位显要的贸易商和制造商，为人精明干练、正直诚实、乐善好施，造福于人类"。两位近代作家也对他做了这样的描述："他像神话中的伊卡洛斯，高高地飞翔在蓝天上。他是曼彻斯特贸易中成长起来的首屈一指的金融家，是曼彻斯特人早年的榜样，他不但关心制造业，也关心全市和全世界的贸易与金融事业。"[97]

以下事例也很能说明图谢事业的重要性。如罗伯特·迪格尔斯（Robert Diggles）虽是利物浦的非洲奴隶贩子，但其父兄都是曼彻斯特的亚麻布商。1747年，一个曼彻斯特商人和两个利物浦商人合股经办往返牙买加的贸易。曼彻斯特一家由希伯特家族经营的有名商行在牙买加拥有甘蔗种植园，并且一度为从事奴隶贸易的皇家非洲公司提供方格花布和仿造的印度货。[98]

◈

曼彻斯特从殖民地贸易中获得了双重推动力。如果说它为奴隶海岸和种植园提供所需的商品，那么反过来，它也需要种植园提供生产的原料。可见，曼彻斯特在西印度群岛有着双重利益。

17—18世纪，英国的原料主要来自地中海沿岸和西印度群岛这两个地区。18世纪时，印度商品竞争力很强，在奴隶海岸完全压倒了曼彻斯特的商品，甚至还严重威胁着英国的国内市场。但就整个英国来说，由于对印度的进口商品征收高额关税，这有效地打击了它的竞争力。这是第一步措施，自此，棉花的故乡迈出了第一步，并将成为19世纪和20世纪兰开夏郡的主要市场。在18世纪，这一措施曾使曼彻斯特垄断了国内市场，因此印度的私商得以开始为兰开夏郡的工厂提供原棉。1783年，印度的棉花被认为是所有棉花中质地最优者。因此，印度和巴西先后成了西印度群岛的竞争者。

18世纪初期，英国依靠西印度群岛进口了其所需原棉的三分之二到四分之三。但是，在西印度群岛种植园主的心目中，棉花只位列第二个重点。尽管这些种植园主无比羡慕印度、非洲或巴西的棉花种植，但他们却从未考虑把棉花放在首位。1763年，西印度群岛的利益集团在反对保留瓜德罗普岛的问题上，用蔗糖来衡量他们的论点。但有趣的是，彼时有人在小册子中提出保留该岛的一个理由，就是该岛能向英国提供棉花。[99]其实英国的消费量并不大，西印度群岛提供的棉花是令人满意的。1764年，英国进口的原棉总量将近400万磅，其中一半来自西印度群岛。1780年，英国进口原棉650多万磅，西印度群岛提供了三分之二。[100]

直到1783年，西印度群岛仍然主宰着棉花贸易。但是一个新的时代已经出现。为了满足全世界的服装需要，纺织业突飞猛进，加勒比海上的几座小小岛屿无法提供足够的棉花。这些岛屿生产的棉花纤维长，手工清除棉籽很容易，但它属于海岛品种，种植区域有限，因此价格昂贵。后来有了轧棉机，能够提高清除棉籽的效率，也能够利用短纤维的棉花，生产的重心才由这些岛屿转移到美洲大陆，以便满足英国新机器生产的巨大需要。1784年，一艘装载美国棉花的货船被利物浦海关截住，理由是棉花不是美国真正的产品，用美国船只运输棉花进入英国不合法。

这对西印度群岛居民来说是一个不祥之兆。与此同时，情况也发生了显著的变化。在美国独立战争时期，曼彻斯特向欧洲出口的棉花几乎增长了3倍。[101]这场美国独立战争为曼彻斯特开辟了另外一个重要市场，那就是独立的美国，当时轧棉机也即将在美国出现。因此，无论是进口市场还是出口市场，曼彻斯特的棉花都开始走向世界。阳光灿烂的加勒比海天空出现了小小的乌云，温和的西印度群岛海风变得猛烈起来，预示着一场政治风暴即将来临。这场风暴将使神气十足的甘蔗种植园主俯首帖耳，如果不予阻止，埃德蒙·伯克所描写的当地自然风光就要变得面目全非。

制糖业

对殖民地原料的加工促进了英国新兴工业的发展，进一步扩大了海运业，而这也为发展世界市场和国际贸易做出了贡献。在所有要加工的原料中，蔗糖是最主要的一种。蔗糖的生产促进了制糖业的发展。蔗糖的加工提炼过程，就是把种植园里生产的褐色粗糖加工成白糖。这种白糖既能长期贮存，又易于运输，便于远销世界各地。

第3章 英国的商业与三角贸易

英国最早提及制糖业的，是1615年枢密院发布的敕令。这项敕令禁止外侨设立糖坊，或者从事制糖活动。[102] 随着种植园蔗糖产量的不断增加，加上茶和咖啡的普及，食糖已经不再是王公贵族享受的奢侈品，而是成为大众生活的必需品。制糖业的重要性也因此与日俱增。

大约到18世纪中期，英国共有120家制糖厂，每家大约雇用9个男工。此外，精制糖的批发分销工作催生了许多相关行业，也推动了沿海和内陆车船运输业的发展。[103]

布里斯托尔是英国重要的制糖基地之一。1654年，布里斯托尔的一个日记作者伊夫林（Evelyn）记录了他第一次看到制作方块糖的工序。[104] 从布里斯托尔的历史年鉴中也可看到，糖人经常作为礼物赠给到该城参观的贵客，如奥利弗·克伦威尔之子理查德·克伦威尔（Richard Cromwell）与国王查理二世。查理二世还为此授予了布里斯托尔的4名商人爵士头衔。[105]

1799年，布里斯托尔有20家制糖厂，按人口和面积的比例来说，布里斯托尔的制糖业要比伦敦的发达得多。布里斯托尔的食糖质量名列前茅。由于距离煤矿很近，燃料易得，其食糖的销售价格比伦敦的要便宜。同时，由于地理位置的缘故，布里斯托尔的食糖可以销往爱尔兰、整个威尔士南部和英格兰西部。[106] 制糖业长期以来一直是布里斯托尔的主要工业。1789年，该市的制糖业主曾上书议会，反对取缔奴隶贸易，他们说："西印度群岛之存在虽然不取决于奴隶贸易，但是它的繁荣和福利却完全有赖于奴隶贸易。"[107] 1811年，布里斯托尔内还有16家制糖厂与西印度群岛有贸易联系,直到19世纪末,香蕉取代食糖时,这种联系才中断。[108]

布里斯托尔的一些显贵名士与制糖业有密切的联系。17世纪的市议员罗伯特·奥德沃思(Robert Aldworth)就与制糖业关系密切,他也是一个商人,曾建造两个码头以顺应日益发展的海运业。[109]威廉·迈尔斯是18世纪有名的制糖厂主。在同行中,他的发家史具有典型意义。迈尔斯初次来到布里斯托尔时,口袋里只有3个半便士。他当过码头工人,也拜过造船工为师,攒下了15英镑。后来他又在一艘开往牙买加的商船上当木匠。在商船返航时,他带回了两大桶蔗糖,在布里斯托尔出售后获得了一大笔利润。然后,他用这笔利钱购买了牙买加急需的商品。如此重复这样的投资经营,迈尔斯没用多久就成了富翁,并且在布里斯托尔安顿下来开办制糖厂。这是一个出身低下而在西印度群岛贸易中发家致富的人。迈尔斯变得如此富有,以至于在儿子成为合伙人后,一次就给了他一张10万英镑的支票,让儿子得以与一个贵族牧师的女儿结婚。老迈尔斯后来当了市议员,在财富和声望中走完了一生。小迈尔斯继续从事与西印度群岛的贸易,主要是贩卖奴隶和蔗糖。小迈尔斯死于1848年,留下了价值超过100万英镑的财产。[110]1833年时,小迈尔斯在特立尼达岛和牙买加拥有663名奴隶,为此获得的补偿金达17 850英镑。[111]

格拉斯哥的发展与烟草业有着密切的关系,而这仅仅是事实的一个方面。18世纪,这座城市的繁荣至少在一定程度上也与制糖业有关。这里的制糖业开始于17世纪下半叶。城西的制糖厂建成于1667年，接着在1669年城东的制糖厂建成，不久后城南的制糖厂和另一家制糖厂建成，1701年又建成了一家。但是格拉斯哥的发展有一个十分不利的因素。在1707年之前，与殖民地的直接贸易是不合法的，这就使格拉斯哥的制糖厂主不得不依靠布里斯托尔提供原糖。由于后来实施的《联合法案》和下面要谈到的另外一桩美事，这种不愉快的局面才告结束。彼时有两名苏格兰的军官，一人是威廉·麦克道尔（William Macdowall）上校，他是一个古老家族的小儿子，另一人是詹姆斯·米利肯（James Milliken）少校。二人驻扎在圣基茨岛时，向寡妇托芙（Tovie）和她的女儿求爱成功。这两位女士乃是一笔巨额遗产的继承人，拥有大片的甘蔗种植园。缺失的一环就此补全，两位女继承人与她们的丈夫的出现，意味着格拉斯哥成为吞吐西印度群岛蔗糖的重要港口之一。就在发生这桩美事的同年，一家新的制糖厂建成了。[112]

80家制糖厂大多数坐落在首都及其周边地区，而布里斯托尔只有20家制糖厂。1774年，利物浦有8家制糖厂，其中布兰克家族经营的制糖厂又兼作经营奴隶贸易的商行，是英国规模最大的企业之一。[113]此外，在曼彻斯特、切斯特、兰开夏郡、怀特黑文、纽卡斯尔、赫尔、南安普敦、沃灵顿等地也有一些制糖厂。

有人会问，为什么不在原料产地的种植园炼制原糖呢？在热带地区经营农业，在温带地区搞工业生产的这种分工，为什么会一直保留到今天？其实，这种状况形成的最初原因，既与劳动技术无关，也与自然资源无关，而是宗主国采取的特定政策造成的。这种禁止西印度群岛开办制糖厂的禁令，与禁止美洲大陆开办铁厂与纺织厂的做法同出一辙。1671年，在被问及究竟应该由英国还是由种植园来开办制糖厂时，下议院议员托马斯·克利福德爵士（Sir Thomas Clifford）的回答是："现在有5艘贩卖黑奴的船开往西印度群岛，如果那里的种植园办起蔗糖加工厂，那么开回来的船只要2艘就够了。这样就会破坏海运业及与它有关的一切行业。英国一旦失去这个优势，就会失去一切。"也正因此，英国对进口的精制糖课以重税，税额是粗褐糖进口税额的4倍。由于实行这一政策，大批成桶的原糖源源运来英国，制糖业的发展又需要消耗大量的煤和粮食，英国的财政收入借此大为增加。[114] 在这种情况下，戴夫南特要求允许殖民地开办制糖厂的请求，[115] 自然只被当作耳旁风。

值得注意的是，在法国也发生了类似的斗争。其结果是法国的重商主义者取得了同样的胜利。起先，法国财政大臣让-巴蒂斯特·科尔贝（Jean-Baptiste Colbert）允许法属西印度群岛从事蔗糖加工，而且对这些岛输入法国的精糖和原糖征收同样的税。但是，到1682年，精糖的进口税提高了1倍。又过了两年，就不准法属各岛开设新的制糖厂了，违者罚款3000里弗尔。1698年颁布的法令比上述规定更为严厉，对来自西印度群岛的原糖所征的进口税，由每50千克抽税4里弗尔降为3里弗尔；而对同样重量的精糖所征的进口税却从8里弗尔提高到了22.5里弗尔。此外,法国对来自其他国家的精糖也课以同等的进口税。"很明显,这种严厉的措施保护了法国的制糖厂主,打击了他们在殖民地的同胞。"[116]

英国制糖业的利益也得到了法律的支持,但是,人们对于提供原糖的种植业的利益,看法并不总是相同的。在重商主义时期,甘蔗种植园主曾垄断英国的国内市场,并禁止其他国家商品的进口。甘蔗种植园主这个策略的目的在于限制产量,以保持高昂的价格。他们对国内市场的合法垄断,变成了一个强有力的武器。他们大肆运用这一武器,即使让全体英国人蒙受损失也在所不惜。当时法国、西班牙和葡萄牙的殖民地都种植了大量甘蔗,致使蔗糖产量骤增,国际市场的糖价被迫下跌。而英国殖民地的甘蔗种植园主们还想在国内极力保持食糖的垄断价格。

甘蔗种植园主的友人告诫说,他们正在犯一个"致命的错误",指出"如果英国的甘蔗种植园主不能提供又多又便宜的蔗糖,那么法国、荷兰和葡萄牙的种植园主就会提供"[117]。早在1730年,就有多人督促政府"打开法律的禁锢,让法国的食糖加入竞争,以便使甘蔗种植园主出售的糖与邻国出售的糖同样便宜"[118]。1739年,牙买加向宗主国请求援助。外贸和种植园委员会(The Council of Trade and Plantations)对此发出了明确无误的警告。牙买加岛的面积是背风群岛总面积的2倍,但是背风群岛的出口额却超过了牙买加的出口额。"出现这种情况是毫不足怪的,因为牙买加岛的土地有一半至今仍未耕种，英国从这个殖民地获得的好处也就不到一半。如果牙买加得到充分开发，那么英国也可能会充分受益。"[119]

然而甘蔗种植园主们对这些忠告充耳不闻。18世纪时，他们还没有必要听这些忠告。伦敦、威斯敏斯特、萨瑟克区及布里斯托尔的制糖厂主于1753年向议会提出抗议，抗议甘蔗种植园主自私自利的行为。制糖厂主指出，英国高昂的糖价引起了"高额的糖税"。他们督促议会设法扩大甘蔗的种植面积，增加原糖产量，这也符合甘蔗种植园主的利益。这些制糖厂主的言行十分谨慎小心，以表明他们不想"与产糖殖民地的居民争夺产量、财富和社会影响"。但是议会缓议了他们的提案，只通过了一个鼓励白人前往牙买加定居的决议。[120]

在美国独立战争期间，原料生产者与加工者之间还爆发了另一次危机。1774—1780年，英国原糖的进口量减少了三分之一，加上糖价又很高，使制糖厂主陷入了困境。于是他们请求议会允许进口能盈利的原糖，以摆脱困境。我在阅读议会委员会收到的相关证词时，从字里行间可以看到制糖厂主和种植园主之间的利害冲突。蔗糖价格高固然对种植园主有利，因而对制糖厂主提出的增加供应量的要求，种植园主不愿或者无法提供。如果他们不愿提供，制糖厂主就设法使他们提供。所以布里斯托尔的制糖厂主建议实行"受益法"。这个"受益法""将使英属产糖殖民地同样受益。办法是扩大甘蔗的耕种面积，以便能大大提高产量，更多地向英国提供蔗糖，这将有益于宗主国的贸易、海运和国库"[121]。如果种植园主办不到这点，那么只好到别处，例如法国殖民地购买蔗糖了。当时一个杂货批发商表明态度说："如果我是制糖厂主，我当然最欢迎圣多明各的蔗糖。"[122] 种植园主的脚下已经裂开了一条深沟，但是他们依然抬着高傲的头颅，继续走着老路，嘴里还念念有词地背诵着重商主义者的教诲。他们背得烂熟，但是学得不甚精通。

朗姆酒蒸馏业

殖民地出产的另一种原料，催生了英国的另一个行业。蔗糖的一种重要副产品是糖浆，糖浆经过蒸馏可以得到朗姆酒。但是朗姆酒从未像棉花那样重要，更远不及蔗糖。它对英国工业所起的作用不大，这或许是因为大部分进口的朗姆酒已在西印度群岛加工完毕。英国从西印度群岛进口的酒量不断增加。1721年的进口量为5.8万加仑，1730年的进口量为32万加仑，1763年的进口量达125万加仑。1765—1779年，朗姆酒进口量继续稳步上升，最后达到200万加仑以上。[123]

朗姆酒是渔业、皮毛贸易从业者以及航船水手不可或缺的东西，而且与三角贸易有着更为直接的关系。朗姆酒是运奴船上必备的货物，特别是开往非洲殖民地的运奴船。任何奴隶贩子都不愿意放弃朗姆酒。在非洲海岸传播饮酒之风大为有利可图。把大量朗姆酒带给当地的黑人掮客，怂恿他们喝得酩酊大醉，失去理智，然后一笔生意也就做成了。[124] 当地有个奴隶贩子，口袋里装满了用奴隶换来的金子，他十分愚蠢地接受了一艘运奴船船长的邀请，前去共进午餐，结果被灌得晕头转向。待第二天早晨醒来时，他发现钱袋和金子不翼而飞，本人也被剥得精光，打上标记，与他的受害者一起沦为了奴隶。这件事在水手中一直被当作茶余饭后的笑谈。[125] 1765年，利物浦办起了两家蒸馏厂，就是专为生产开往非洲的运奴船所需的朗姆酒。[126] 对重商主义者来说，另一个同样重要的事实是，从糖浆中不但能提取朗姆酒，还能提取白兰地和低度酒，而这些酒通常是从法国进口的。布里斯托尔也办起了蒸馏厂，这足以证明这座城市在甘蔗种植园有直接的利益。该市为维护自身的利益，多次向议会申诉自己的困境，并且反对从法国进口白兰地。关于这一点，乔治·贝克莱（George Berkeley）主教的话可以代表公众的情绪，他用地道的重商主义语言尖刻地问道："难道醉酒是不可缺少的魔鬼吗？难道人们不喝醉，他们的国家就不能发展吗？"

18世纪的英国酗酒成风。当时人们爱喝的是杜松子酒。贺加斯的画作《酒巷》（Gin Lane）使杜松子酒负有盛名。萨瑟克区的杜松子酒馆经常贴出这样的广告："1便士可痛饮，2便士可醉入梦乡，所躺的干草垫分文不取。"杜松子酒和朗姆酒互争名牌销路。

西印度群岛的种植园主争辩说，他们生产的朗姆酒占所有其他产品价值的四分之一。因此，如若禁止出售朗姆酒，将会使他们破产，也会驱使人们去找其他外国酒来喝。这些种植园主希望，对酗饮烈性酒的限制不要破坏蔗糖贸易。[127] 在他们看来，问题不在于人们该不该喝酒，而在于喝什么样的酒。一位不具名人士辩称杜松子酒"对人体的危害远远超过"朗姆酒。"杜松子酒是烈性酒，又酸又辣，喝了烧心。而朗姆酒则温和、芳香又无害。如果饮用适当，还会有惊人的效果，既可让人放松，又可令人精神愉快。"[128]对朗姆酒做此描述十分奇怪，而巴巴多斯人却给这种酒起了一个更为恰当的诨号——"鬼见愁"（Kill-Devill）。

与种植园主意见相反的人却坚持说，西印度群岛的朗姆酒贸易虽无足轻重，但不能再允许进口罪恶的杯中物来毒害大不列颠人民的身心。[129]这当然多半也与其他因素相关，如朗姆酒与玉米酿造的烈酒发生竞争的问题。这种竞争使西印度群岛的利益与英国农业的利益发生了冲突。种植园主指责说，用玉米酿酒会导致面包价格上涨。对吃面包的穷人表示这种关心虽令人感动，但这话却是出自吸血鬼之口，而目的不过是要穷人花更多的钱买他们的糖而已。随后的100年，英国农场主与工业家之间又发生了更加激烈的类似冲突，冲突的缘由是给工人阶级廉价的面包还是低微的工资。糖浆曾使西印度群岛的甘蔗种植园主与美洲大陆的殖民者关系恶化，现在又使甘蔗种植园主与英国地主的关系恶化。人们抱怨说，每当英国粮食短缺时，西印度群岛的利益集团马上推荐粮食的替代品，可是运来的却是大量的糖。1807年，大麦产区的一个匿名支持者写道："这些嘴甜的绅士总是拐弯抹角地找理由来支持他们的蔗糖事业。"[130] 1831年，英国保守党议员迈克尔·托马斯·萨德勒（Michael Thomas Sadler）也反对种植园主的主张："蔗糖虽然能够酿造出有益健康的饮料,但英国人并不喜欢喝它。"[131]

其实,西印度群岛蒸馏酒商的真正敌人,不是英国的农场主,而是新英格兰的同行。新英格兰的商人拒不购买朗姆酒,而是坚持买进糖浆自己酿酒,然后再把蒸馏出的酒推销给纽芬兰和印第安部落,特别是推销到非洲。在奴隶海岸,朗姆酒生意实际上被新英格兰垄断。1770年,新英格兰向非洲出口的朗姆酒量,占当年向殖民地总出口量的五分之四,[132]这是新英格兰从三角贸易中获得的又一个重大好处。不过,这里也就埋下了后来分裂的种子。法属西印度群岛的糖浆比英属西印度群岛的糖浆便宜,因为法国禁止用殖民地糖浆蒸馏的酒与本国产的白兰地竞争。而种植园主又不想拿糖浆去喂马,就把它卖给美洲大陆的殖民者。于是,这些殖民者就转向与法属殖民地的甘蔗种植园主打交道,糖浆也就成为美洲大陆与甘蔗殖民地贸易中的一种主要商品。后来的事实表明,这件事对英国的甘蔗种植园主有着深远的影响。

"小玩意儿"

运奴船上的货物,总是少不了这些"小玩意儿"的。这些杂七杂八、华丽而不值钱的装饰品或玩具,对喜爱鲜艳色彩的非洲人来说,具有无比的吸引力。为了这些"小玩意儿",非洲人出卖了自己的同胞,在19世纪则是割让土地、出让采矿特许权。在奴隶海岸,玻璃制品和玻璃串珠总是被抢购一空;种植园则对玻璃瓶子的需求量很大。这些物品大部分是在布里斯托尔生产的。[133]有一个奴隶贩子从黑人王子手中换到了一个十分健壮的黑人,而他付出的代价不过是13颗珊瑚珠子、半串琥珀、28个银铃,以及送给王子女眷的3对手镯。为了感谢王子的慷慨,他又送给王子的宠妾几串玻璃珠和4盎司[1]的紫红色羊毛。[134]这些东西的单价微不足道,但是集中起来,在奴隶交易中就具有重大作用。这种作用影响之大,以至于今天在西印度群岛,人们仍旧使用"小玩意儿"(pacotille)一词来称呼用以换取贵重物品的华丽而价廉的小物件。

冶金工业

奴隶贸易还需要一些令人生畏的商品,它们的用途并不亚于毛织品和棉织品。这些商品就是脚镣、铁链和扣锁。在运奴船上,需要用这些东西锁住奴隶,防止他们反抗或自杀。为了辨认奴隶,还要用炽热的烙铁给奴隶们烙上印记。在任何一艘开往非洲、东印度群岛或西印度群岛的船上都明文规定:"四分之三的啤酒要放在带有铁箍的大桶里,上面要加铁盖或者其他结实的盖子。"[135]非洲海岸许多地区使用铁条作为交易媒介,1根铁条的价值相当于4根铜条。[136]1679年,"燕子号"(Swallow)货船上运载的铁条占其全部货物价值的四分之三。1690年,"玛丽号"(Mary)上的铁条占其全部货物价值的四分之一。1733年的一艘奴隶船上的铁条占其货物价值的将近五分

---

[1] 1盎司约为28克。

之一。[137]仅1682年,皇家非洲公司就出口了1万根铁棍。[138]由此可见,制铁商也在非洲找到了好市场。

枪支也是开往非洲的每艘货船上的必备货物。如果说曼彻斯特是棉纺贸易中心,那么伯明翰就是枪支交易的中心。伯明翰与伦敦为争夺枪支贸易所展开的竞争,只不过从另一个方面反映了我在前文提到的首都与外埠之间,围绕奴隶贸易究竟是实行自由贸易,还是实行垄断贸易而进行的总斗争。1709年和1710年,伦敦的枪支制造商请求议会支持皇家非洲公司的垄断,伯明翰的造枪商和制铁商则一再施加压力和影响,反对主张垄断的皇家非洲公司和伦敦的同行。1708年、1709年和1711年,他们3次向议会请愿,反对恢复1698年修订的公司垄断权。[139]伯明翰的相关贸易自1698年以来得到了发展,造枪商和制铁商担心恢复公司的垄断后,又会迫使他们不得不把商品卖给"一个买主或任何一个垄断团体,而不许卖给其他人"[140]。

19世纪,伯明翰用枪支换取非洲的棕榈油。但是在18世纪是看不到这样的公平交易的。在18世纪,伯明翰是用枪支交换活人的,当时通行的价格是,一个黑奴值一支枪。非洲人用的滑膛枪主要是伯明翰出口的,伯明翰每年的总出口量达10万~15万支。非洲也与英国政府和东印度公司一样,被列为伯明翰枪支的最大买主。[141]

种植园对铁器的需求量也不容低估。17世纪末,德比郡西特韦尔制铁商制造的铁器中,就有供应巴巴多斯的熬糖锅炉和甘蔗压榨机的。显然,伯明翰对种植园这个市场也颇感兴趣。[142]伯明翰向种植园出口熟铁和钉子，出口量常常随着蔗糖贸易的行情而变化。正如一个制铁商在1737年所说："有些产糖岛的处境不佳……对铁器贸易造成了一定损害，因为这些岛屿对铁器的需求量完全取决于蔗糖贸易的好坏。"[143]伯明翰的一位历史学家这样描述该城市从殖民制度中得到的好处："它制造的斧子运往印度，制造的砍刀卖给北美的印第安人，卖到古巴和巴西的铁链、手铐和铁颈圈是给黑奴戴的……在美洲的原始森林里，伯明翰制造的斧头砍倒古老的大树；在澳大利亚的牧场上，回响着伯明翰铃的铃声；在东印度和西印度，人们用伯明翰的锄头耕耘那无垠的蔗田。"[144]

与铁器同时出口的还有铜、黄铜和铝制品。早在1660年之前，英国就向非洲出口铜锅、铜壶了，只是在1698年实施自由贸易后，其出口量才不断增加。此后，伯明翰开始大量出口刀具和黄铜器。在整个18世纪的殖民地市场上，英国的这类商品一直在与其他国家的商品竞争。1719年在斯塔福德郡北部成立的奇德尔公司（Cheadle Company），不久就成为英国主要的铜器公司之一。该公司经营范围广泛，其中包括用于非洲贸易的商品，如在当时被称为"几内亚杆"（Guinea rods）的铜丝和非洲部族喜欢戴的金属环曼纳罗（manelloes）。1734—1780年，这家公司的资本增长了11倍。1780年，公司实行改组。"公司白手起家……逐渐兴旺发达，即使不是18世纪最大的铜器公司，也算得上在业内名列前茅。"据传，开往非洲的船只，货舱里常常装满了神像和曼纳罗，在客舱里则住满了传教士，"这是令人深思的例子，说明物质商品在与精神商品竞争"[145]。布里斯托尔浸礼会的工厂生产了大量的黄铜，然后把黄铜抽成铜丝、制成电池，在非洲市场大量出售。[146]霍利韦尔的工厂，除了为利物浦的船只生产护船铜板，还制造铜锅以满足西印度群岛糖商和东印度茶商的需要，同时还为非洲贸易生产各种物美价廉的黄铜器具。[147]铜锅和铜壶主要出口到非洲和美洲的种植园。在一张出口货单上，"铜锅"项目下可以看到"洗澡用大铜盆"这一品名。[148]现在这些大澡盆都是用电镀锡做的，依然广泛用于今天西印度群岛的日常生活中。

造船业发展的需要也进一步刺激了重工业的发展。利物浦有许多铸造铁链、铁锚的工厂，就附属于造船厂。生产护船用的铜板，既能促进利物浦地方工业的发展，又能使周围一些地区为满足利物浦的需要而得到发展。例如要把兰开夏郡和柴郡冶炼的铜从霍利韦尔的冶炼厂运到利物浦的货栈，就需要租用三四十艘船。[149]

整个18世纪，制铁业一直从奴隶贸易中得到好处。当议会提出讨论废除奴隶贸易的问题时，利物浦的铁、铜和铝器制造商及贸易商纷纷向议会呈递请愿书，反对讨论这个问题。他们认为，废除了奴隶贸易，必将影响本市居民的就业，因而将使成千上万的人"沦为孤苦伶仃的流浪者，只能去异国他乡谋生"[150]。同年，伯明翰宣称，当地生产的各种制成品，有相当一部分主要依靠奴隶贸易，如果取缔奴隶贸易，就会毁灭这座城市，也将使大批市民穷困潦倒。[151]

这种担心未免过于夸张。18世纪的贸易战带来的军火需求，让制铁商做好了准备，生产更多的军火以满足美国独立战争和拿破仑战争的需要。此外，由于新技术的发明，商品产量不断提高，殖民地的市场出现了饱和。1710—1735年，英国铁器的出口量虽然增长了几乎3倍，但1710年，英属西印度群岛只买进了英国出口铁器总量的五分之一；到1735年，这个比例下降到不足六分之一。1710年，英国出口到种植园的铁器有三分之一是倾销到产糖岛屿；而1735年，则只有四分之一。西印度群岛进口英国铁器数量的高峰是在1729年，这年买进了英国出口铁器总量的将近四分之一，购买的铁器中近一半进入了种植园。[152]英国国内的铁器生产获得了发展，但各产糖岛对铁器的需求量却在缩小。到1783年，制铁商自然也开始另找出路。但是，他们犹如童话里的灰姑娘，穿上美丽的盛装匆匆参加舞会，只顾尽情地跳舞，竟忘了注意时钟马上就要来到午夜12点。

第4章
西印度群岛利益集团

亚当·斯密写道:"我们经常看到产糖岛上的种植园主衣锦荣归,回到英国,但烟叶殖民地就不见有如此富有的种植园主归来了。"[1]在重商主义时代,甘蔗种植园主可以算作大资本家。1771年,伦敦上演了一出很有名的戏剧,叫《西印度群岛人》(The West Indian)。这出戏剧是在为刚刚回国的一个种植园主举行的盛大招待会上首演。当时的盛况犹如欢迎伦敦市长的光临。招待会上的仆役悟出了其中的道理:"他十分有钱,这就是一切。人们说,他拥有的朗姆酒和蔗糖,足以把泰晤士河水配成饮料。"[2]

西印度群岛种植园主在18世纪的英国社会中是众所周知的人物。因为他们大都是"幕后人",不直接居住在种植园。"幕后人制"一直遭到加勒比人的咒骂,至今仍然是加勒比地区的一个严重问题。

有一个"幕后人"曾表示:"产糖殖民地的气候对我们英国人的身体健康很不利,因此没有人会选择到那里居住,更没有人愿在那里定居。不过在那里倒是可以更好地养家糊口,有可能比在英国经营任何商业或者在美洲大陆经营种植园挣更多的钱。"[3]但是,西印度群岛的气候对奴隶主并非那么有害,而且他们一旦发了财,即可返回英国。1689年,巴巴多斯的代理总督写道:"由于某种吸引力,英国把种植园的一切好东西都吸收回去。英国是万物之归宿。英国是我们唯一热爱和向往的地方,不管身在何处,我们的心永远留在英国……我们能挣来的一切东西都要带回英国。"[4] 1698年,西印度群岛人把300名孩子送回英国接受教育。据戴夫南特说,区别在于,父辈们离开英国时是穷光蛋,而他们的孩子回国时成了小财主。[5]戏剧《西印度群岛人》中的种植园主贝尔卡(Belcour)先生这样说:"哈哈,我有生以来第一次生活在英国,享尽人间荣华富贵,我也是第一次置身于这个富有艺术感而又优雅恬静的美丽祖国。幸福之星赐给我一大笔钱财,可是一阵阴谋之风却把我吹落此地,把钱财挥霍。"[6]种植园主在回到英国之后,最热切的希望是弄到一片地产,以便跻身贵族,改换自己卑贱的出身。他们在英国社会上出现,正如亨利·彼得·布鲁厄姆(Henry Peter Brougham)[1]所指出的,对英国人的性格和道德不时产生

---

[1] 英国政治家、大法官,在1832年改革法案和1833年废除奴隶制法案的通过过程中发挥了突出作用。

有害的影响；每当这类人的数量增多并获得土地时，他们往往会把那种不良作风和行为带到他们所在的地方。[7]他们家财万贯，挥金如土，还有点放荡，因而引起了不如他们富裕的英国贵族的忌妒和不满。

后来，19世纪的政治经济学家赫尔曼·梅里韦尔辩解说，由定居地主改变为"幕后人制"，对英国人的性格来说不是耻辱，而是一种荣誉。这说明，他们不愿意留在实行奴隶制的殖民地过放荡生活，也看不惯那种对待奴隶的铁石心肠。但是，这种令人难以信服的奇怪解释既不敢触及奴隶制的问题，也不反对分享奴隶制带来的暴利。梅里韦尔对这个问题，仅仅用"人性矛盾的通用辩解"[8]来加以解释。

但是，"幕后人制"在西印度群岛产生了严重的后果。那里的种植园由监工和代理人管理，但总是管理不好。总督经常发现议会无法达到法定人数。许多种植园的办公室里只有一人办公，白人与黑人的人口比例失衡现象越来越严重，奴隶叛乱的危险性也日益增大。由于《差额限定法》没能阻止"幕后人制"的实行，因此地方议会试图没收"幕后人"占有的大片荒地，并打算把这些土地重新分给小农场。但是，在那些"幕后人"的坚决要求下，这些措施遭到了英国政府反对。[9]

在英国居住的种植园主中，声望最高的是贝克福德家族。这个家族的世系可以追溯到12世纪格洛斯特郡的一个古老家族。1485年，这个家族的一个成员为国王而战，死在博斯沃思原野[1]。另一个成员趁英国征服牙买加之机捞回了一笔家产。1670年，市议会长老议员托马斯·贝克福德爵士（Sir Thomas Beckford）是最早的"幕后人"，每年从牙买加的产业中获得2000英镑的纯利润。彼得·贝克福德（Peter Beckford）则是表现突出的新殖民者，他在牙买加居住期间，先后担任过该岛所有重要的军事和政府官职，如议会议长、副总督和总司令。1701年，彼得去世时，"已拥有任何欧洲人都比不上的动产和不动产"。1737年，彼得的孙子威廉·贝克福德（William Beckford）继承了家业，成为英国最有权势的西印度群岛种植园主。[10]

威廉在威尔特郡地产上建造的放山居（Fonthill House），长期以来被公认为英国西部最豪华、最吸引人的胜地。

> 这是一座漂亮又整齐的建筑：中间是4层楼，两边是2层楼，左右两边各有走廊相通，全是用精美的石块建造。楼前有雄伟的门廊，地下有宽敞的地下室，建有2处宽阔的阶梯。建筑里有数不清的房间，间间陈设讲究，显示出富贵和东方式的豪华。每逢佳节，城堡里张灯结彩，金碧辉煌。城堡墙上挂着珍贵的艺术品，餐具柜和柜橱装饰着

---

[1] 博斯沃思战役是英国玫瑰战争中最后一场重要战役，约克王朝最后一任国王理查三世（Richard Ⅲ）败亡，象征着金雀花王朝统治的结束。

出自名家和能工巧匠之手的金银珠宝，而贵重的大镜子则给这些艺术品增添了无限情趣。此外，城堡还有一间藏有精选珍贵书籍的宽敞图书室……仅举地下室大客厅的面积，就可以想象这座建筑物的规模。这个大客厅长26米、宽接近12米，顶部是拱形的，由巨大的石柱支撑。城堡中的一个房间是专门按照土耳其风格布置的，里面有许多大镜子和带有褥垫的长椅。另外一些房间用带有雕花的大理石壁炉，显得十分优雅。[11]

威廉不比他的前人逊色。他拥有财产，想象力丰富。根据家族历史学家的说法，他不满足于平凡的事物，乐于追求新奇、气派、复杂甚至宏伟壮丽的事物。因而他建造了放山修道院（Fonthill Abbey）。这个工程为大量的技工和劳工提供了就业机会。为了安顿这些雇工，附近甚至建立了一个新村。修道院内有一块园地，里面种有美洲各种开花灌木和树木，这些植物曾生长在其产地的荒野上。[12] 1837年，威廉由于在牙买加拥有770名奴隶，领得补偿金15 160英镑。[13]

希伯特家族也在西印度群岛经营种植园，同时兼营商业。正如我们已经了解到的，他们曾为非洲和殖民地种植园提供棉麻方格布。罗伯特·希伯特（Robert Hibbert）住在贝德福德郡，靠来自西印度群岛的收入为生。他开办的种植园在牙买加是首屈一指的。为他写传记的作家肯定地说："他是一个十分善良的主人，但是他从来没有因道德方面的原因嫌弃过他的那份财产。"罗伯特临终时,将每年3000英镑的款项交由委托人,用作三四个神学学位的奖学金,以鼓励那些能用最通俗和灵活的方式传播基督教的人,奖励在处理宗教事务中能秉公执法的人。[14]罗伯特的亲戚乔治·希伯特(George Hibbert)是伦敦一家红火的贸易公司的合伙股东,还多年担任牙买加驻英国的代理人。乔治曾发起建造西印度群岛的一些码头,也曾当选为公司董事会的首任董事长。画家托马斯·劳伦斯(Thomas Lawrence)为乔治画过肖像,这幅画作如今还悬挂在伦敦港口管理局(Port of London Authority)的房间里。乔治还是一个藏书家,他的藏书在出售时,用了24天才卖完。[15]希伯特家族拥有1618名奴隶,因而领得的补偿金达31 120英镑。[16]这一家族位于金斯敦的宅邸是牙买加最古老的房屋,至今还屹立在那里。这个家族的名字经常出现在《希伯特杂志》(Hibbert Journal)上,这是一份纪念季刊,专门登载有关宗教、神学和哲学的文章。这份杂志创刊于1902年10月,"承蒙希伯特受托人的认可和赞助",但他们对杂志中表达的观点不承担责任。[17]

与牙买加有关的还有朗家族。查尔斯·朗(Charles Long)临终时,在萨福克郡留下一片地产,在伦敦的布鲁姆斯伯里有一处房产,而在牙买加则有5600多公顷的地产。查尔斯的收入极为可观,远远超过了当时牙买加的其他企业主,完全有资格享尽人间的荣华富贵。[18]查尔斯的孙子也是牙买加的种植园主,还写过一本有名的牙买加岛史。查尔斯的亲戚小比斯顿·朗(Beeston Long Jr.)当过伦敦港口公司(London Dock

Company)的主席和某家银行的经理。他位于伦敦主教门大街（Bishopsgate Street）的家族宅邸同样出名。[19]朗家族的另一个成员法恩伯勒勋爵（Lord Farnborough）在肯特建造了布罗姆利山顶宫殿（Bromley Hill Place），这是英国的著名宅邸之一，以其千姿百态的观赏性花园而闻名。[20]

约翰·格莱斯顿（John Gladstone）与利物浦的科里商行合伙经营粮食买卖，但是他并不满足于此。约翰还间接从事奴隶贸易，成为西印度群岛的一个奴隶主。"同其他许多商人一样，他也被认为是公正的、善良的。他坚持认为奴隶制是必需的，所以他感到心安理得。"约翰通过取消抵押品赎回权，获得了在英属圭亚那和牙买加的几处大种植园。与此同时，他还广泛参与西印度群岛的贸易，把自己种植园生产的蔗糖和其他产品，用自己的货船运往利物浦的交易市场出售。约翰通过这种手段聚敛了大量的财富，而积累的资本又使他能够开辟新的门路，发展与俄国、印度和中国的贸易。此外，投资利物浦的房地产也使他发了大财。他慷慨捐款给利物浦的慈善事业，修建教堂并资助教会活动。在利物浦市的希腊人为争取独立而发起的运动中，约翰还是个雄辩的演说家。他的儿子威廉·尤尔特·格莱斯顿（William Ewart Gladstone）也是个名人。在威廉参加1832年纽瓦克的竞选时，一份公开发行的杂志准确但不太高明地提醒选民们，这个候选人是"利物浦格莱斯顿之子，其父依靠西印度群岛的贸易积攒了大量财产。换句话说，黑奴的鲜血变成了他家的财宝"[21]。在争论奴隶解放的大部分年月中，约翰担任着西印度协会的会长。有一次他与利物浦废奴主义者詹姆斯·克罗珀（James Cropper）在该市的一份杂志上，就西印度群岛的奴隶制问题展开了一场激烈的争论。[22] 约翰拥有2183名奴隶，根据1833年通过的法案，他于1837年领到的补偿金共达85 600英镑。[23]

科德林顿家族也是一个有名的家族。他们的财富和地位完全建立在奴隶制和甘蔗种植园的基础上。17世纪，克里斯托弗·科德林顿曾任巴巴多斯的总督。他在巴巴多斯和巴布达岛拥有的种植园，按现在的币值算，价值10万英镑。他在那里建立了一所大学，这所大学至今还以他的名字命名。克里斯托弗去世时，留下了1万英镑的遗产，其中大部分捐赠给了一座图书馆。他收藏的珍贵书籍，价值达6000英镑，后来都赠送给了牛津的万灵学院。这批书现在是有名的科德林顿图书馆最主要的藏书。在19世纪希腊人争取自由的事业中，克里斯托弗的一个后人是在纳瓦里诺海战[1]中取得胜利的英雄。[24]

沃纳家族遍布背风群岛，在安提瓜岛、圣文森特岛、特立尼达岛以及多米尼加都有这一家族的成员。托马斯·沃纳（Thomas Warner）是加勒比地区英国殖民地的开拓者。约瑟夫·沃纳（Joseph Warner）后来成为当时著名的3名外科医生

---

[1] 是希腊独立战争时期在伯罗奔尼撒半岛西南沿岸的纳瓦里诺湾爆发的海战。在此战中，英、法、俄联合舰队歼灭了土耳其和埃及舰队。这场海战是历史上最后一场完全以帆船对垒的重要海战。爱德华·科德林顿（Edward Codrington）任盟军总司令。

之一。他原是盖伊医院的外科医生，又是1750年成立的外科医学院的首名学员。画家塞缪尔·梅德利（Samuel Medley）为约瑟夫画的肖像，今天还珍藏在皇家外科医学院（Royal College of Surgeons）。19世纪，沃纳家族中有人当过安提瓜议会的议长，还有一个成员当过特立尼达岛的首席检察官，并且积极支持从东印度输入移民。在这个西印度群岛的家族中，最出名的也许要算佩勒姆·沃纳（Pelham Warner），他是英国著名的板球手，被公认为英国这项群众运动的权威。[25]

还有其他一些人，虽然并不出众，但也能使人想起蔗糖给他们带来的荣誉。布赖恩·爱德华兹是18世纪末英属西印度群岛的历史学家。他承认，要不是两个在西印度群岛从事甘蔗种植的富有叔叔，自己本来会在父亲的小庄园里默默无闻地度过一生，这个小庄园坐落在威尔特郡韦斯特伯里的一个破落小镇上。[26]布里斯托尔很出名的平尼家族，在尼维斯岛拥有几个甘蔗种植园。[27]船长弗雷德里克·马里亚特（Frederick Marryat）是约瑟夫·马里亚特（Joseph Marryat）的儿子，是一个擅长描写海上生活的著名小说家，而且还是信号旗的发明者。他发明的信号旗在商船上一直被使用到1857年。[28]威廉·麦克道尔上校是格拉斯哥最出众的人物。"他在乡间有豪华的住宅；在西印度群岛有富庶的田庄；海上有他的货船，这些货船满载着蔗糖和朗姆酒，源源不断地开回英国。他还有与军阶相符的社会地位，有古老的宗族。当他拄着金柄手杖，沿着堤道漫步时，每走一步都能引起众人的尊敬。"[29]

人们指责种植园主满身铜臭、好讲排场，布赖恩·爱德华兹对此十分恼火地加以否认。但是事实总归是事实。西印度群岛人财运亨通，这是尽人皆知的。伦敦和布里斯托尔都有富裕的西印度群岛人社区，南安普敦诸圣堂（All Saints' Church）里的纪念牌匾雄辩地说明了他们曾经享有的社会地位。[30]如伊顿公学、威斯敏斯特公学、哈罗公学、温切斯特公学里满是西印度群岛人的子弟。[31]西印度群岛人拥有的马车数量之多，正如伦敦人抱怨的那样：每当这些马车在大街上云集时，都会造成交通堵塞。有一个故事说，国王乔治三世（George Ⅲ）和小威廉·皮特访问港口韦茅斯时，碰上了一个牙买加的财主，他身后尾随着一大批侍从，其中还有骑手和穿制服的奴仆。乔治三世对此十分不满，他对左右说："糖，这一切都是因为糖，不是吗？他交了多少关税？皮特，他交了多少关税？！"[32]西印度群岛种植园主是埃普瑟姆、切尔滕纳姆等疗养胜地的常客，[33]他们的子女在布里斯托尔的集会堂（Assembly Rooms）[1]和温泉疗养地与文人雅士们平起平坐。[34]西印度群岛的女继承人是男人追求的对象。查尔斯·詹姆斯·福克斯（Charles James Fox）曾经想与拥有8万英镑财产的菲普斯（Phipps）小姐结婚，以偿还欠下的赌债。[35]由于福克斯是废奴主义者，因此人们不禁要猜测，如果这段姻缘成功，他的事业将会发生什么变化。

---

[1] 向较高社会阶层男女开放的聚会场所。

许多出身低下的英国人是由于偶然得到了一份西印度群岛种植园的遗产而一跃成为富翁的。这种遗产在后来才被看作一种耻辱和累赘，[36]在18世纪并没有这种看法。乔治·科尔曼（George Colman）在戏剧《非洲人》（Africans）中塑造了青年马洛本（Marrowbone）先生。他原来是个屠夫，后因接受了一份西印度群岛种植园的遗产，从此"经营黑奴，再也不宰牛卖肉了"[37]。马洛本的经历，当时的观众是很熟悉的。

由于人数众多的西印度群岛贸易商通过西印度群岛贸易获得了巨额利润，因而就扩大了种植园主的势力。据刘易斯·伯恩斯坦·纳米尔（Lewis Bernstein Namier）[1]教授说："在英国，很少有完全不参与西印度群岛贸易的大商人，而且有相当多的上层人物与产糖岛屿存在利害关系。这同今天许多英国人手中握有亚洲的橡胶园、茶场、油田等的股票一样。"[38]种植园主与商人的观点并不总是相同的，双方从一开始就代表了不同的组织。他们之间的关系靠信誉来维系，但这种信誉并不能确保双方关系和谐。不过，造成双方矛盾的基本原因不在于此，因为商人总是可以行使止赎权。比债务因素更重要的是种植园主保持垄断价格的决心，尤其在1739年，双方竞相发展对欧洲的直接贸易，加深了彼此的交恶。[39]不过总的来说，种植园主与商人间的一致性利益要超过彼此的冲突。到1780年左右，

---

[1] 英国历史学家，最有名的著作是《乔治三世登基时的政治结构》（The Structure of Politics at the Accession of George III）。

双方终于联合起来，这是由于要阻挡自由贸易的洪流，加固垄断的堤坝。

☙

种植园主和商人这两股力量的结合，再加上英国的殖民地代理人，就组成了18世纪强大的西印度群岛利益集团。那时，英国议会腐败，不时发生贿赂事件。因此，这些人"有钱能买鬼推磨"。他们购买选票，拉拢选区，打进议会。他们参加竞选，引起议会席位价格的上涨。1767年，切斯特菲尔德伯爵想出价2500英镑买一个席位，结果遭到了一顿嘲笑。因为另一个西印度群岛人所出的价钱是他的2倍。[40]没有任何私人世袭的英国财富可以抵挡殖民地的这股金银与贿赂洪流。英国国内的贵族十分愤慨，他们在选举中被西印度群岛人"激怒、挫败，还花了好多钱"[41]。西印度群岛人炫耀财富、吹嘘花钱无度的行为，显然引起了剧作家理查德·康伯兰德（Richard Cumberland）的关注，他借戏剧人物之口发出警告："可以花钱，但是不能浪费。但愿贝尔卡先生不要把钱当作家奴，任意摆布。您应该把钱当作臣民，只能有节制地发号施令。"[42]在1830年的选举中，一个西印度群岛人花费了1.8万英镑，在布里斯托尔当选。[43]同年，西印度群岛落选的候选人在利物浦的选举费用接近5万英镑，其中有五分之一来自约翰·博尔顿（John Bolton），此人既是西印度群岛的富商，又是奴隶贩子和奴隶主。[44]

贝克福德家族依仗家产稳坐议会。1747—1754年，威廉·贝克福德一直是代表沙夫茨伯里的议会议员；1754—1770年，他又成为伦敦地区的议员代表。他的一个兄弟是布里斯托尔的议员代表；另一个兄弟是索尔兹伯里的议员代表；还有一个兄弟曾竞选威尔特郡选区的议员代表，但未当选。[45]理查德·彭南特（Richard Pennant）一度代表利物浦。[46]科德林顿家族的一个成员于1737年当选议会议员。[47] 1806—1812年，乔治·希伯特代表西福德。[48] 17世纪的垄断商人爱德华·科尔斯顿（Edward Colston）在1710—1713年代表布里斯托尔列席议会。[49]西印度群岛利益集团在事实上而非名义上垄断了布里斯托尔的议会席位。约翰·格莱斯顿起先代表伍德斯托克，后来又代表兰开斯特列席议会。1833年5月，约翰津津有味地聆听了儿子在议会里发表的第一个演说。约翰的儿子是纽瓦克的议员代表，他在演说中谈到家族在圭亚那的家产，而且极力维护奴隶制。[50]这个政治家在对待奴隶制问题上真是一片苦心，他的家庭与西印度群岛甘蔗种植园的息息相关使他的演讲滔滔不绝。[51]拉塞尔家族的一个成员于1757年当上了议会议员。[52]亨利·古尔本（Henry Goulburn）为了维护在西印度群岛的家业而坚决反对废除奴隶制。直到1833年，古尔本还请求议会采取措施促进奴隶贸易和农业，并请求议会亲临，看一看由乡村发展而来的市镇，以说明与殖民地开展贸易的重要性。[53]但是议会对此置之不理。古尔本只好满足于收下近5000英镑，作为对他释放242名奴隶的补偿。[54]特立尼达的约瑟夫·马里亚特、布里斯托尔的亨利·布赖特（Henry Bright），还有基思·道格拉斯（Keith Douglas）、查尔斯·埃利斯（Charles Ellis）都是西印度群岛人。在最有势力的种植园主和贸易商协作委员会（Society of Planters and Merchants）的15个委员中，有10个委员在英国议会里占有席位。[55]

为了使事情万无一失，这些西印度群岛人如同奴隶贩子一样，不仅固守下议院，而且打入上议院，以保卫种植园及他们赖以生存的社会结构。从下议院跨进上议院是很容易的。因为可以提供政治上的支持，他们随时可以获得贵族头衔。据一个近代作家说，英国的上议院里，几乎所有贵族都有西印度群岛人血统。[56]理查德·彭南特后来成为彭林勋爵（Lord Penrhyn）。拉塞尔原是巴巴多斯的一个古老家族，被封为贵族后改姓哈伍德（Harewood），该家族的一个后裔与英国国王乔治六世（George VI）的妹妹结了婚。钱多斯侯爵理查德（Richard, Marguess of Chandos）是1832年改革法案"钱多斯条款"的起草人。他在西印度群岛拥有种植园，是西印度群岛利益集团的发言人，但是他在去世前目睹了自己鼓吹的事业几乎化为乌有。[57]巴尔卡雷斯伯爵亚历山大·林赛（Alexander Lindsay）在牙买加拥有甘蔗种植园。解放奴隶时，他手中还有640名黑奴，为此获得了大约12 300英镑的补偿金。[58]从这件事可以说明，当时身为总督的巴尔卡雷斯伯爵为什么要拼命反对圣多明各协议。那时英国企图征服这个法属殖民地，但没有得逞。协议便是梅特兰（Maitland）将军与奴隶领袖杜桑·卢维杜尔（Toussaint L'Ouverture）就撤离圣多明各达成的。这个伯爵在家信中写道："伦敦方面要是能运来大批粮食和衣服，提供给入侵英国的无裤党（sans culotte）[1]军队使用，那才奇怪呢。"[59]霍克斯伯里勋爵查尔斯·詹金森（Charles Jenkinson）是西印度群岛的一个企业主，[60]也是贸易委员会的主席。他利用职权一再支持奴隶主和奴隶贩子。为了感谢他的奉献，许多鼓吹奴隶贸易的小册子的题词都是献给他的。[61]利物浦授予他荣誉市民的称号，感谢他在议会中不辞劳苦地支持奴隶贸易，从而为本市做出了极大的贡献。[62]霍克斯伯里勋爵后来成为贵族。他一方面获得了利物浦伯爵的头衔，另一方面又接受利物浦市政当局的授封，真是两者结合的象征。[63]

奴隶主们不仅从根源上控制了议会，与此同时，还和他们的盟友糖商和奴隶贩子一样，无孔不入。他们或当市议会长老议员，或当议员，或出任市长。威廉·贝克福德就是伦敦市的市议会长老议员，并两次出任市长。当时的人们嘲笑他的蹩脚拉丁语和大嗓门，可是不得不尊重他的财富、地位，以及他的政治影响。作为市长，他举办的招待会排场很讲究。有一次，在一场豪华的宴会上，6个公爵、2个侯爵、23个伯爵、4个子爵、14个上议院的贵族，还有下议院的议员纷纷到场，逐一向他致敬。这个大奴隶主置王室的反对于不顾，凭借为约翰·威

---

[1] 原指法国大革命初期衣着褴褛、装备低劣的革命军志愿兵，后来泛指大革命的极端民主派。

尔克斯（John Wilkes）[1]和言论自由辩护而青史留名。⁶⁴今天，在伦敦市政厅里还矗立着威廉的纪念碑。纪念碑基座上刻着的金字，是一篇著名的演说词。即使是乔治三世也会为这篇演说词感到羞愧。⁶⁵威廉的兄弟理查德也当过伦敦市的议会长老议员。威廉·迈尔斯生前当过布里斯托尔的市议会长老议员。此外，乔治·希伯特也当过伦敦的市议会长老议员。⁶⁶

西印度群岛利益集团有许多有势力的朋友。老威廉·皮特一直是西印度群岛权利的保卫者。至于这种权利是否正当，他从不过问。他还是威廉·贝克福德的密友。"他一直认为产糖殖民地是王国的内部利益，其他的看法都属荒谬。"⁶⁷约翰·格莱斯顿和约翰·博尔顿是乔治·坎宁（George Canning）[2]的坚定支持者，后者在谈论西印度群岛问题时总是强调它的可怕、微妙和"极端重要"。⁶⁸政客威廉·赫斯基森（William Huskisson）和威灵顿公爵阿瑟·韦尔斯利（Arthur Wellesley）对种植园主颇有好感。威灵顿公爵拒绝"掠夺西印度群岛企业主，以便让自己在英国也能得到一些名利"⁶⁹。赫斯基森认为，通过法律裁决或颁布法令的方式来解放奴隶是不可取的。⁷⁰但是，种植园主全然不顾英国人对奴隶制的反感，他们一意孤行，拼命反对取消奴隶制。所以这些朋友就和他们疏远了。坎

---

[1] 英国激进主义记者和政治家。1757年，威尔克斯第一次当选议会议员，随后提出多项激进议案，因公开批评国王一度被囚禁。1776年，他在议会提出了第一个议会改革法案。

[2] 英国保守党政治家，两次出任外交大臣并短暂任职首相。

宁后来也感到西印度群岛的奴隶制是个令人头痛的问题。[71]奴隶问题几乎搞得赫斯基森失去理智，在他看来，种植园主都是些疯子。[72]威灵顿公爵在英国对奴隶制做出最后决定之前，就粗暴对待了一个在伦敦的西印度群岛代表团。[73]

強大的西印度群岛利益集团与18世纪的垄断商、国内贵族，以及海港城市的商业资产阶级结成联盟。这使他们能够在腐败的议会中施加强大的影响力。这种影响力足以使任何政治家都不能无视他们的要求。他们还代表一股势力，"历届政府在处理紧迫的问题上都深知，得到这股势力的支持，是至关重要的"[74]。西印度群岛利益集团竭力反对废除奴隶贸易，反对解放奴隶和取消垄断制。他们随时准备着反对增收糖税。用贝克福德的话来说，增收糖税"对产糖殖民地和食糖贸易是一个致命的打击"[75]。在美国独立给予英国的重商主义和垄断地位以首次打击之前，西印度群岛利益集团一直是英国议会的小衙内。

1685年，牙买加总督对额外征收糖税的建议提出了抗议。他说，这个建议不利于甘蔗种植业，也将使种植园无法经营下去。与此同时，还会影响其他的行业。由于这一建议，"弗吉尼亚的胸口挨了一刀，巴巴多斯等岛屿发了高烧，而牙买加得了肺痨"[76]。1744年，种植园主们向议会议员陈述了他们的理由，企图激起公愤来反对另一个增收糖税的新提议。然而，这个提议还是以23票的多数通过了。"这件事使某些人大为震惊。这些人原以为志同道合者众多，而这些人又与食糖贸易休戚相关，自然会在下议院得到大力支持。"[77]但是，西印度群岛人毕竟也不傻，他们把额外征收的糖税转嫁到了外国进口的亚麻制品上。这整个插曲只不过说明了"要对食糖额外征收一次糖税，就会遇到重重困难，这些困难来自那些直接或间接地介入这个广泛贸易的人和他们的影响力"[78]。

后来，由于七年战争需要经费，增收糖税的问题又被重新提了出来。英国国内的贵族一贯支持他们在殖民地的伙伴，然而此刻，当必须在本人和远方亲戚之间做出选择时，他们的观点是，"衬衣再贴身也不如长在身上的皮肤"。所以，贝克福德在议会发表维护伙伴的演讲时，一再被人打断，每当他说出"蔗糖"[79]一词，就引起哄堂大笑。历史的变化真是难测。1764年，马萨诸塞的一个代理人说，种植园主在议会中有五六十张选票，可以随意操纵表决。[80]这个时期正是西印度群岛利益集团的极盛时期。但是到了19世纪，在改革后的议会中出现了另一个五六十人的投票集团。他们是兰开夏郡的棉纺集团。这个集团的口号是：反对垄断，支持自由竞争。

第5章
英国的工业与三角贸易

༺༻

英国从三角贸易中积累了大量的财富。这种贸易促进了购买力的提高,从而使这个国家的生产力得到了发展。工业的发展需要资金。1700—1775年,除了西印度群岛的种植园主和利物浦的奴隶贩子,还有谁更有能力提供这笔资金呢?我们已经在前文注意到那些"幕后人"打算在英国购买土地,并利用他们的财富资助与农业革命相联系的生产大发展。现在我们要追溯一下流向英国工业的三角贸易利润。种植园主和奴隶贩子提供了建设大型工厂所需的巨大费用的一部分,以满足新的生产过程和新的销售市场的需要。

用三角贸易的利润再投资

银行业

18世纪,利物浦和曼彻斯特开设了许多银行,前者是进行奴隶买卖的都市,后者是棉纺织业中心。这些银行与三角贸易有直接的关系。开办棉纺织厂需要大量资金,为改善这两座城市之间的交通而开凿的运河也需要大笔经费。

18世纪最典型的银行家,是从买卖人口贩子发展到贸易商,然后进一步发展成为银行家。在18世纪,"商人"这个名词所指的范围,在船舶靠岸、开始体面的交易之前,往往在不同程度上包括运奴船船长、私掠船船长和奴隶主。利物浦的商人从事各种行业,他们当中有酿酒商和卖酒商,有杂货商,有经纪人和银行家,等等。有个历史学家写道:"人们会问,这个'等等'还包括哪些人?"[1]这个"等等"犹如海妖发出的欢声,并不是漫无边际地回荡,在当时,它往往指那些与三角贸易有关的人。

1773年,海伍德银行在利物浦开张。它作为一家私人银行,一直存在到1883年,之后转卖给利物浦银行。海伍德银行的创建人是一些财运亨通的商人,后来都被选入了商会。历史学家写道:"他们都有从事非洲贸易的经历。"此外,他们还经营过私掠船。我们可以在1752年的非洲贸易商清单里找到他们的名字。这些人作为一个非洲贸易集团一直存在到1807年。托马斯·帕克(Thomas Parke)是海伍德银行一家分行,即威廉·格雷格森父子、帕克和莫兰银行的大股东。他的祖父是个船长,在经营西印度群岛贸易中颇走财运。海伍德银行一个股东的女儿后来嫁给了约翰·格莱斯顿的儿子罗伯逊·格莱斯顿（Robertson Gladstone），二人的儿子小罗伯逊后来也在这家银行谋得了职位,这是当时商业关系交往结合的一个典型事例。1788年,海伍德银行在曼彻斯特大商人的建议下,在该市开设了一个分行,名为曼彻斯特银行,在以后许多年内素享盛名。在1815年之前,海伍德银行所有股东的14个后嗣中,有11人成了商人或银行家。[2]

托马斯·莱兰在银行界出名较晚,在19世纪初期才崭露头角。然而,早在18世纪的最后25年,他已参与投资非洲的奴隶贸易。莱兰和他的伙伴是利物浦最活跃的奴隶贩子,赚得了巨额利润。1802年,莱兰成为克拉克斯与罗斯科银行的大股东。莱兰与罗斯科（Roscoe）的合作,可说是一种古怪的结合。因为前者是十分成功的奴隶贩子,而后者却是奴隶制的坚决反对者。结果,莱兰终于在1807年决定退出,转而与从事奴隶买卖的同行布林斯（Bullins）合股经营。就这样,莱兰与布林斯银行隆重开张了。这家银行前后经营了94年,一直遵守信用、光明正大,后来于1901年并入了南北威尔士银行有限公司。[3]

在18世纪利物浦银行业的发展史中,海伍德银行和莱兰银行仅仅是其中最为突出的两家。银行家威廉·格雷格森（William Gregson）是奴隶贩子,又兼造船主、私掠船主、保险商和经营缆绳的老板。弗朗西斯·英格拉姆（Francis Ingram）

也是一个奴隶贩子。1777年,他是非洲公司的股东,同时拥有一家缆绳公司里的股份。他还与托马斯·莱兰和厄尔家族合伙经营过私掠船。厄尔家族从奴隶贸易中获得了大量财富,他们从事奴隶贸易一直到1807年。汉利银行的创建人是理查德·汉利(Richard Hanly),他是船长兼奴隶贩子。他的妹妹嫁给了一个奴隶贩子。汉利是"利物浦炉边社"(Liverpool Fireside)的核心人物。该社的成员几乎都是船长、奴隶贩子、私掠船主,外加少数大商人。罗伯特·费尔韦瑟(Robert Fairweather)也是"利物浦炉边社"的成员。与汉利一样,他也是奴隶贩子、商人和银行家。

乔纳斯·博尔德(Jonas Bold)既从事奴隶买卖,又从事西印度群岛贸易。1777—1807年,他是非洲贸易商公司的成员,而且是个制糖厂主。与此同时,他还是英格拉姆银行的合伙人。托马斯·弗莱彻(Thomas Fletcher)原是一个商人兼银行家的学徒,他与牙买加有着广泛的贸易联系。弗莱彻后来被提升为合伙人,并且先后担任了利物浦西印度协会(Liverpool West India Association)的副主席和主席。他去世后留下的资产中,包括了把牙买加的一个咖啡甘蔗种植园连同奴隶一起抵押后获得的利润。查尔斯·考德威尔银行的创办人查尔斯·考德威尔(Charles Caldwell)是奥尔德姆与考德威尔公司的股东。这家公司主要从事食糖贸易。另一个银行家艾萨克·哈特曼(Isaac Hartman)在西印度群岛拥有种植园。詹姆斯·莫斯(James Moss)也是个银行家,而且是18世纪有名的杰出公民,他在英属圭亚那拥有几个大型甘蔗种植园。[4]

以上所讲的是利物浦银行界的情况。布里斯托尔、伦敦和格拉斯哥的情况也大体如此。1789年，布里斯托尔成立了一个反对废除奴隶贸易的委员会，颇有影响。委员会的主席是威廉·迈尔斯、市议会长老议员乔治·多布尼（George Daubeny）、理查德·布赖特（Richard Bright）、理查德·沃恩（Richard Vaughan）、约翰·凯夫（John Cave）和菲利普·普罗瑟罗。这6人都是布里斯托尔的银行家。凯夫和多布尼是1786年建立的名为新银行的股东。普罗瑟罗是布里斯托尔城市银行的股东。威廉·迈尔斯购买了沃恩与巴克公司老银行的股份，成为该银行最大的股东。1794年，他的两个儿子也进入银行界，从此许多人就把这家银行称作"迈尔斯家的银行"。这家银行历史悠久、生意兴隆。[5]

关于伦敦的银行界，只需要提一下巴克利家族就够了。这个贵格会家族的两名成员戴维·巴克利（David Barclay）和亚历山大·巴克利（Alexander Barclay），从1756年就在从事奴隶贸易。戴维的发迹全靠在美洲和西印度群岛的贸易，他是当时极有势力的商人之一。他的父亲在齐普赛街有一座住宅，是当时伦敦的豪华建筑之一，连王室贵族也经常光临这座宅邸。戴维不但是个奴隶贩子，而且在牙买加拥有一大片种植园。据说，戴维已经让他在牙买加的奴隶获得自由，而且他在生前认识到"黑皮肤里面也包裹着一颗充满激情和愿望的心灵。他们进取的能力不亚于最高傲的白人"。和其他行业内部互相结成姻亲一样，巴克利家族与银行之家的格尼（Gurney）和弗里姆（Freame）结成姻亲，为的是把贵格会的财富保留在教友手里。由于这种结合，巴克利开办的银行欣欣向荣，后来的发展规模已经超出本书的论述范围。[6]

格拉斯哥银行业的兴起，与三角贸易有着直接的关系。该市的第一家正规银行于1750年开张营业，名为船舶银行。格拉斯哥的烟草大王安德鲁·布坎南（Andrew Buchanan）是该银行的第一批股东之一。另外一个银行家就是前文提到的威廉·麦克道尔。他与圣基茨岛甘蔗种植园女继承人的邂逅，给他的家庭和格拉斯哥带来了财富。该市的第三个银行家是亚历山大·休斯敦（Alexander Houston）。他是全市经营规模最大的西印度群岛贸易商之一，他拥有的亚历山大·休斯敦公司是英国主要的西印度群岛贸易公司之一。这个公司之所以得到大发展，主要仰仗那两个苏格兰官员和他们娶的西印度群岛新娘带到格拉斯哥的财富。在75年里，这家公司经营着巨额贸易，拥有大批船只和众多的甘蔗种植园。在奴隶贸易宣布废除之前，这家公司趁机搞了一次投机买卖，买进了大批黑奴。但是废奴议案没有通过。而买进的这批黑奴要吃饭，要穿衣；奴隶的价格猛跌，加上疾病造成黑奴大量死亡。结果，这家公司终于在1795年宣告破产。这是格拉斯哥有史以来最大的金融灾难。

船舶银行的发展促进了其他银行的成立。阿姆斯银行也在1750年成立，主要合伙人是安德鲁·科克伦（Andrew Cochrane），此人也是烟草大王。1761年，西斯尔银行成立。这是一家贵族银行，客户主要是富有的西印度群岛商人。该银行的主要合伙人约翰·格拉斯福德（John Glassford）经营着大量的生意，同时拥有25艘船和大量货物，每年的营业额超过50万英镑。[7]

重工业

重工业对促进工业革命的进程和三角贸易的发展起了重要的作用。某些冶金工业发展所需要的资金也直接来自三角贸易。

詹姆斯·瓦特（James Watt）和他发明的蒸汽机就是得到了西印度群岛贸易积累起来的资本的资助。马修·博尔顿（Matthew Boulton）和瓦特得到劳、维尔、威廉姆斯与詹宁斯银行（后来的威廉姆斯·迪肯银行）的贷款。1778年正值美国独立战争时期，瓦特因前往西印度群岛的船队有被法国劫走的危险而深感焦虑时，博尔顿却充满希望地写信对他说："即使在这种危急时刻，西印度船队若能避开法国舰队，安全到达目的地，劳、维尔和他们的公司便可能转危为安……他们的财务稳定很大程度上有赖于此。"[8]

最终，银行免于破产，蒸汽机这个珍贵的发明也安全无恙。最早认识到蒸汽机重要意义的是种植园主。1783年，博尔顿又给瓦特写信："……彭南特先生为人十分和气、友善，他在牙买加拥有巨大的田产，年收入可达1万~1.2万英镑。此外，盖尔（Gale）先生、比斯顿·朗先生在那里也拥有一些大甘蔗种植园，他们盼望能用蒸汽机代替马匹。"[9]

18世纪有名的五金商人安东尼·培根（Antony Bacon）也与三角贸易关系密切，他的一个合伙人吉尔伯特·富兰克林（Gilbert Francklyn）就是西印度群岛的种植园主。在给枢密院委员会主席写信时，吉尔伯特多次强调，法国正陷入革命战争，这是夺取其产糖殖民地圣多明各的重要时机。[10]培根和其他商人一样，也参与非洲的冒险生意。起初他为海岸守备队提供给养，发了大财；后来又与政府订立合同，定期向西印度群岛提供健壮的奴隶。再说吉尔伯特，1768—1776年，仅贩卖奴隶一项，他就赚得了6.7万英镑。1765年，他在威尔士南部的梅瑟蒂德菲尔办起了炼铁厂。在美国独立战争时期，炼铁厂因接受了政府的订货合同而迅速发展。1776年，吉尔伯特又在威尔士的西法沙建立了一座熔铁炉，所需的生铁来自怀特黑文——培根早在1740年就参与投资修建怀特黑文港口。

此外，培根还从与英国政府的火炮合同中赚了一大笔钱。1782年退休时，培根已经拥有一个名副其实的钢铁王国。他在西法沙的炼铁厂后来租让给理查德·克劳谢（Richard Crawshay），每年的固定租金为1万英镑，而克劳谢本人也用西法沙炼铁厂赚到了钱。培根还把同样位于威尔士的潘尼达伦炼铁厂卖给塞缪尔·霍姆夫里（Samuel Homfray），把道勒斯炼铁厂卖给托马斯·刘易斯（Thomas Lewis）；把位于德文郡普利茅斯的炼铁厂卖给理查德·希尔（Richard Hill）。其中值得一提的是霍姆夫里，他改进了熔铁炉的搅炼技术。培根接受的政府军火订单后来也转到了约翰·罗巴克（John Roebuck）创立的卡伦公司手中。难怪有人说，培根自认是"大走红运的人"[11]。[1]

威廉·贝克福德在1753年已经是个精明的五金商人。[12] 1792年，他开办了桑克利夫炼铁厂。该厂的一部分资金是由剃刀制造商亨利·朗登（Henry Longden）提供的。朗登的叔父是谢菲尔德的西印度群岛贸易商。朗登从叔父那里继承了大约1.5万英镑的遗产。[13]

保险业

在整个18世纪，奴隶贸易是利润最大的贸易，西印度群岛的财产是大英帝国最有价值的财产。所以，三角贸易对刚刚兴起的保险公司来说，具有举足轻重的地位。早年间，劳合社（Lloyd's of London）只是一家咖啡馆，伦敦报纸上刊登的抓捕逃亡奴隶的广告中，常常指定把抓获的逃亡奴隶送到劳合社。[14]

最早提到劳合社的，是1692年拍卖3艘船的广告。要拍卖的这3艘船已经办妥了开往巴巴多斯和弗吉尼亚的手续。1720年，劳合社在泡沫[2]中唯一担保过的业务是与柏柏里地区[3]和整个非洲有关的贸易。研究火灾保险史的弗朗西斯·博耶·雷

---

[1] 本段中提到的人物均为英国实业家。理查德·克劳谢是伦敦的铁制品制造商，1799年英国十大百万富翁之一。塞缪尔·霍姆夫里与南威尔士早期的炼铁工业有关。约翰·罗巴克是英国发明家和工业家，因开发工业规模的硫酸制造技术而闻名，在工业革命中发挥了重要作用。
[2] 指南海泡沫事件，是英国在1720年春天到秋天发生的经济泡沫，使英国政府诚信破产。"经济泡沫"一词即源于此事件。
[3] 北非中部和西部的沿海地区。

尔顿（Francis Boyer Relton）说，西印度群岛的火灾保险已经由劳合社承保了，它的业务"很早就开始了"。劳合社也跟其他保险公司一样，为奴隶和运奴船提供保险，热衷于进行"自然死亡"和"海上遇难"的法律裁决。这家公司大力捐助社会上的侠义之士及从事贸易的船长，其中就有一个利物浦的船长在1804年得到了捐助。这个船长成功击退了法国的炮舰，保护利物浦的商船安全地从非洲开往英属圭亚那。劳合社首任经理的第三个儿子约翰·本内特（John Bennett）是1833年劳合社在安提瓜岛的代理人。他父亲的肖像，最近在西印度群岛首次被发现。在劳合社的悠久历史中，约瑟夫·马里亚特是最杰出的董事长，他是西印度群岛的种植园主。1810年，马里亚特在下议院里击败了另一家公司，卓有成效地捍卫了劳合社经办船队保险业的垄断地位。他的对手也是一个西印度群岛人，而且是赫赫有名的枢机主教曼宁的父亲。[15]马里亚特本人在特立尼达岛和牙买加拥有391名奴隶，为此他在1837年获得了1.5万英镑的补偿金。[16]

1782年，西印度群岛甘蔗种植园主利益集团创办了另一家保险公司菲尼克斯。这是在西印度群岛建立的第一个国外分公司。[17] 1802年，利物浦保险商协会（Liverpool Underwriters' Association）成立，协会主席就是著名的西印度群岛贸易商约翰·格莱斯顿。[18]

1783年之前英国工业的发展

阿贝·雷纳尔（Abbé Raynal）是当时的进步人士之一。他知识渊博，而且与法国的资产阶级有密切联系。正是他看出了人们在西印度群岛的劳动"是引起社会迅速变动的主要原因"[19]。事实正是如此。三角贸易对英国的工业发展做出了巨大的贡献。英国的整个生产系统主要得益于来自三角贸易的利润。这里举3个例子足可说明。第一个例子是威尔士的石板工业，石板这种材料被用于建造屋顶。彭林勋爵彭南特在自己的卡那封郡庄园里采用了新的生产工序，彻底改变了这个产业。[20]正如我们所知，他在牙买加拥有甘蔗种植园，在18世纪末还担任了西印度群岛委员会的主席。第二个例子是约瑟夫·桑达斯（Joseph Sandars），连接利物浦和曼彻斯特的英国第一条铁路就是他经办的。关于约瑟夫·桑达斯，我们知道得很少。但是，他在1824年退出了利物浦的反奴隶制协会，这件事至关重要，它至少表明约瑟夫不愿意向甘蔗种植园主施压。[21]最后一个例子中的3人也与三角贸易有着密切联系，他们是利物浦的艾萨克·加斯科因（Isaac Gascoyne）将军、约翰·格莱斯顿和约翰·莫斯（John Moss）。[22]其中加斯科因将军是西印度群岛利益集团的坚决拥护者。布里斯托尔的西印度群岛利益集团在创立大西部铁路公司（Great Western Railway）的过程中，也发挥了十分重要的作用。[23]

然而，我们不能由此得出结论说，仅仅是三角贸易对英国经济的发展起了推动作用。英国国内市场的扩大、工业利润的再投资、资本的不断积累和不断扩大再生产，也对经济发展起了很大的推动作用。但是，英国工业的发展最初是被重商主义所激励的，发展起来后反过来压倒重商主义，最终把重商主义打得粉碎。

1783年，事情发展态势可以清楚地看出，蒸汽机的潜力已不再是一个学术问题。这年有66台蒸汽机投入生产，其中三分之二用于矿业和铸造业。[24]煤矿开采方法的改进，加上蒸汽机的使用，大大促进了制铁工业的发展。1740—1788年，生铁产量提高了4倍，熔炉的数目增加了0.5倍。[25]这一时期，铁桥和铁路出现了，卡伦钢铁厂[1]建成。约翰·威尔金森（John Wilkinson）[2]已成为著名的"生铁贸易之父"。棉纺织业在工业革命之后也很快采用了这一新的创造发明，从而摆脱了传统和行会的束缚。这种束缚曾经阻碍了棉纺织业的老对手——毛纺业——的发展。自由竞争在作为一种正统的经济理论写入教科书之前，早已在新的工业中实践开来。多轴纺织机、水力纺纱机、走锭纺纱机的发明推动了工业革命，使工业生产出现了持续发展的趋势。1700—1780年，进口的原棉增加了3倍多，出口的棉纺织品则增加了15倍。[26] 1757—1773年，曼彻斯特的人

---

[1] 该钢铁厂站在了英国工业革命的最前沿，并于19世纪成为欧洲超大的钢铁厂之一。
[2] 英国著名实业家，发明了精密镗床，绰号"铁疯子"（Iron-Mad）。

第5章 英国的工业与三角贸易

口增加了将近一半。[27] 1750—1785年，从事棉纺织业的人口增加了3倍。[28] 不只重工业，棉纺织业也在聚集力量，准备向垄断制度发起冲击。而长期以来，垄断制度都被认为对这两个行业的生存和繁荣至关重要。1783—1850年，这两个工业行业将占据主导地位。

在扩大生产这股春风的推动下，英国的整体经济得到大发展。例如，1725—1777年，斯塔福德郡的陶瓷器产值增长了5倍。[29] 1700—1781年，由英国港口开出的船只吨位数增长了1倍多。1715—1775年，英国的进口额增加了4倍；1700—1771年，出口额增加了3倍。[30] 1783年，英国的工业被重商主义紧紧束缚，就像格列佛在小人国被小人绑起来一样。

18世纪有两位杰出的人物，亚当·斯密教授和种植园主托马斯·杰斐逊。他们见证且正确理解了这场必然要发生的斗争。

在美洲新大陆建立第一批殖民地的时候，亚当·斯密就抨击这一行动是愚蠢的、非正义的。他反对作为殖民主义基础的整个垄断制度，理由是垄断制度不仅束缚英国的生产力，也束缚殖民地的生产力。如果英国工业有所发展，那也不是实行垄断制的结果，相反，是抛弃垄断制的结果。垄断不过意味着牺牲多数人的利益以满足少数人的利益，牺牲国内消费者的利益以满足殖民地生产者的利益。不准在殖民地制造商品的禁令，在亚当·斯密看来，"是对最神圣的天赋人权的一种明目张胆的侵犯……毫无道理地把奴隶的标志粗暴地强加在他们身上,这一切都是出于本国贸易商和制造商那种莫名其妙的忌妒心理"。英国从与邻国的贸易中积累起来的资本,被迫用来发展与遥远地区和国家的贸易;本来可以用来改善国内交通、发展生产、扩大英国贸易的资金,却花在鼓励与那些遥远地区发展贸易上。而英国在这些地区除了亏损和连绵不断的战争,什么也得不到。对一个政府被商人左右的国家来说,这倒是一种相称的制度。[31]

《国富论》(The Wealth of Nations)一书是美国独立战争在哲学上的先声。二者产生于同一个缘由,即当时的重商主义制度阻碍了英国及其殖民地生产力的发展。亚当·斯密这一著作所起的作用,就是在思想领域鞭挞这个"卑鄙、可恶而又自私"[32]的制度。而乔治·华盛顿(George Washington)指挥的军队,则在美洲战场上给予这个制度以致命的打击。

第6章

美国独立战争

1770年,美洲大陆各个殖民地向西印度群岛出口了大量的商品,包括大约三分之一的干鱼,几乎全部的腌鱼;八分之七的燕麦;十分之七的玉米,几乎全部的豌豆和大豆;一半的面粉,全部的黄油和奶酪;超过四分之一的大米;几乎全部的洋葱;六分之五的松树、橡树和雪松的木材,一半以上的木桶板,几乎全部的木桶铁箍;全部的马、羊、猪和家禽;几乎所有的肥皂和蜡烛。[1]正如皮特曼教授指出的,"为新英格兰和中部殖民地的繁荣及文明奠定基础的,不是别的,恰恰是从西印度群岛贸易中聚敛起来的财富"[2]。

但是在18世纪的帝国布局中,美洲殖民地的地位只能屈居第二。当时,蔗糖就是国王,高于一切,而西印度群岛正好是欧洲的糖罐。所以当英国在17世纪夺得牙买加后,奥利弗·克伦威尔真是喜出望外。在宣布这个喜讯的那天,他竟兴奋得无心处理别的公事。如果英国能占领伊斯帕尼奥拉岛,他大概会高兴地休假一星期。这个岛的法属部分是圣多明各,它后来变成了安的列斯群岛的一颗明珠。然而对于英国种植园主来说,它却是一个祸害。巴巴多斯则是英王王冠上的一颗宝石。这颗宝石虽小,却比所有欧洲君主的珍宝都要贵重和稀罕。[3] 1661年,查理二世在一天之内授予岛上13个种植园主以准男爵爵位,以表明该岛的重要性。[4]牙买加的总督职位,在派驻殖民地的官职中排名第二,仅次于爱尔兰总督。该岛的邮政设施也比美洲大陆各殖民地的邮政系统优越得多。

重商主义者对美洲大陆北部的殖民地始终持怀疑态度。那里的居民主要是农民、商人、渔民和海员,恰恰没有种植园主。除了制造业不甚发达,这些地区是名副其实的"新英格兰"。[5]它们与"旧英格兰"之间发生竞争是不可避免的。在渔业方面,新英格兰与母国竞争的结果是培养了自己的海员。由于地理上的优越条件,新英格兰能够在岛屿市场上低价出售自己的农产品,从而战胜了英国的竞争对手。在这场竞争中,英国屡遭失败,每年在销售和货运方面损失250万英镑。一位不具名作家曾发问:"如此下去,有谁还会相信殖民地的贸易和海运业对我们的国家有一丝一毫的好处呢?"[6]约西亚·蔡尔德爵士指出,在马萨诸塞,10个人也不能为国内的1个英国人提供就业机会。他的结论是:"新英格兰对王国来说是个大为有害之地。"[7]奇切斯特(Chichester)说,他宁可在爱尔兰用自己的双手劳动,也不愿"去弗吉尼亚跳舞唱歌"。[8]佩蒂(Petty)

说得更不客气，他说应该把新英格兰的居民遣返英国或者送往爱尔兰。[9]英国曾先后努力了4次，想说服新英格兰人迁移到巴哈马群岛、特立尼达岛、马里兰及弗吉尼亚。奥利弗·克伦威尔则"带着一种怜悯的眼光看待新英格兰，认为它是寒冷又贫瘠的荒原"[10]。1655年，议会向当地总督和居民发出命令，向愿意去牙买加的人提出了吸引人的条件，其用意在于"让相信上帝、敬畏上帝的人去启迪所到之地；那些新英格兰的臣民离开了他们土生土长的祖国，被迫来到了沙漠般贫瘠的荒原。看在良心的分儿上，现在可以让他们迁到富饶的绿洲"[11]。

上述这些看法未免过于极端。倘若北部殖民地连食品生产都不能维持，他们又哪里有钱来购买英国制造的商品呢？事实上，英国对北部殖民地出口的制造品总额大大超过农产品和腌肉的出口总额。问题的严重性在于，这些殖民地的居民将从中得到启示，发展他们自己的工业。戴夫南特由此得出结论：更为严重的是，他们将会发展自己的食品贸易。[12]

因为西印度群岛各殖民地是需要食品的。假如这些殖民地要致力于生产蔗糖（这是在重商主义时代就形成了的经济专门化），那就不可能有生产粮食作物的农村。他们靠经济作物获得如此巨大的利润，根本不会想到要把土地和劳动力转向放牧牲畜和种植粮食。1647年，一个记者就西印度群岛人的情况写信给马萨诸塞总督约翰·温思罗普（John Winthrop）："人们竟如此热衷种植甘蔗，尽管食品价格非常昂贵，他们也宁可去买而不愿自己种植。他们种植的甘蔗一旦制成食糖，所得的利润是无法计算的。"[13]这个传统就这样形成了,蔗糖就等于西印度群岛人的"小麦和面包"[14]。正是由于有美洲大陆殖民地提供食品,西印度群岛的土地才得以种植甘蔗。阿贝·雷纳尔写道:"为了维持一个美洲殖民地的生存,就需要在欧洲开垦一个省的土地。"[15]两害相权取其轻,于是英国心甘情愿地把这个权利让给美洲大陆殖民地的居民。重商主义作为一种有害的制度,最终被消灭了。但是,如果否认它曾经是一种制度,否认在它的害处中也有可取的地方,也是毫无道理的。

从此,北美各殖民地在英国经济中的地位得到了确认,这些殖民地负责向甘蔗种植园主及其奴隶提供所需要的食品。渐渐地,新英格兰人被看作美洲的荷兰人。美洲北部和中部殖民地的畜牧业弥补了西印度群岛单一化的农业,正如后来在19世纪为美洲南部的棉花、稻米种植区提供肉类一样。早在1650年,新英格兰就一直供养着"姐姐"弗吉尼亚和巴巴多斯了。[16]温思罗普把这一切归功于上帝,[17]实际上是重商主义起了很大的作用。1667年,巴巴多斯总督亨利·威洛比(Henry Willoughby)写道:"这些殖民地的居民,无论是在和平繁荣时期,还是在战争时期,如果不与新英格兰人互通有无,是不可能生存的。"[18]除了食品,新英格兰还提供作为制糖厂牵引压榨机动力的马匹,以及建筑材料。这些都是西印度群岛极其需要的东西。1708年,新斯科舍总督塞缪尔·维奇(Samuel Vetch)写道:"英国在西印度群岛占有的岛屿,没有一座能不仰仗大陆生存的。是我们把面包、饮料和其他一切生活必需品给他们运去的。他们种植园里的牛马耕畜，制作装运朗姆酒、蔗糖和糖浆的木桶所需要的木材和木桶板也是我们运去的。如果不运去这些东西，他们的船能把货物装运到欧洲市场去吗？绝不可能。总之，连他们住房的房架和屋顶的材料都是我们提供的。他们的兴旺发达，甚至他们的生存全都有赖于大陆。"[19]对于美洲大陆提供食品和马匹的重要性这一点，西印度群岛的种植园主是不存在怀疑的。1674年，波士顿的一个代理商写道，巴巴多斯人"都体会到，要是失去这两种商品所带来的益处，他们将会面临极大的损失。除了新英格兰和弗吉尼亚，世界其他地区都无法买到食品和马匹"[20]。

这是英国的政治家和殖民地的种植园主有意推行的政策。新英格兰运往各岛屿的许多商品，其实也可以在各岛屿生产，然而没有人这样做。一个牙买加的种植园主发问："如果岛上能生产满足自己需要的食品和其他用品，那么新英格兰的贸易怎么办呢？"[21]答案是，倘若没有产糖岛，美洲大陆殖民地将会严重倒退。美洲大陆殖民地变成了"西印度群岛的活命之源"[22]。没有美洲大陆的殖民地，这些岛屿就无法养活自己，除非把收益极高的甘蔗田改种粮食。然而这样做不仅会损害新英格兰的小农，而且会损害英国的海运业、制糖业和关税收入，甚至损害英国的光荣和伟大。1698年，英国议会否决了一项关于禁止英国向产糖岛出口玉米、肉食、面粉、面包和饼干的提议，因为这项禁令"会迫使那里的居民改种粮食而不种甘蔗、棉花、生姜和靛蓝植物。这在海运和财富方面，必将大大不利于英国"。[23]

私下的交往加强了各岛屿和美洲大陆之间的经济联系。西印度群岛人在美洲大陆上拥有财产，北美人则在各岛屿拥有种植园。巴巴多斯人还到南卡罗来纳定居。南卡罗来纳的米德尔顿家族、布尔家族和科莱顿家族则分别在牙买加、巴巴多斯拥有种植园。阿龙·洛佩斯（Aaron Lopez）在罗德岛是个奴隶贩子，在安提瓜岛却是一个甘蔗种植园主。亚历山大·汉密尔顿（Alexander Hamilton）出生于尼维斯岛。塞勒姆的格德尼·克拉克（Gedney Clarke）父子可以说是北美人在岛上取得成功的典型例子。父亲在巴巴多斯和圭亚那拥有大片种植园，儿子是巴巴多斯的海关监察总长，并先后当过立法委员和议会议员。北美人很快发现西印度群岛的阳光是十分宝贵的，而西印度群岛人也要去北美洲恢复一下疲乏的身体。一个美洲人在给费城友人的信中这样写道："我拟建议亚当·查特（Adam Chart）立即在那里建造一座楼房，命名为巴巴多斯酒店，挂上招牌，招揽疲惫不堪的西印度群岛来客。这些人生活放荡，患有水肿，命在旦夕。"据说，西印度群岛富有的女继承人在北美洲也像在英国一样吃香。[24]

美洲大陆殖民地的居民用自己生产的食品换取西印度群岛的蔗糖、朗姆酒和糖浆，交易量之大，以致早在1676年，英国商人就对新英格兰日益成为殖民地产品的重要交易中心表示了极大的不满。[25]当然，交易的双方是互相依赖的。为了保持这种协调一致的关系，岛屿要做到两点：生产的蔗糖和糖浆必须

第6章 美国独立战争

充分满足美洲大陆的需要,购买的大陆产品必须与大陆的生产能力保持一致。

要做到上述两点,即使在最有利的条件下也是困难的。因为相互依赖的双方,在领土面积上相差很大。但是可以通过两种办法二选一或者两者并举延缓即将出现的矛盾。第一种办法,英国种植园主可以扩大耕种面积。这样就需要更多的奴隶,以便生产出更多的蔗糖,从而也就需要得到更多的食物供应。要做到这一点,牙买加比巴巴多斯容易得多。因为巴巴多斯在18世纪的奴隶劳动造成了恶果,土地日益贫瘠。而牙买加却有着大量未开垦的土地。第二种办法是增加更多的产糖殖民地。这个办法倒是可以稍微安抚一下美洲大陆合理的不满情绪。但是,这些可以解决问题的和平方法竟遭到了英国种植园主的坚决反对。扩大耕种面积和增加产糖殖民地意味着将给英国市场提供更多的食糖,从而降低食糖的价格。从历史上看,巴巴多斯人很早就忧心忡忡地关注着英国不断扩大对产糖岛屿的征服。他们曾反对过英国人在苏里南殖民。[26]他们对把白人苦工迁往背风群岛极为不满。当牙买加总督请巴巴多斯人出资支持讨伐背风群岛海盗的远征时,他们回答说,他们可不愿意掏出20先令来拯救背风群岛和牙买加。[27] 1772年,有人在英国议会上提议,向自愿资助在七年战争中吞并的产糖岛屿发展的外国人提供足够的安全保障。这个提议遭到了温和的反对,西印度群岛的种植园主说这是一个"不明智的创新"。[28]用纳米尔教授的话来说,这还是以那个旧分界线来区别"达到饱和状态的种植园主"和"新兴的种植园主"。[29]

其他国家产糖岛屿的情况，同样足以说明奴隶生产的发展规律。法属殖民地岛屿土地肥沃，发展种植业比较容易，生产成本也较低。而英属殖民地岛屿，由于殖民时间较长，土壤肥力衰竭。早在1663年，即制糖业兴起之后的20年，巴巴多斯已经在"迅速衰落中"[30]，抱怨当地土壤肥力衰竭的人越来越多。1717年呈递贸易委员会的一份报告说，在巴巴多斯和法属殖民地耕种同样大小的土地，前者需要的奴隶数量是后者所需的5倍，马匹和其他牲畜则需要更多。法属圣多明各的1个奴隶的效率等于牙买加4个奴隶的效率。[31] 1737年，巴巴多斯一个拥有约400公顷土地的种植园主，所需投资是5万英镑，获利仅2%；而在法属岛屿，同样面积的种植园只需花费5万英镑的六分之一，所获利润却是18%。[32]虽然这些数字有点夸大，但是，法属殖民地的确拥有大片肥沃的土地，那里的种植园主拥有绝对的优势，这是显而易见的。法国的食糖打入欧洲市场，其售价仅为英国国内糖价的一半。[33]倘若占有这样的产糖岛屿，势必打击旧有的英国种植园主，所以，英国种植园主宁可摧毁这些产糖岛屿也不愿占有它们。1748年，牙买加总督写道，除非法属圣多明各在战争中被摧毁，否则一旦和平到来，其高质廉价的蔗糖就会把英国的产糖殖民地挤垮。[34]在七年战争中，英国从西班牙手中夺取了古巴岛，从法国手中夺取了瓜德罗普岛。这两座岛屿在1763年重归原主，条件是让英国占有佛罗里达和加拿大。

如果以上述各地区在今天的重要性来解释过去的决定，就难以看清问题的全貌。因为在1763年，古巴岛还是一只丑小鸭，但是傻瓜都能看出来，它会变成美丽的天鹅。至于瓜德罗普岛就没有什么可说的了。伏尔泰以讽刺的口吻把加拿大描绘成"冰天雪地的荒原"，唯一可以夸耀的是它有毛皮货，而瓜德罗普岛却出产蔗糖。1763年，一位匿名人士尖刻地问道："几顶皮帽子能有多大作用？它们能与甘甜的蔗糖相比吗？"他还指出，要保持北美洲的依附地位，就得让法国人留在加拿大。[35]

当时的英国政府竟然对本国、法国和美洲等地的常识一无所知，这真是令人不可想象。1759—1762年，英国从魁北克进口的货物额达48 000英镑，对魁北克的出口额为426 400英镑。1759—1765年，英国从瓜德罗普岛的进口额为2 004 933英镑，对瓜德罗普岛的出口额为475 237英镑。1762—1766年，英国从哈瓦那的进口额是263 084英镑，对哈瓦那的出口额为123 421英镑。1763年，格林纳达岛和多米尼加这两个西印度群岛地区被英国占领。下面我将用这两地和加拿大与佛罗里达做一番比较。1773年之前，英国从格林纳达岛的进口额为英国从加拿大进口额的8倍。英国对加拿大的出口额为它对格林纳达岛出口额的2倍。从多米尼加的进口额为从佛罗里达进口额的18倍以上，对多米尼加的出口额还不及对佛罗里达出口额的七分之一。[36]由此可见，英国之所以保留加拿大和佛罗里达，并不是因为它们比古巴岛和瓜德罗普岛更有价值，恰恰相反，前两者不如后两者重要。

因此，1763年缔结的和平条约[1]只能被看成是强大的西印度群岛利益集团的又一次胜利，否则就没有什么意义。事后证明，这个胜利是不合算的，不过在1763年，它毕竟是一次胜利。西印度群岛种植园主威廉·贝克福德和斯蒂芬·富勒（Stephen Fuller）曾极力主张归还瓜德罗普岛。[37]贝克福德甚至对老威廉·皮特施加了巨大影响。"瓜德罗普岛作为英国有史以来最大的占领地，招致了许多怀有个人意图的人的强烈反对。瓜德罗普岛除了自身的公共利益，也没有什么可用来申辩的，但这种公共利益的优势往往被认为过于微弱，难以对抗少数人的私人利益。"[38]这里，西印度群岛人想达到两个目的。他们一是想要阻止法国把加拿大变成另一个北美洲，变为向产糖殖民地提供食品的基地。西印度群岛人的这种担心是毫无根据的，因为1783年以后，英国种植园主已经认识到，加拿大根本无法取代英国丢失的北美殖民地的地位。西印度群岛人另一个更重要的目的，是决心要把自己可怕的对手从英国的食糖市场排挤出去。因此，老威廉·皮特是征服岛屿还是吞并大陆，是征服蔗糖还是吞并毛皮，在英国引起了激烈的争论。有一次老威廉·皮特竟然问道，如果他把加拿大或者瓜德罗普岛交出去，是否会被处以绞刑。[39]是否应该对他处以绞刑，贝克福德倒是最有发言权的。

---

[1] 指七年战争的交战双方于1763年2月10日在法国巴黎签订的和约，标志着七年战争的结束。

第6章 美国独立战争

这一切都说明，整个大英帝国对甘蔗种植园主非常敬畏，并且愿意以垄断的价格买进英属产糖殖民地生产的蔗糖。这样一来，美洲大陆殖民地的居民很自然地背离英国，转向外国产糖殖民地购买食糖。1750年，伦敦的商人在一份请愿书上写道："这些人忘记了对国王陛下应尽的义务，忘记了自己祖国的利益，忘记了对国家法律应有的敬重。"[40]然而，美洲殖民地居民只知道，扩大生产就必须扩大贸易。如果不能与英国管辖下的产糖殖民地开展贸易，他们只好与其他国家的产糖殖民地开展贸易。即使在战争时期，这种贸易亦不能中断，否则他们连生存都成问题。岛屿和大陆之间的一场拉锯战从此开始。以后，西印度群岛居民和北美洲居民的关系一直"很僵"[41]。

当然，大陆的殖民地居民不会抵制英国的产糖殖民地。他们要是向甘蔗种植园主脸上吐唾沫，自己也不会有好果子吃。他们继续向英属岛屿提供物品，不过坚持要求用现金支付。这样，北美洲的殖民地赚走了岛上的金钱，留下了通货膨胀这个幽灵。1753年，美洲殖民地与牙买加之间的贸易额约为7.5万英镑，其中2.5万英镑是美洲殖民者从牙买加进口货物的总值，其余部分则是收取的现金。[42]他们把这笔现金用来购买法属岛屿的蔗糖和糖浆。由于为了避免殖民地产品与本国的白兰地竞争，法国禁止种植园主用糖浆造朗姆酒，所以那里的糖价比较低。英国的种植园主失去了一个蔗糖和朗姆酒市场，这个市场落到了他们的对手法国人手里。同时，法国人还能得到所需的一切供应，这就使其在与英国的种植园主竞争时处于更加有利的地位。

美洲大陆这种错综复杂的三角贸易，对英国的帝国布局是一个彻底的破坏。甘蔗种植园主认为这应该受到谴责。在他们看来，对英国来说，即便是最小的产糖岛屿，其价值也等于10个新英格兰。[43]他们认为，这不是殖民地之间的竞争，而是英国与法国之间为了控制食糖贸易而展开的一场竞争。[44]

那些强硬的重商主义者赞同这种看法。他们说，法国政府不但默许，而且鼓励美洲大陆的三角贸易，以图挤垮英国产糖殖民地。[45]波斯尔思韦特把这种贸易称为有害的荒唐贸易。他很快就看出，这种贸易"会大大削弱殖民地对宗主国的依赖，并使他们的利益与法国的利益联系在一起。这种联系将使殖民地疏远英国，并使其感到无论是处于法国政府还是英国政府的统治下，都没有丝毫的差异"[46]。老威廉·皮特对于波斯尔思韦特的观点深表同意。他说，这是一种"有害的非法贸易……是一种卑鄙无耻的行为，违反所有的法律，对王国的利益十分不利"[47]。可是，令人不解的是，为什么要把美洲贸易特别提出来加以谴责呢？其实，美洲贸易同牙买加与西属殖民地之间的贸易并没有多大区别。牙买加和西属殖民地之间的贸易使后者的蔗糖冒充英属殖民地的蔗糖，通过走私大批运往英国。美洲殖民地的政策是向法国种植园主提供食品，而英国的政策是向法国种植园主提供奴隶。因此，英国至少应该受到同样的谴责。

美洲大陆殖民地的居民反驳道："甘蔗种植园主追求的最

终目标就是随心所欲地提高价格,任意剥削自己的同胞,特别是北美洲的同胞,以换取更多的生活必需品。"[48]当时供求关系的法则已经盛行于欧洲,蔗糖产量的增加势必造成糖价的下跌,但甘蔗种植园主们仍然企图在英国保持垄断价格,这真是愚蠢至极。他们倒是应该明智地"请求议会通过一项法令,让他们能够清洗自己身上的污点"[49]。这些"西印度群岛的暴发户"[50]总是叫喊说自己受到排挤,希望得到议会的体恤。其实他们并不穷困。相反,他们都是富有的种植园主。他们牺牲北美洲居民的利益,自己则安坐在富丽堂皇的马车里,威风凛凛地驶过伦敦的街道。[51]"当一个身穿锦绣外套的人要求我们给予施舍,我们应该对他说什么呢?"[52]如果为了一小撮穷奢极欲的巴巴多斯甘蔗大王的私利,而牺牲广大北美洲居民和英国消费者的利益,那还不如让这座岛沉到海里去。[53]约翰·迪金森(John Dickinson)[1]写道:"在我看来,有人认为公众受益,而西印度群岛的庄园并不阔气,下议院中的西印度群岛绅士,十人中只有一人能维持花费巨大的议员身份,这种看法是不对的。"[54]在宾夕法尼亚出现了一种新奇的论点,认为这些岛屿不如美洲大陆对英国有用处,说是岛上的奴隶衣不蔽体,白人寥寥无几,加上气候炎热,损害了许多英国海员的健康。[55]北部殖民地要真是遭受损害,英国的出口,特别是毛织品的出

---

[1] 律师、政治家、美国国父。因撰写12封《宾夕法尼亚农民的来信》(Letters from a Farmer in Pennsylvania)而被称为"革命的笔者"(Penman of the Revolution)。

口将要蒙受相当大的损失。[56] 英属西印度群岛从来无力消费新英格兰的全部产品,也无法以低廉的价格向北部殖民地提供糖浆。"他们自己无力提供,却又阻止自己的同胞从别处获得供给"[57],这真是一种狗占马槽的态度。1763年,马萨诸塞97%的进口糖浆来自法属西印度群岛,而英属西印度群岛仅为罗德岛和马萨诸塞提供了所需数量的十分之一。酿酒业在殖民地经济中占有重要的地位。1763年,马萨诸塞共有60家酿酒厂,罗德岛有30家酿酒厂。此外,与法属西印度群岛的贸易使罗德岛每年能够向英国汇寄4万英镑。这个殖民地的居民表白说:"没有这种贸易,我们现在不可能生存,将来也不可能生存下去,也不会有钱购买英国的任何商品。"[58] 科尔登(Colden)的看法是,罗德岛人与外国殖民地开展的贸易越多,对英国商品的购买力就越大。[59]

上述道理都不能打动重商主义者,只有著名的重商主义者威廉·伍德讲出的道理才有可能为他们所接受。早在1718年,伍德就表示,他准备容忍美洲大陆与西印度群岛的外国种植园开展贸易。他认为,英国制造品可以通过这种贸易走私进入法属岛屿。这样,北美洲人也许就赚不到真金白银了,他们会得到有用的东西,也就是法属各岛的产品。"我国的种植园主也许不欢迎这种贸易。不过,他们若为了自身的利益极力阻碍这种贸易,我深信他们是敌不过英国的整体利益的。因为通过这种贸易,我们给外国的殖民地种植园以好处,英国的殖民地种植园实际上也会得到好处。"这种贸易还会促进海运业,增加海员人数，同时扩大英国向殖民地提供再出口的产品。但是，北美洲人必须遵守一个条件，即他们在出售货物后不得购买外国的制造品。[60]

以上就是一个重商主义者提出的新奇论点。这个论点在许多方面预示了19世纪要施行的政策，这个论点在当时肯定会激怒甘蔗种植园主，但却有助于保持美洲大陆对英国的忠顺。不过，这是一种与重商主义信仰背道而驰的卑鄙邪说。对此，美洲大陆的朋友们反而建议谨慎行事。佐治亚总督詹姆斯·爱德华·奥格尔索普（James Edward Oglethorpe）说，他们不应该在"鼓励或者抬高一个殖民地的同时，破坏或者贬低另一个殖民地"[61]。种植园主所请求的援助和支持，如果损害整个帝国的利益，或者仅有利于西印度群岛，而严重损害帝国其他部分的利益的话，那么就不应该提供这种援助。[62]约翰·巴纳德爵士（Sir John Barnard）曾警告，即使调动全部的税务官也无法阻止这种对大陆繁荣至关紧要的走私交易。[63]希思科特（Heathcote）告诫说，若是阻止这种贸易，就等于鼓励法国去开发加拿大。[64]

英国议会对甘蔗大王和西印度群岛利益集团一直唯命是从。"它形成了一种根深蒂固的思想，认为群岛才是我们最有价值的殖民地，而大陆却令人讨厌。"[65] 1733年《糖浆法案》（Molasses Act）的通过就是甘蔗种植园主的胜利。这个法案禁止美洲大陆向外国的岛屿出口货物，并且对其进口的外国蔗糖和糖浆课以重税。皮特曼教授写道："这无疑是对从波特兰到巴尔的摩整个区域的进一步发展提出了挑战。"[66]

但是，通过这项法案是一回事，要实施这项法案则是另一回事。正如殖民地议员詹姆斯·奥蒂斯（James Otis）夸下的海口那样：英国国王即便亲自统率2万大军驻扎在波士顿公园，也无法强迫人们遵守这项法案。[67]因为在美洲殖民地居民的经济活动中，无法无天已被视为主要品德。海关人员在执行中可以捞到油水，所以就睁一只眼闭一只眼，只有牵涉个人利益时，才会对违反者执法。1751年，宾夕法尼亚的一封请愿书上就这样写道："哪个社会都会有一些品行不端的人。"[68] 1764年实行的《蔗糖征税法》（Sugar Duties Act）再次强调之前规定的禁令，以制止走私活动。这一征税法降低了税额，但是不准免税。巴纳德爵士说，这项法令在美洲引起的恐慌比1757年威廉·亨利堡的陷落引起的恐慌还要大。[69]确切地说，这项征税法远比《印花税法》（Stamp Act）更为沉重地打击了殖民地日益觉醒的意识。北美人身为英国的臣民竟遭到如此排挤，令他们大为恼火。力图使该法令生效从而消灭走私活动的做法直接导致了美国独立战争。这是约翰·亚当斯（John Adams）所持的看法，所以他说他不理解美国人为什么"耻于承认糖浆是促使美国独立的一个重要因素"[70]。

❧

"在人类事务中，当一个民族必须解除与另一个民族之间的政治联系……"此语出自托马斯·杰斐逊执笔的《独立宣言》，他只说对了一半。当时要解除的是经济联系，而不是政治联系。1776年《独立宣言》的颁布和《国富论》一书的出版，标志着一个新时代的开始。美国独立不但没有提升产糖岛屿的地位，相反成为它们日趋衰落的标志。所以当时盛行一种说法，即英国政府不仅失去了13个殖民地，还失去了8座岛屿。

美国的独立击垮了重商主义体系，也使原有的殖民当局名誉扫地。美国独立正好发生在工业革命初期，这就使人们对亚当·斯密所说的殖民制度更加深恶痛绝，并使这种制度在自由贸易的极盛时期受到了最激烈的抨击。阿瑟·扬也是亚当·斯密就读的那个学校培养出来的，他是英国农业革命的积极支持者。扬从美国的独立中吸取了重要教训，把殖民地看作累赘。他严肃地指出："这是当代政治的重大教训。北美的独立应该使我们扩大自己贸易政策的视野。"美国的独立对产糖岛屿也不是没有产生影响，"有害的影响是存在的，但是这种影响并不像美国独立的支持者们炫耀得那么重要"[71]。

甘蔗种植园主们充分意识到了美国独立的意义。《印花税法》在北美大陆不受欢迎，也遭到了各岛商人的反对。人们高呼自由口号，当众烧毁印花税票。[72]在敌对行动爆发时，种植园主约翰·平尼（John Pinney）就从尼维斯岛写信回来说："只有上帝知道我们将会有什么下场，是饿死，还是破产？"[73]而结局更糟，既是饿死又是破产。1780—1787年，仅牙买加一地就有1.5万名奴隶死于饥饿。[74]然而，美国的独立只不过是产糖殖民地衰落的第一阶段而已。

北美大陆殖民地的独立得到承认之后，甘蔗种植园主出于经济利益的考虑，提出了改革的建议。他们说，《航海法》"必须修改以适应变化了的形势，否则它的条文将不合时宜，也是无益的"[75]。美国人同样明白他们和西印度群岛之间的依赖关系。亚当斯说："西印度群岛贸易是美国贸易体系的一个组成部分，我们不能失去它们，它们也不能没有我们。上帝让我们生活在地球上，是要我们各取其利。"[76]在英国，亚当·斯密和小威廉·皮特曾呼吁继续保留旧时的经济联系，没有成功。但是，正如乔治·查尔默斯（George Chalmers）所说，一个只有7.2万名奴隶主和40万名奴隶的地区并不太重要，不能为它牺牲英国的重大利益。[77]谢菲尔德勋爵约翰·贝克·霍尔罗伊德（John Baker Holroyd）写道："《航海法》乃我国海上威力之根基，它使我们拥有全世界的贸易。倘若修订了《航海法》，允许他国与我们的岛屿开展贸易……我们真要抛弃了《航海法》，那就葬送了海运业。"[78]诺斯勋爵（Lord North）[1]的意见概括了英国帝国主义的本质，他说："美国人拒绝与英国开展贸易，只是因为它未在与其他国家的通商中遭受损失。"[79]

美国人已经是外国人了，所以要受《航海法》的约束。那些殖民地岛屿也就随着当时世界形势的发展，纷纷脱离了原有的市场。这些岛屿期望新斯科舍变成另外一个新英格兰，但是

---

[1] 1770—1782年出任英国首相，是美国独立战争中英方的重要人物。

新斯科舍不可能在一夜之间建设起来,因失去美国所受的损失也就无法得到弥补。对美国产品的需求并没有因美国独立而减少,只是要得到供应变得困难了。为此,西印度群岛曾要求开辟自由港口。[80]而美国的产品只能通过各种非法渠道进入英属岛屿,结果英国的种植园主只好付出越来越高的代价。战争时期,禁止英属岛屿同美国开展贸易的规定有所放宽,为的是改善岛屿的困境。所以1796年美国对英属西印度群岛的出口额是1793年出口额的3倍,而同一时期英国的出口额却下降了二分之一。[81] 1801年,美国对西印度群岛的出口额为1792年出口额的近5倍,其中六分之五是通过加拿大或者瑞典和丹麦所属的岛屿输入的。[82]

由于美国人无法进入西印度群岛的市场,他们就越发转向到其他国家的岛屿寻求市场。当时英法正为争夺这些岛屿而交战,结果法国的海军和船队被消灭了。于是美国人就成了法属岛屿和西属岛屿产品的最大运货商。美国人开始把这些岛屿的西印度群岛产品运往欧洲。1791年,运往欧洲的产品有不足100万磅的咖啡,7.5万磅的蔗糖;1806年运去的咖啡达4700万磅,蔗糖达4500万磅。[83] 18世纪末,尽管战争连绵不断,但其他国家的种植园产品与英国种植园产品在欧洲市场上的竞争从未停止过。

对英国种植园来说,最大的不幸是美国独立后,他们只得单枪匹马对付法国这个竞争对手。美国独立战争打开了潘多拉的盒子,诸多不幸从中飞出,其中对英国种植园主威胁最大的就是法属产糖殖民地的优势。1783—1789年,法属产糖岛屿的发展,特别是圣多明各的发展,在所有殖民地的发展中非常引人注目。法属殖民地的肥沃土质对其发展起了决定性作用。法国生产蔗糖的成本比英国的成本少五分之一,而圣多明各蔗糖的年平均产量为牙买加的5倍。[84] 1771—1781年,牙买加朗家族的种植园赚得的年平均利润率为9.5%,而1774年的利润率竟高达16%。[85] 1788年,牙买加所获的纯利润率为4%,相比之下,圣多明各的平均利润率则为8%~12%。[86] 1775年,牙买加共有775个种植园。到1791年,123个种植园因负债而变卖,12个落入了破产受益人手中,有7个被遗弃。[87]与此同时,西印度群岛种植园主债台高筑,负债达2000万英镑。人们不禁会问:"在任何情况下,还有什么其他行业能使他们飞黄腾达,又使他们陷入如此穷境呢?"[88] 1788年,圣多明各的出口额为牙买加的2倍。1789年,圣多明各的出口额超过整个英属西印度群岛出口额的三分之一。1779—1789年,圣多明各拥有的黑奴数量及其产品总产量增加了几乎1倍。[89]经济学家和历史学家希利亚德·德奥贝多尔(Hilliard d'Auberteuil)夸口说,英国所有的产糖殖民地也比不上一个圣多明各。[90]英国的种植园主自己也承认,"在欧洲市场,他们再也不能保持优势了。这种优势对英国来说恐怕一去不复返了"[91]。法属殖民地的出口额超过800万英镑,进口额超过400万英镑,租用的船只吨位为16.4万吨,雇用海员3.3万人。而英国殖民地的出口额为500万英镑,进口额不足200万英镑,租用的船只吨位为14.8万吨,雇用海员1.4万人。[92]从几个方面来看，比起英国，产糖殖民地对法国来说更为重要。

自北美殖民地获得独立后，加勒比海就不再是英国的一个内湖了。大英帝国的重心从此由加勒比海转向印度洋，由西印度群岛转向印度。1783年是转折之年，首相小威廉·皮特开始一反常态地对英国在东方的领地表现出极大的兴趣。[93] 1787年，威尔伯福斯在皮特的鼓励下提议废除奴隶贸易。[94]同年，东印度公司开始将注意力转向在印度种植甘蔗。[95] 1789年，该公司的一个委员会正式向董事会建议种植甘蔗。[96]

1783年之前，英国政府对奴隶贸易一贯采取的是支持政策。北美13个殖民地独立后，整个大英帝国拥有的奴隶数目大为减少。这种情况本来有利于废除奴隶贸易。然而，由于轧棉机的应用，美国南部奄奄一息的奴隶经济又得到复苏，奴隶贸易的废除就困难多了。1788年，废奴主义者托马斯·克拉克森写道："只要美洲还是属于英国的，那么，我们的大臣就不会有机会听到非洲儿女的呻吟，不管他本人对非洲人的痛苦是否抱有同情。美洲这块土地曾经设置了重重障碍，力图阻止解放那些不幸的奴隶。只是在发生了一系列意外的事件后，才去掉了我们的心头之病，在我们眼前展现了一幅景象：制定一个政策，解除奴隶们的痛苦。"[97]

旧殖民制度建立的思想基础是，英国若不垄断殖民地的市场，它的商品就无法销售。垄断还有另一个方面，就是由殖民地来垄断宗主国的国内市场，这也是建立在同样的思想基础上。换句话说,旧殖民制度完全否定贸易能自发找到出路。美国的独立打破了这种错误的观念。1783年7月,英国议会发布了一项命令,准许与美国开展自由贸易。1784—1790年,英国从其过去的殖民地,如今的美国的进口额增加了50%。轧棉机发明和投入使用之后,英国的进口额又增加了,从1792年的900万美元上升到1801年的近3100万美元。[98]事情的发展正如赫尔曼·梅里韦尔在1839年所说的那样:"其规模是前所未有的。宗主国与殖民地之间的贸易与广泛的国际交易相比,不过是小打小闹。宗主国与殖民地之间的贸易得到发展的条件是,双边关系不应该是隶属的,而应该是平等的。"[99]这些事实给资本家留下了深刻的印象,他们开始从得失的观点来考虑大英帝国的问题。为了打垮重商主义的哲学学说,他们大力支持亚当·斯密那本名著的出版。1825年,第一个自由贸易主义者威廉·赫斯基森一针见血地问道:"单从贸易问题来看,美国脱离英国对英国有损害吗?它们的贸易摆脱了殖民地制度的羁绊,这对大不列颠的商业和工业有影响吗?……从这个事例中难道没有什么有益的教训可以吸取吗?"[100]当然,教训是有的。不过,里普·范温克尔(Rip van Winkle)[1]被灌了重商主义的麻醉药,竟在他的种植园里昏睡了100年。

---

[1] 19世纪美国小说家华盛顿·欧文(Washington Irving)所写的短篇小说的主人公,故事讲述了里普·范温克尔上山打猎时喝了地精酿的酒,睡了20年,错过了美国独立战争,醒来时已经物是人非。这个故事对美国社会产生了巨大的影响,里普也被用于形容"晚于时代的人"。

第7章
1783—1833年英国资本主义的发展

美国的独立,在英国和世界其他地区普遍被看作国家灾难。但事实正相反,美国的独立标志着一个旧时代的终结和一个新时代的开始。这个新时代再也不能容忍西印度群岛垄断制的存在了。现在,我们需要回顾一下英国生产力的发展是怎样在殖民制度的刺激和推动下逐渐达到成熟阶段的,同时看一看殖民制度在新时代里如何起着阻碍作用,从而必须加以铲除。

1783年6月,英国首相诺斯勋爵赞扬了贵格会教徒反对奴隶贸易的人道主义精神。但是他又遗憾地表示,废除奴隶贸易是没有必要的,因为这项贸易对几乎所有欧洲国家都是不可或缺的。[1]听到诺斯勋爵这番话,贩奴商和甘蔗种植园主无不拍手称快。西印度群岛殖民地仍然被看作帝国的骄子,看作英王王冠上最珍贵的明珠。

然而,雷声正在远处隆隆作响,只有敏锐的人才能听到。约克镇战役[1]发生的那年,瓦特的蒸汽机获得第二项专利权。蒸汽机的旋转运动变成了动力的来源。用马修·博尔顿的话说,蒸汽机竟使英国这个工业国成了"蒸汽机狂"[2]。乔治·罗德尼战胜法国、挽救英国产糖殖民地的同时,瓦特也利用蒸汽的巨大动力让活塞得以做双向运动。[2]1783年和平条约[3]签订之时,亨利·科特(Henry Cort)正在改进熔铁搅炼技术。这一技术革新引起了制铁工业的革命。上述一系列事件都是英国资本主义突飞猛进的背景。到1832年,英国资本主义的发展动摇了这个国家的政治结构,从而冲击了一切垄断制,特别是西印度群岛殖民地的垄断制。

က

1833年之前,英国还没有一项工业实现全面的技术改革,旧的生产组织形式无处不在。彼时,这些旧的生产组织形式并

---

[1] 通常被认为是美国独立战争中的最后一场陆上大型战斗,法美联军获胜,迫使英国开启谈判。

[2] 1782年,桑特海峡战役爆发,是英法在加勒比海的一场殖民利益争夺战。最终英国获胜,这也是美国独立战争中英国海军在西印度群岛的重要胜利,乔治·罗德尼为英军指挥官。同年,瓦特设计了一种带有双向装置的新汽缸,获得第三项蒸汽机专利。

[3] 1783年9月3日,英美代表签订《巴黎条约》,美国独立战争结束。

不是作为古董供人观赏，而是实实在在起着作用。例如把羊毛纺成纱，把纱纺成线，用铁条制成铁钉、皮革制成鞋子等，都是靠手工劳动；手工操作的织布机、木制纺纱机比比皆是。"老姑娘"（spinster）这个词，最初是指孤独的女织工，和婚嫁与否并无关系。[3]

但工业革命期间，哪怕家庭生产方式依然存在，也已不再具有普遍性了。工业革命的最早阶段是使用水力做动力，后期才使用蒸汽做动力。当然，蒸汽机的推广应用也有一个渐进过程。19世纪初期，蒸汽机在工业部门的应用并不普遍，也不广泛。当时，英国的全部蒸汽牵引机只有321台，相当于5210匹马力。[4]据英国经济史学家约翰·哈罗德·克拉彭（John Harold Clapham）在20世纪20年代写的文章说，1831年，格拉斯哥和克莱德两地拥有的马力之和，足够推动今天的一艘巡洋舰。[5]但是按历史学家保罗·芒图（Paul Mantoux）的说法，"1780—1800年，纺织厂与家庭手工作坊是并存的，二者之间的差别比当时的工厂与现代的工厂之间的差别还要大"[6]。

棉纺工业是资本主义工业之首。1835年的统计表明，各类纺织厂雇用工人的平均人数为：棉纺织厂175人，丝织厂125人，亚麻厂93人，毛纺织厂44人。当时棉纺织厂的平均规模是英国经济史上前所未有的。1815年，曼彻斯特拥有43家重要的纺织厂，平均雇用300个劳动力。到1832年，这个平均数字增至401人。[7]英国第一家用蒸汽做动力的纺纱厂建于1785年，曼彻斯特的第一家同类厂建于1789年。1785—1800年，英国制造出了82台蒸汽机供棉纺厂使用,其中有55台归兰开夏郡使用。[8] 1806年,曼彻斯特生产了第一台蒸汽动力织布机。1835年,英国共有116 800台动力织布机,其中94%运用于棉纺工业。[9]

1785年,英国棉织品出口额超过了100万英镑。[10] 到1830年,棉织品出口额增至3100万英镑。[11] 1796年,英国印染的棉布为2000万码,到1830年猛增至3.47亿码。[12] 1788年,棉纺工业雇用的劳动力为35万人,[13] 1806年增至80万人。[14] 1820年,曼彻斯特和索尔福德两地有棉纺织厂66家,到1832年增加到96家。[15] 棉纺工业"使人口犹如雨后春笋般地增加"[16]。1760年,奥尔德姆还只是一个拥有400名居民的小村庄;到1801年,当地人口发展到2万人。1753年,博尔顿仅有一条高低不平的街道;到1801年,当地的人口增加到1.7万人。[17] 1773—1824年,曼彻斯特的人口增加了6倍。[18] 1763年,乔治三世的加冕典礼上,实业界的庆贺行列中没有曼彻斯特的棉纺工人和厂主代表。而在1820年乔治四世(George Ⅳ)加冕典礼的庆贺行列中,他们成为最显要的人物。[19] 从更广泛的意义上说,这也是棉花大王的加冕典礼。

曼彻斯特的资本家犹如登上毗斯迦山的摩西一样,眺望着乐土。英国棉织品的出口额,由1784年的1100万英镑[20] 增长到1832年的2.83亿英镑。[21] 多亏伊莱·惠特尼的发明,新大陆又一次来拯救旧大陆了。1786—1790年,美国供应的棉花还不到英国进口棉花总量的1%;而1826—1830年,美国则提供了英国进口棉花总量的四分之三。1846—1850年，这一数字达到五分之四。英属西印度群岛的种植园主一心扑在心爱的蔗糖生产上，跟不上曼彻斯特对棉花的需求。1786—1790年，这些产糖岛屿提供的棉花，占英国棉花进口总量的十分之七；1826—1830年占十五分之一；1846—1850年，这一数字下降到不足1%。[22] 18世纪，曼彻斯特依托西印度群岛建设起来。可是，在曼彻斯特的工业暴发户们第一次选派自己的代表去参加议会的那年以后，西印度群岛在他们广阔的视野里便仅仅是些无足轻重的小黑点而已了。这对那些一直心存幻想的人来说是个不祥之兆，这些人坚持认为自己与帝国的纽带就像婚姻的纽带一样，坚不可摧。

冶金工业的发展也许不那么显著，但同样重要。若缺少冶金工业，整个机械工业就不可能发展。1788—1830年，英国的生铁产量增长了10倍。[23] 1830年投入生产的炼铁炉为1788年的3倍。[24] 1820—1833年，经由格拉摩根郡和蒙茅斯郡之间的运河装运的生铁增长了2.5倍。同一时期，从西法沙出口的生铁增长了1倍，从道勒斯出口的生铁增长了2倍。[25] 1800年，英国国内生产的生铁与国外进口的生铁数量之比为4∶1，到1828年猛增到50∶1。[26] 克拉彭写道："滑铁卢战役之后的英国到处响叮当，好像一家铁匠铺。"[27]

铁的冶炼需要煤。1800—1836年，诺森伯兰郡和达勒姆的煤矿数量几乎增加了1倍,煤的开采量由1780年的600万吨增加到1836年的1300万吨。[28] 1829年,热风熔炼发明后,冶铁的耗煤量降低了三分之二,节省了大量煤炭。[29]

铁逐渐被应用于各种新的用途,它可以铸造铁柱、铁轨、煤气管道和自来水管,可以造桥梁、海船。约翰·威尔金森在布拉德利为循道宗教徒建造了一座"铸铁礼拜堂"。[30]伦敦甚至尝试过用铁来铺设路面。当然,铁的最重要成就是发展了机械工业。最早的纺织机都是木制的,或者由厂主自己制作,或者向别人订购。19世纪20年代出现了纺织机器供应商,他们借助其他生产机器来制造纺织机。由于新工具的发明,以及掌握了各种精密铣刀钻头的切削技术,这些供应商也开始生产可以替换的机器零件。1834年,威廉·费尔贝恩(William Fairbairn)的公司宣布提供建造设备齐全的工厂的服务,建厂的造价、厂址和使用的动力,可以由雇主选定。[31]

1832年,一个中等制铁厂的厂主,作为资本家和企业家,地位和棉纺织厂厂主的地位相当。[32]在改革后的议会里,棉纺业和制铁业都准备取消垄断制度,因为这种制度犹如不合身的衣服,已不合时宜了。1815—1833年,英国铁条的出口量增加了1倍多。1825年,英国政府准予放宽机器出口的限制,事后证明,这一决定具有重大意义。英国的铁路长度是法国和美国铁路长度的总和。1815年,产糖殖民地购买了英国出口铁制品总量的十分之一,1833年买进了三十三分之一。而美国在1815年购买了英国出口铁制品总量的四分之一,1833年购买了三分之一。[33]在新的自由贸易时代里,过去长期舒舒服服稳坐在包厢里的种植园主们只能勉强找到一个站立的席位。

🔗

1804年,一个制造商说:"依鄙人之拙见,毛纺织业是不可能紧紧跟上棉纺织业贸易的步伐的。"[34]毛纺织业想要模仿棉纺织业的技术革命,但进展很慢,因为旧的生产方式对它的阻碍更大。飞梭于1800年才在约克郡西区普遍使用。在1830年之前,毛纺织业对机械动力的使用还处于试验阶段。在毛纺织业生产中,家庭成衣商还占有重要的地位。直到1856年,毛纺织业从业者仅有一半在工厂里从事生产。正如我们已经看到的,一家中等羊毛厂或者绒线厂拥有的工人人数,相当于一家棉纺织厂工人人数的四分之一。[35]

1817年,毛纺织业的中心约克郡西区生产的毛织品数量为1738年的6倍。[36]1800年,该地进口的羊毛数量为4000吨,到30年代末期,羊毛进口数量增加了4倍。[37]1772年,约克郡西区出口的毛织品价值400万英镑,到1801年增至700万英镑。1802年,毛织品的出口额第一次低于棉织品出口额。到1830年,毛织品出口额为500万英镑,仅是棉织品出口额的六分之一。[38]与棉纺织业中心一样,毛纺织业中心的人口增长速度也是很快的。在美国独立战争爆发前夕,利兹市的人口为1.7万人;1831年,该地人口增加了6倍。哈利法克斯市的人口在1760—1831年间增加了1倍。1801—1831年,布拉德福德市的人口增加了1.5倍；哈德斯菲尔德的人口增加了1倍。在上文所说的30年里，整个约克郡西区的人口由56.4万人增加到98万人。[39]

1815年以前，英国主要从西班牙、葡萄牙和德国进口羊毛。约翰·麦克阿瑟（John Macarthur）船长在前往新南威尔士的途中，于开普敦买到了几只美利奴绵羊。1806年，装载246磅澳大利亚羊毛的第一艘船到达英国。在以后的24年中，英国进口的澳大利亚羊毛达3 564 532磅。[40] 1828年，澳大利亚羊毛因质地特别柔软，优于其他任何品种而为人所称道。人们当时就预测，在未来的15~20年内，英国将从澳大利亚进口所需要的全部优质羊毛。[41]这个预测后来得到了证实。在19世纪，正如赫尔曼·梅里韦尔所说的，澳大利亚在羊毛业方面"几乎享有垄断的地位"，"这种垄断地位也曾在墨西哥生产贵重金属的极盛时期出现过"。[42]然而，始于19世纪40年代的反帝国主义的新世界中，凡是极力保持大英帝国地位的地方，其重心都转移了，即由岛屿转移到北美大陆，由热带转移到温带，由黑人所在的种植园转移到白人的居住区。

❧

英国机械化以后所产生的力量，使其日益把整个世界当作自己的垫脚凳。英国向全世界提供服装，输出人才和机器，并充当世界的银行家。除了英国在1819年占有的印度和新加坡这两个与中国通商的据点，大英帝国只是一个地理概念。马修·博尔顿于1769年写道："仅仅为3个县制造蒸汽机,我看不合算,要是我能为全世界制造蒸汽机,那才是真正有价值。"[43]英国的资本和英国的生产一样,在考虑问题时总是面向全世界。美国经济史学家利兰·汉密尔顿·詹克斯(Leland Hamilton Jenks)写道:"1815—1830年,以债券的形式向政局最稳定的欧洲国家进行的期限长短不一的投资,至少达5000万英镑。以各种名义向拉丁美洲进行的投资,至少达2000万英镑。而暗中向美国所做的投资达五六百万英镑。"[44]然而竟没有人愿意拿出哪怕1先令投给西印度群岛的种植园。[45]

1820—1830年,美国销往英国的出口货物,占它出口总额的三分之一以上。而在英国的出口总额中,美国购买了其中的六分之一,这一数字占美国进口总额的五分之二以上。[46] 1821年,美国买进英国出口货物的七分之一,1832年买进九分之一;而美国在这一时期的出口总额增长了十分之一。[47]由于英国购买了美国南方的棉花,这就刺激了这个棉花王国的发展,南方的私人银行或国有银行纷纷向伦敦的银行借贷。[48]

拉丁美洲的革命为英国贸易开辟了广阔的前景。西班牙重商主义制度设置的重重障碍统统被打破。与此同时,英国与葡萄牙的古老同盟又使英国在巴西谋得了一个优越的地位。乔治·坎宁得意扬扬地写道:"终于拔除了那只钉子,西属美洲获得自由了。只要我们不把事情弄糟,这个美洲就是英国的。"[49] 1821年,巴西购买了英国出口总额的二十分之一,1832年购买了十二分之一;这一时期,巴西的出口总额增长了

2.5倍。[50]其他国家在美洲的殖民地，在1821年购买了英国出口总额的十三分之一，1832年购买了七分之一以上；其间这些殖民地的出口总额增长了2倍。[51]拉丁美洲各国的新政府发现，英国金融界有一些乐意提供贷款的放款人。詹克斯说："一个国家贷的款越多，它的信用就看起来越可靠。"[52]利物浦已经把牙买加、格林纳达岛和巴巴多斯遗忘了，它此刻所考虑并与之通商的是拉丁美洲的瓦尔帕莱索、安托法加斯塔、卡亚俄和瓜亚基尔。

1821年，英国对世界各地的出口额达到4300万英镑，1832年达到6500万英镑，增长了二分之一。[53]其中，出口到欧洲的，各占这两个年份出口额的一半。[54] 1821年，印度和中国共买进了英国出口额的十二分之一，1832年为七分之一，增长了四分之三。[55]

这一时期，西印度群岛的景况如何呢？英国对整个西印度群岛的出口额下降了五分之一，其中对牙买加的出口额下降了三分之一。1821年，英属西印度群岛购买了英国出口额的九分之一，1832年购买了十七分之一。1821年，牙买加购买了英国出口额的十三分之一，1831年购买了三十三分之一。[56]英属西印度群岛对英国资本主义的发展已越发无足轻重。而这一变化所具有的深刻意义则是，在新的时代里，增加利润的宗旨已经渗透到整个经济思想体系中。正如历史学家威廉·劳伦斯·伯恩（William Laurence Burn）所写："按经济帝国主义的标准来衡量，英属西印度群岛在1750年左右是相当成功的，然而在

80年之后，它却是失败的。"[57]

1825年，《航海法》获得修订，准许殖民地与世界各地自由通商。重商主义的第一道防线被突破了。同年，准许通商的范围又扩大到1815年英国占有的毛里求斯殖民地。彼时，毛里求斯的蔗糖还能够享有与英属西印度群岛所产蔗糖同等的待遇。殖民地食糖在英国国内市场仍然保持垄断地位，这种垄断对西印度群岛来说至关重要。就英国资本家而言，他们无须通过立法来强迫西印度群岛种植园主购买自己的商品，因为他们的商品物美价廉，深受世界市场的欢迎。如果说曼彻斯特的繁荣仍旧靠为"黑人织衬衣"，那么何止在英属西印度群岛有黑人，美国和巴西人数众多的黑奴同样提供了具有吸引力的市场。在购买英国的白布时，西印度群岛的种植园主不会比巴西的种植园主多付一个铜板。曼彻斯特人自然要气愤地责问，垄断制度对英国的制造商到底有什么好处？[58]据赫尔曼·梅里韦尔说，当初实行垄断的目的"是想让我们这一方做出牺牲，而他们却毫不放在心上"[59]。如果用一位现代作家的话说，1832年的英属西印度群岛，就其社会来看是个地狱，就其经济来看则更糟。这是一个时代的错误。[60]

重商主义已经行将就木。新出现的经济形势必然要在政治上有所表现。工业中心及其周围的商业区为争取通过改革法案，组织了强有力的政治鼓动。西印度群岛的奴隶主对这场政治斗争极为关切。温福德勋爵威廉·贝斯特（William Best）说：" 上帝不许以任何形式强迫主人抛弃其财产和奴隶。若改革的原则一旦被采纳，主人的一切财产就要完蛋。"[61] 西印度群岛的奴隶制度依赖腐败区[1]。对这点，威廉·科贝特（William Cobbett）[2] 也终于认识到，他说："那些奴隶长期劳动的成果，竟然使我们在国内变成了奴隶。"[62] 但这已经为时太晚了。

当改革法案遭到上议院否决后，伦敦的改革派报纸印上了黑边；全国所有的教堂钟声齐鸣，彻夜不停。纽卡斯尔公爵亨利·佩勒姆-克林顿（Henry Pelham-Clinton）是腐败区的贵族，他拥有的诺丁汉城堡被愤怒的群众烧成了废墟。由于在下议院里反对改革法案，布里斯托尔代表的生命受到了威胁。市政厅被劫掠一空，监狱和主教宅邸也被烧毁。托马斯·阿特伍德（Thomas Attwood）在伯明翰组织了政治同盟，扬言要发动革命。伦敦的贝思纳尔格林区树起了三色旗，到处张贴着革命宣言，标语牌上还写着："这里不纳税。"市政委员会吁请下议院在改革法案获得通过并生效之前，不要通过财政预算。王室备受讽刺和谩骂，以致有人劝说他们离开伦敦。还有革命性的提议——挤兑银行："阻止公爵（指威灵顿），去买黄金。"革

---

[1] 1832年改革法案颁布前的英国议会区或选区，它的选民人数非常少，可以被赞助人用来在未改革的下议院中获得非议员的影响力。
[2] 英国小册子作者、记者、政治家，他属于寻求改革议会、废除腐败区、限制外国活动和提高工资的农业派别，目的是缓解农场工人和小土地所有者的贫困。他的激进主义推动了1832年的改革法案。

命即将来临。[63]

在英国国王不情愿地承诺加封一定数量的新贵族后，反对者退让了，改革法案成为法律。至此，英国的政治结构适应了已经发生的经济革命。在新产生的议会中，资本家的要求和愿望是至高无上的。殖民地贸易曾经显赫一时，但在新的资本主义社会中，殖民地却没有立足之地。1802年，弗雷德里克·莫顿·伊登（Frederick Morton Eden）[1]写道："英国出口一匹宽幅黑呢比再出口同等价值的孟加拉薄棉布或西印度群岛的咖啡对我们更加有利。"[64] 1832年，东印度公司的一个官员对议会委员会解释说，尽管中国的市场状况不佳，也要向中国出口毛织品，因为这是传统，也是义务，"要把这看作一种道义上的责任"[65]。而在曼彻斯特人看来，通过"道义上的责任"来开展贸易，不但违反常理，而且罪大恶极。

---

[1] 英国贫困问题作家和先驱社会调查员。

第8章

新的工业生产秩序

西印度群岛的垄断商所面临的就是规模如此巨大的工业扩张。他们过去在声誉和传统上处于优势地位,他们对英国的经济做出过巨大的贡献,他们的社会地位也一直十分稳固。然而,我们看到,如今他们已经日趋衰亡。就如同小人国里的小人无力拴住格列佛,他们的铁钩也无法伤害他一样。1839年,赫尔曼·梅里韦尔在牛津大学讲演时说:"世界形势在急速发展,我们再也不能认为殖民制度和《航海法》仍是切实可行的了。不管愿意与否,我们无可奈何地被潮流裹挟着。我们可以挣扎,可以抗议,可以寻问为什么早年苦心经营的堤坝竟挡不住这股潮流,但是这些都无济于事,我们无法改变自己的命运。西印度群岛的垄断制再也维持不下去了。"[1]可是,西印度群岛人却看不到这点,而且和一切既得利益者一样,在垂死挣扎,"拼命利用他们积累的财富来阻挡不可挽救的衰败"[2]。他们不顾影响，不顾后果，一心要保存他们已经病入膏肓的制度。

对西印度群岛殖民地的攻击，不仅是在抨击奴隶制，也是在抨击垄断制度。反对者不仅有人道主义者，还有资本家。抨击的原因不仅是因为西印度群岛的经济制度十分恶劣，也因为这一制度根本无利可图。单就这后一个原因，就非摧毁这种制度不可。[3] 1827年，牙买加的一个代理人抱怨说："那些夸夸其谈的演说家已经对整个殖民地事业，特别是牵涉奴隶人身财产的事情毫无兴趣，广大公众也对这些十分反感。因此，我们肯定也无法从议会的辩论中得到什么保护。"[4] 乔治·希伯特对这个问题的看法只对了一半。如果说西印度群岛的奴隶制是可耻的，西印度群岛的垄断制是可恨的，把这两种罪恶加在一起，西印度群岛殖民地实在是担当不起。[5]

反对奴隶贸易、反对奴隶制和反对蔗糖优惠关税的斗争，前后分为3个阶段。第一阶段是在1807年废除了奴隶贸易；第二阶段是在1833年废除了奴隶制；最后阶段，于1846年取消了蔗糖优惠关税。这3件事是有机地联系在一起的。正是从奴隶制度中发家的那个既得利益集团，现在要转而消灭奴隶制度。人道主义者在反对奴隶制度时是软弱无力的。他们的言论虽然为广大公众所同情，但是在100年之前，他们的活动起不了很大作用。因为那时整个资本的利益是与殖民制度相一致的。威廉·华兹华斯（William Wordsworth）写诗赞美托马斯·克拉克森："山陡峭兮，奋力攀。"除非资本家从奴隶主和奴隶贩子的行列里叛离出来，否则他们永远不可能攀登到山顶。一个半世纪以来，西印度群岛种植园主一直过着骄奢淫逸、随心所欲的生活。他们错误地把重商主义法则奉为永恒的自然法则。他们认为自己是不可缺少之人，而且还把在贸易帝国主义时代里获得的知识运用到反对帝国主义的时代里。可是他们万万没有料到，亚当·斯密的"无形巨手"竟会反对他们。他们只好去求助于上帝的"无形巨手"。[6]重商主义的兴起与衰落过程，就是奴隶制度的兴衰过程。

是保护关税还是自由贸易

维多利亚女王曾给两位非洲酋长写了一封著名的信，说道："由于笃信上帝和耶稣基督，英国才享有伟大和繁荣。"[7]对曼彻斯特的资本家来说，"耶稣基督就是自由贸易，自由贸易就是耶稣基督"。[8]

如果说谷物被垄断商视为国王，那么蔗糖就被视为王后。西印度群岛食糖所享有的优惠关税之所以遭到抨击，不过是当时普遍理念的一部分。这种理念在1812年表现为摧毁东印度公司的垄断权，在1846年表现为消灭了英国的《谷物法》（Corn Laws）。反谷物法同盟（The Anti-Corn Law League）的财务主管说，他的组织"与反奴隶制协会一样，是按照同样公正的原则建立的。反奴隶制协会的宗旨是使黑奴获得自由，有权支配自己的生命，而我们同盟的目的，是使人们有权自由地用自己的劳动去换取尽可能多的食物"。[9]在主张自由贸易的一片狂热情绪中，西印度群岛的垄断制首当其冲，成为反对垄断阵线攻击的对象。这种垄断制不仅被看作罪大恶极，而且代价高昂。

东印度食糖的支持者和赞助者们坚决反对西印度群岛对食糖的垄断。他们把西印度群岛的产糖岛屿称作"不能生育的岩石"，并说这些岛屿见钱眼开、贪得无厌，像"海绵一样不断吮吸我国国民和贸易界的资金"。他们甚至指出，早在18世纪末，英国"已经具备了条件，可以废除垄断制"。不能为了让岛上少数人享受某些不合理的利益而让大多数人遭受痛苦。[10]

19世纪20年代，东印度竞争者的反对态度更为强硬了。他们要求在食糖贸易方面，起码在优惠条件或保护关税方面，得到一视同仁的待遇。他们总的要求是与西印度群岛人平起平坐。[11]难道因为西印度群岛人长期享有这方面的垄断权利，所以就应该继续享有它吗？如果是这样，"人们也可以主张对机器的使用征税，因为由于机器的发明，许多长期以来用手工纺纱织布和制造其他用品的雇工纷纷失业了……人们还可以提出对运河运输征税，因为运河运输低廉又方便，是旧的马车运输无法相比的"[12]。可是，西印度群岛人却声称，他们有继续享受保护关税的权利，理由是他们曾经投资了甘蔗种植业。这样的声明等于说"以后每当投资失利时，也可以同样无理地提出这种要求"[13]。人们不会为了西印度群岛人的利益而无视通行的贸易原则。[14]约瑟夫·休姆（Joseph Hume）[1]深信，英国人

---

[1] 苏格兰外科医生和激进派议员。

具有明智的洞察力、公正的感情和爱国的情操，决不会允许这类垄断制继续存在，因为一切限制和垄断都不利于发展。[15]

早在1815年，上议院的议会记录中就记载了对《谷物法》的抗议，这动摇了"保护关税"这座门楼的基石。1820年，伦敦的商人向议会递交了一封请愿书，其中陈言："要是能不受限制地自由贸易，将会大大促进外贸的发展，而且这也是我国资本和工业的最好出路。"[16]同年，格拉斯哥的柯克曼·芬利（Kirkman Finlay）先生发表了一场热情洋溢的演说，支持格拉斯哥商会的请愿书。该请愿书同样要求实行自由贸易，要求取消对进出口贸易的一切限制。芬利说："我国的贸易政策在执行过程中犯了一系列错误，也出现了不少谬论，人们现在要求放弃这一政策，我认为这种要求并不过分。"[17]利物浦的商人公开声明，一切垄断，特别是东印度公司的垄断，阻碍着我们与他国开展贸易，这对英国的整体利益危害极大。利物浦市政当局更是宣布英国臣民"生来有权"与世界各地开展自由交易。30年前，小威廉·皮特在一次宴会上恭维亚当·斯密。他说："我们都是你的学生。"[18]现在看来，这句话不无道理。

西印度群岛的垄断制不仅在理论上站不住脚，在实践中也已无利可图。据1828年的估计，由于这种垄断，英国人民每年要多花费超过150万英镑。[19]1844年，西印度群岛的垄断贸易每周给英国造成的损失达7万英镑，给伦敦造成的损失达6000英镑。[20]为了购买蔗糖，英国每年要比欧洲大陆多支出500万英镑。[21]赫尔曼·梅里韦尔说，1838年英国对西印度群岛的出口额为350万英镑，用这笔钱从那里购买回来的是蔗糖和咖啡。如果这批出口商品运往古巴和巴西，能多买回来1倍的蔗糖和咖啡。这就相当于有价值175万英镑的货物"白白地丢失了，而英国从中毫无所得。这就像装运这些货物的商船在航行途中沉没了"[22]。在英国消费的每1磅糖，其价格的五分之二为生产成本，另外五分之二作为国家的收入，剩余的五分之一就落入西印度群岛种植园主的腰包。[23]

这种政策一向是西印度群岛奴隶主"腐朽事业的支柱"，现在该是纠正这种鼠目寸光政策的时候了。[24]对此，赫斯基森请求谨慎行事。他说："西印度群岛人使用奴隶不是他们的过错，而是他们的不幸。要是使用奴隶劳动确实比使用自由劳工所需费用更大，那就更没有理由剥夺他们享有保护关税的权利。"[25]不过，西印度群岛人不应该有所误解。"当这个问题到了非考虑不可的时候，议会将把它作为当务之急，并深入调查与它有关的一切情况。那时，纠正这一政策的时机就会到来，而且为期不远。"[26]

急于降低工资的那些资本家，提出了"早餐免税"的政策。他们认为，对食品强行征收保护税是不公平的，也是愚蠢的。[27]垄断制已经腐朽，不利于所有人。它已经摧毁了往日的庞大殖民帝国。[28]西印度群岛利益集团难逃此劫。"议会不管在税收方面做出什么巧妙的安排，都不可能使西印度群岛重新繁荣。这里的大多数人也不愿支持西印度群岛的繁荣，殖民部的西印度群岛利益集团维护者们也不可能真正支持它。"[29]这种保护关税制度就好比是分别关在各个笼子里的猴子,都伸手去偷其他笼子里的盘中物吃,结果每只猴子偷到的东西与自己盘中丢失的东西一样多。[30]约翰·刘易斯·里卡多(John Lewis Ricardo)[1]劝说种植园主做出体面的退让。可是,"球已经滚动起来了,不管他们做出何等努力都不足以使球停下"[31]。

一些有名的政治家以前都站在西印度群岛人一边。现在,帕默斯顿子爵亨利·约翰·坦普尔(Henry John Temple)[2]却与种植园主的反对者联合起来了。他认为,"保护关税"这个词应该从一切商业辞典中删掉,[32]因为"这项原则对我国十分不利,凡是采用这一原则的国家,其繁荣必然遭到损害"[33]。

贸易保护主义者是站在西印度群岛人的立场上的。拥有土地的谷物巨贾与甘蔗种植园主老爷紧密联系起来了。罗伯特·皮尔爵士(Sir Robert Peel)是棉纺和丝织的自由贸易商,又是谷物和蔗糖的贸易保护主义者。西印度群岛的事业得到了威廉·本廷克(William Bentinck)、爱德华·史密斯-斯坦利(Edward Smith-Stanley)和本杰明·迪斯雷利(Benjamin Disraeli)[3]的大力支持。迪斯雷利曾批评说,西印度群岛利益集团要真是变成了"一群老马"[34],那么他也在其中发挥了作

---

[1] 19世纪的英国商人与政治家,自由党人,积极参与了废除《航海法》的工作。
[2] 英国政治家,两度担任英国首相。
[3] 威廉·本廷克是英国军人和政治家,1828—1834年担任孟加拉总督,1834—1835年担任印度第一总督。爱德华·史密斯-斯坦利是英国政治家,三度担任英国首相。本杰明·迪斯雷利是英国保守党政治家,两次担任英国首相,他同时也是一个小说家。

用。在议会就废除《谷物法》和糖税均等化的问题展开辩论时，迪斯雷利振振有词，言辞锋利，博得听众喝彩。但是在他的尖刻发言中，究竟有多少严肃的个人信仰和经济哲学呢？因为在1846年以后，当西印度群岛人力图推迟实施食糖自由贸易法这一可怕日子的到来时，迪斯雷利却转变立场反对起他们来。他说："在巨大的变革已经产生实际效果以后，我们再也不能抱着保护关税这一破烂儿不放了。"[35]他在小说《西比尔》（Sybil）中用一种超然的态度写道，在英国这样一个商业国家，每隔半个世纪就会出现一些新的财源，就会产生一些引人注目的、强有力的新阶级，如地中海沿岸的商人、西印度群岛的种植园主、东印度的富豪。[36]重商主义还没有灭绝，但是已经奄奄一息了。

◎

西印度群岛人企图阻挡自由贸易的潮流。他们把实行殖民制度看作"一种默契……目的是相互垄断"[37]。他们声称，垄断并不是对他们的恩赐，而是他们应有的权利。他们独占国内市场，是殖民制度强加给他们种种限制的同时所应给予的正当回报。[38]要是在其他情况下，他们是不愿意请求施舍的。由于他们的竞争对手优势明显，他们无法与之竞争，甚至他们的生存也不得不依赖保护关税。至于印度，他们指出，那里有廉价的劳动力、充足的食物和广阔无边的沃土；那里河道纵横，灌溉便利。[39]而说到巴西，他们则抱怨那里条件优越，巴西人可以获得足够的劳动力来开发肥沃的土地。不管这些殖民地的状况如何，西印度群岛人总是重复"保护关税"这个口号。"破产"永远是他们人生词汇表中的第一个单词。它的意思向来"不是指人们的贫困，不是指缺吃少穿，甚至也不是指人们无缘财富和奢华，而仅仅是指甘蔗种植数量的减少"[40]。1833年之前，他们身为奴隶主时，总是要求得到关税保护，以对抗印度自由劳工生产的蔗糖。在1833年以后，他们成为自由劳工的雇主时，也要求得到关税保护，不过是用以对抗巴西和古巴的奴隶生产的蔗糖。从前，他们对役使奴隶种植甘蔗的罪恶只是轻描淡写，而今，他们却拼命夸大这种罪恶。他们身为奴隶主时曾极力为奴隶制开脱罪责，如今他们成为自由劳工的雇主后却又在颂扬自由的福音。他们在一切事情上都摇摆不定，只有一件事情，即在保持自己的垄断地位上，始终坚定如一。

西印度群岛人一直到最后还深受自己目光短浅之苦。他们虽生活在19世纪，却要求保持自己群体在17世纪的地位。读一下他们发表的宣言、小册子和演说词，我们就会发现，他们只不过把圣多明各改成了印度、毛里求斯、巴西或者古巴。时代已经变迁，自由已经取代了奴隶制，但是他们的要求却一成不变，他们的谬论依然如故。他们"不断高喊要加强垄断，目的是想补偿垄断本身造成的损害"[41]。结果遭到人们的蔑视和指责。[42]然而，他们毫不在乎。他们有时虽也谈论自由贸易，但那是为了反对恢复西印度群岛港口公司的特许状。他们有时也指责议会，"在这样一个进步的时代里还继续推行这种愚蠢和有害的垄断政策，从而直接影响国家的贸易和岁收"[43]。但是总的说来，西印度群岛人对新出现的秩序视而不见，对自身的重大缺陷毫无觉察。

要求保护关税，要求得到劳动力，是1746年的口号，也是1846年的口号。要求保护关税是正当的，[44]不给予保护关税不合英国的风尚。[45]为了确保使用自由劳工的尝试，实行保护关税是必要的。[46]种植甘蔗需要劳动力。既然解放了黑奴，并助长了他们的惰性，那么只好要求提供契约非洲人、契约印度人，甚至罪犯。有些人因缺乏劳动力陷于绝望之时，竟提出要重开奴隶买卖。[47]

这些人当中表现最突出的是威廉·尤尔特·格莱斯顿。格莱斯顿不单单是一个西印度群岛人，他还是有名的政治家，具有全面观察问题的能力。他能言善辩，而且始终应付自如。格莱斯顿在议会一再为西印度群岛垄断制辩护。他的理由是，实行垄断为的是保护自由劳工生产的蔗糖，以抵制奴隶生产的蔗糖。但是他也不得不承认，这两者的区别甚微，以至于无法画出一条明显的界线加以区分。[48]同样，他也不能无视这样一个事实，即1836年以后，西印度群岛人要求保护关税的呼声已经减弱，这是由于保护关税已经扩大到东印度的食糖。[49]而东印度食糖没有遇到像西印度群岛食糖所面临的那么多困难和挫折。格莱斯顿深知西印度群岛的事业已经完结，对其实行的保护关税也不能持久。即使想再延续20年，也不可能恢复和振兴西印度群岛的种植业。[50]

反帝国主义情绪的发展

殖民制度是重商主义时代商业资本家的支柱。在自由贸易的新时代，工业资本家完全不需要殖民地，更不需要西印度群岛的殖民地。

我们已经看到，这种趋势早在工业革命初期已经出现。这种趋势的发展与自由贸易的发展是并驾齐驱的。当整个世界都成为英国的"殖民地"时，西印度群岛的殖民地却已经衰落了。反对殖民制度的带头人是理查德·科布登（Richard Cobden）。科布登在他研究殖民地弊病的"不朽著作"中，十分赞赏亚当·斯密的著作。[51] 在他看来，殖民地问题就是一个花钱问题。[52] 殖民地外表上使人眼花缭乱，具有迷惑力，但它是一个费钱的累赘。它所起的作用仅仅是"装饰我们门面的徒有其表的附属品。实际上，它造成我国的开支复杂而庞大，无助于使我国在贸易方面实现平衡"。他认为殖民政策是一种"荒谬绝伦的政策"，"它牺牲了我们同面积辽阔而又富饶的新大陆之间的贸易，换来的却是几座小小的岛屿，况且那些岛屿上的土地还已经相当贫瘠"[53]。1852年，英国向缅甸宣战，出兵占领了缅甸的南部。科布登对此提出了抗议。他写了一篇文章，题为《印度之战是如何发生的》（How wars are got up in India）。他在文章中建议："英国应该在《泰晤士报》上刊登广告，招聘既能征集到1000英镑的债款，又不因兼并领土而耗尽我国资财的总督。"[54]

威廉·莫尔斯沃思（William Molesworth）是著名的殖民地改革家，他认为，英国的殖民政策完全受"毫无意义的帝国狂想所驱使"。以非洲南部开普敦殖民地边疆为例，在那里"丢失一把斧子和两只羊……能让英国损失两三百万英镑"。澳大利亚是一个"流放犯后裔聚集的地方"。新西兰一直是一个令人头痛的问题，"那里的总督昏庸无能，官吏声名狼藉，与原住民的交战毫无意义"。非洲南部是"一片广大的、毫无价值的、破费钱财的疆土，其面积近80万平方千米，主要是起伏的山峦和干旱的沙漠，还有光秃秃的平原。那里没有水，没有草，没有可通航的河流，也没有海湾。一句话，除了需要英国不断大量花钱，那里什么都没有"。管理这些不同类型殖民地的，是一个殖民地大臣。他"带着想象，越过高山，跨过海洋，奔波于世界各地。从北极奔赴南极，从白雪皑皑的北美赶到烈日炎炎的赤道，从肥沃的西印度群岛疾驰到非洲南部和澳大利亚干旱的沙漠。世界上任何东西，甚至于爱情，都不能使这位流浪的犹太人停住脚步"[55]。为了保护这些殖民地疆土，英国需要付出的代价是把出口额的三分之一运往这些殖民地。殖民地要求获得独立的代价也因此降低了。应该让这些殖民地从殖民部的统治中解放出来，因为这个殖民部"反复无常，往往用心良苦，但十分软弱而且无知"[56]。

约瑟夫·休姆是一个激进的政治家，他也加入了攻击"祖国大人的行列"。他要求打破束缚殖民地的枷锁，让它们得到更充分的发展，[57]并让它们管理自己的事务，而不是被牵着鼻子，受唐宁街摆布。[58]殖民部实在令人讨厌，应该把它关闭。[59]

托管制度已经不合时宜。自由激进分子约翰·阿瑟·罗巴克（John Arthur Roebuck）认为，拒绝把殖民地的管理权交给当地自治政府是出于人道主义的考虑，这一说法是极其虚伪的。历史已经证明，在优等民族不断发展的情况下，野蛮人一定会消失；公正与人道必须服从于不公正然而又是必要的铁的法律。[60]詹姆斯·斯蒂芬（James Stephen）是殖民部的常务次官，他不会放弃"在我们不幸时刻背上的倒霉包袱"，而且他的决心从未动摇过。但是像泰勒（Taylor）这样的资本家，以及殖民部的其他官员，他们看到的殖民地不外是"吵吵嚷嚷的议会、愚蠢透顶的总督、传教士和奴隶"[61]。用赫尔曼·梅里韦尔的话来说，之所以要把殖民地保留下来，"仅仅是为了从统治它们中获得乐趣"[62]。于是，凡是谴责西印度群岛的言论就是正确的言论，凡是破坏西印度群岛的行为就是正当的行为。[63]在绝望的种植园主看来，反对殖民地的联合阵线似乎已经形成。[64]1838年和1840年，牙买加与英属圭亚那的议会不断反抗，拒绝投票通过拨款。牙买加人喜欢高唱美国独立战争时的歌曲《扬基之歌》（Yankee Doodle），而不唱英国国歌《天佑女王》（God Save the Queen）。[65]谁在乎这些呢？英国议会已经准备把西印度群岛转让给美国，只收取一点补偿费。[66]罗巴克大声疾呼："牙买加已经沉入海底，整个安的列斯群岛都将与牙买加同归于尽。"这些"毫无价值的殖民地"除了战争和耗费开支，一无是处。[67]它们一直是大英帝国"最致命的累赘",即使把它们从地球上抹掉,也不会损害英国的"一丝力量,一毫财产,一分国力"[68]。

这种观点在当时十分流行。甚至本杰明·迪斯雷利,这个后来的头号帝国主义分子也受到了这一观点的影响。1846年,他仍然把"被遗弃的安的列斯群岛看作破片碎瓦,还把它比喻为英国殖民地体系的支离破碎"[69]。6年之后,加拿大又成为英国外交中的一个棘手问题。这些残破的殖民地都是"一钱不值的遗产",是吊在英国脖子上的石磨。[70]据威廉·尤尔特·格莱斯顿说,有关殖民地的事务,十有九件议会是不可能予以重视的,至于剩下的一件能得到议会支持,完全是因为议员的疏忽大意。[71]垄断的时代已经终结,接踵而至的是自由贸易者、经济学家和统计员的时代。西印度群岛的光荣时代已经一去不复返了。或许30年以后形势会再次发生变化。但是,西印度群岛犹如英国童谣中那个摔得粉碎的矮胖子(Humpty Dumpty),即使国王派来千军万马也不能使它们恢复原样。

世界食糖产量的增长

1783年之前,英属产糖岛屿的优势在于,它们在蔗糖生产方面没有什么竞争对手。而且,只要能够办到,西印度群岛人就不会允许任何竞争对手存在。他们曾坚决反对塞拉利昂试图引进并种植甘蔗,理由是这将为"那些还未占有殖民地的外国"[72]开一个先例,同时也将损害那些占有西印度群岛殖民地

第8章 新的工业生产秩序

的人，[73]这正如一个世纪以前，他们曾反对在非洲种植靛蓝植物一样。[74]在蔗糖贸易中，他们主要的竞争对手是巴西和法属岛屿。古巴的竞争力由于受到西班牙重商主义的极力排斥而大为削弱。在北美殖民地脱离英国之后不久，圣多明各的蔗糖生产突飞猛进，上述情况才发生了急剧的变化。

巴巴多斯和牙买加发展甘蔗种植业后，欧洲食糖贸易的中心曾由葡萄牙转到英国。而圣多明各甘蔗种植业的发展，使法国得以控制欧洲的蔗糖市场。1715—1789年，法国从殖民地的进口额增长了11倍，法属殖民地的产品向国外再出口增长了10倍。[75] 1789年，法国把其殖民地产品的三分之二出口到波罗的海地区，三分之一出口到地中海东部地区。"正是由于有了圣多明各，法国才使世界贸易发生了有利于己的转变。"[76]

在圣多明各，仍然是原有的奴隶生产法则在起作用。这里的面积比任何一个英属殖民地都要大，土地更肥沃，潜力不小，因此生产成本比较低。1788年，英国枢密院委员会把生产成本的这种差异作为一个重要问题加以研究。

从英国首相小威廉·皮特的观点看，生产成本的差异是一个决定性因素。英属产糖岛屿的时代已经一去不复返了。西印度群岛的制度已经无利可图，而奴隶贸易作为这种制度赖以生存的基础，"对大不列颠不仅没有什么好处……相反却有最大的害处，这种害处比人们想象的要大得多"[77]。皮特的父亲一向坚定地站在维护西印度群岛人的立场上；皮特的前任在10年前还能轻而易举地否定废除奴隶制的请愿，而在皮特担任首相期间，内阁的立场发生了根本转变。皮特的立场则转到了印度方面。

皮特的计划包括两个目的：一是借助印度的蔗糖重新夺回欧洲的市场；[78]二是确保在世界范围内废除奴隶贸易。[79]这样一来就可以搞垮圣多明各。如果不能在世界范围内废除奴隶贸易，那么英国就单独废除奴隶贸易。法国一向过分依赖英国的奴隶贸易，英国若单方面废除奴隶贸易，就可以使法属殖民地的经济陷入混乱。

但是皮特的计划没有实现，失败的原因有两个。一是由于对所有非西印度群岛生产的蔗糖都课以重税，所以英国根本不可能按计划进口那么多印度蔗糖。[80]同时，代表西印度群岛垄断商利益的霍克斯伯里勋爵查尔斯·詹金森反对修改"对垄断公司有利"的现行法律。而这些垄断公司的所作所为实际上已经超越法律规定的范围。[81]勋爵本人不仅是西印度群岛人，他还与英国的商界和工业界，特别是利物浦商界都有密切的关系。因此，他提议，凡进口外国蔗糖，都必须使用英国货船装运，而且进口的蔗糖只许用于加工提炼和再出口。这样做，"法国的贸易和海运业就会遭到削弱，而英国的贸易和海运业则会发展。这是一个妙策，它远胜于上个世纪采取的任何一个措施"[82]。要是采纳这个建议，英国就会恢复1660—1713年它曾独享而后来落到法国人手里的蔗糖贸易。[83]

二是法国人、荷兰人和西班牙人反对取消奴隶贸易。[84]

第8章 新的工业生产秩序

30年后，利物浦伯爵罗伯特·詹金森（Robert Jenkinson）[1]称这些国家之所以采取反对态度是怀有"险恶用心"的。[85]人们也不难看出皮特的人道主义外衣掩盖着他的政治目的。加斯顿·马丁（Gaston Martin）是法国研究奴隶贸易和加勒比殖民地历史的著名历史学家，他谴责皮特，说他宣传解放奴隶的目的"显然是以人道主义之名，行挤垮法国贸易之实"。他还认为，这种博爱的宣传包含着经济目的。由此足以说明为什么英国会慷慨地给法国的废奴主义者捐款，为什么英国废奴主义者托马斯·克拉克森撰写的反对奴隶制的著作在法国有那么多的法译本。[86]正如詹姆斯·拉姆齐承认的："我们完全可以断言，从事非洲贸易比一般人想象的要可靠。但是，非洲贸易到后期，对英国财富积累所做的贡献要小于它对英国对手所做的贡献。"[87]

正值此时，法国大革命助了皮特一臂之力。法属圣多明各的种植园主因害怕革命运动的理想主义会摧毁奴隶贸易和奴隶制，于是在1791年把圣多明各拱手送给了英国。[88]向风群岛的种植园主也东施效颦。[89]1793年，皮特同意接受这些岛屿，英法之间因此爆发战争。英国不断派出远征军，先是企图从法国人手中，后来又企图从黑人手中夺取这块宝贵的殖民地，但是均未成功。皮特曾对议会保证："进行这场战争不是为了得到

---

[1] 英国托利党政治家，先后担任历届政府中的外交大臣、内政大臣与陆军及殖民地大臣，在1812年接任首相。

财富和地盘，而是为了我国的安全。"[90]英国帝国主义的利益使欧洲的联盟事业蒙受损失。英国军事史学家约翰·威廉·福蒂斯丘（John William Fortescue）写道："战争的前6年，英国显得十分无能，其原因可以说是圣多明各这个可怕的名词。"[91]英国力图夺取圣多明各而损失了数千人，耗费了数千英镑，最后还是失败了。但是这个"世界糖罐"终于在战争过程中被捣毁了，法国殖民地的优越性永远被粉碎了。"为了这样一个结果，"福蒂斯丘写道，"英国的士兵牺牲了生命，英国浪费了财富，影响力被削弱了，整个国家被束缚在这可怕的6年战争中，变得迟钝且无力。"[92]

皮特既想得到圣多明各，又想废除奴隶制，这是根本做不到的，而且也是一个极不切合实际的想法。如果圣多明各一年不输入4万名黑奴，它早就沉入海底了。皮特要接管这座岛，显然表明他不再对废除奴隶制感兴趣。当然，他自己没有这么说，因为在公众面前，他已经做得太过分了。所以他只好继续表态赞成废除奴隶制，但同时却给予奴隶贸易以实际有效的鼓励。他已经不再是1789—1791年的那个皮特了，当时他的演讲精彩生动，旁征博引，充满了人道主义的激情。他的这种转变可以从议会的辩论录和威廉·威尔伯福斯的日记中看出来。1792年，威尔伯福斯在日记中记下了这第一个不祥之兆："就圣多明各而言，皮特反对关于废除奴隶制的提案。"[93]自此之后，皮特对威尔伯福斯每年一次的废奴提案的支持完全是一种敷衍搪塞。有时他表态支持西印度群岛人，有时他拖延提案的讨论，有时他"呆板地站在"威尔伯福斯的立场上，有时他干脆就躲在一旁。[94]在皮特内阁时期，单单英国的奴隶贸易额就增加了1倍多。[95]而且英国还征服了特立尼达岛和英属圭亚那这两个产糖殖民地。废奴主义者詹姆斯·斯蒂芬痛心地写道："皮特先生很不幸，他的国家很不幸，全人类也很不幸。他对解放黑奴的事业缺乏足够的热情；在捍卫这项事业的斗争中，他未能起到该起的作用。他在内阁的表现还不如在议会中的表现。"[96]

自由主义史学家们说，皮特的言行是出于对雅各宾派的恐惧。其实真正的原因更为简单。作为身居首相这一要职的人，显然不会以人道主义为理由，采取废除奴隶贸易如此重大的措施。首相非同一般百姓，他是政治家。皮特的行动首先出于政治动机，其次才是个人的动机。他对蔗糖贸易很感兴趣。因此，他要么在欧洲大量推销印度的蔗糖或者取消奴隶贸易，从而挤垮圣多明各；要么干脆把圣多明各夺过来。如果皮特能把圣多明各弄到手，加勒比地区的贸易平衡就可以恢复。对失去美国以后的英国来说，能够获得圣多明各将是一个"巨大的补偿"，"也将给英国的海外领地及航运业、贸易和制造业带来繁荣兴旺"[97]。而且该岛还会使英国重新取得在蔗糖、靛蓝染料、棉花和咖啡贸易中的垄断地位，"在随后的几百年，这座岛会给工业带来推动力量，整个王国也将体会到这种恩惠"。英国和西班牙结成了攻守同盟，"这种友好关系将会长期阻止法国和美国在新大陆得逞，并且可以有效地保护西班牙宝贵的领土"。[98] 要是皮特果真征服了圣多明各，那么奴隶贸易肯定会延续下去，唯有把圣多明各归还法国，奴隶贸易才会成为单纯的人道主义问题。

圣多明各的毁灭意味着法国食糖贸易的终结。弗雷德里克·莫顿·伊登得意扬扬地写道，并不是所有执政官（无论白人还是黑人）的法令都能弥补此岛远远不足的人口。[99] 然而圣多明各的崩溃并不意味着英属西印度群岛可以因此得救。在加勒比地区又冒出了两个劲敌。一个是在蔗糖生产方面后来居上的古巴，弥补了国际蔗糖市场由于圣多明各的消亡而形成的空缺。另外一个是拿破仑，他企图收回这座丢失的岛，但未能成功。于是拿破仑决心以通过扼杀英国的贸易来达到征服英国的目的。他首先大力支持生产甜菜糖。从此，甜菜糖和蔗糖之间的"战争"开始了。这期间，古巴和其他中立地区的蔗糖打着美国的旗号，仍在欧洲市场中流通。而英国国内却积压着来自英属西印度群岛的大量蔗糖存货。破产情况比比皆是。1799—1807年，牙买加有65个甘蔗种植园被遗弃，32个为偿还债务而被拍卖。1807年，等待审理的有关种植园的诉讼案就有115件。债务、疾病和死亡也成为岛上人们的仅有主题。[100] 1807年成立的议会委员会发现，英属西印度群岛种植园主从事的生产完全是亏损状态。1800年，种植园主获得的蔗糖利润率为2.5%；而到1807年，利润为0。1787年，种植园主能从每桶蔗糖中获利19先令6便士，1799年为10先令9便士，1803年为18先令6便士，1805年为12先令，1806年利润为0。议会委员会认为，这是西印度群岛蔗糖在国际市场上地位不利造成的恶果。[101] 1806年，英国的剩余蔗糖达到6000吨。[102]生产不得不压缩。要限制生产，就必须取消奴隶贸易。这些已经达到"饱和"的产糖殖民地每年只要7000名奴隶就够了。[103]只有新的殖民地前途光明、急需劳力，而这种情况却必须加以制止。但奴隶贸易一旦废除，新殖民地也会变成无用之地。这就是为什么会有这么多旧产糖岛的种植园主支持废除奴隶贸易的提案。1804年，查尔斯·埃利斯坚决主张奴隶贸易应该继续存在，但只限于在旧殖民地继续存在。[104]这再次反映了"达到饱和状态的种植园主"和"新兴的种植园主"之间的斗争。

拿破仑战争及他对欧洲的封锁，使废除奴隶贸易成为一个紧迫的问题。首相威廉·温德姆·格伦维尔（William Wyndham Grenville）问道："难道他们现在不为手头大量囤积的蔗糖苦恼吗？他们一直找不到新的市场来销售自己的存货，倘若我们还进口蔗糖，那不是更增加他们的苦恼，加速他们的破产吗？"[105]威廉·威尔伯福斯感到高兴的是，西印度群岛人的困境不是废除奴隶贸易造成的。[106]事实正相反，是这种困境直接导致了奴隶贸易的废除。

如果说废除奴隶贸易是解决种植园主问题的方法，那么这种方法本身也是临时性的。如同赫尔曼·梅里韦尔所说的那样，如果不输入新的劳动力以取代奴隶，那么西印度群岛，特别是那些新兴的殖民地，要想经受住19世纪更为激烈的竞争是完全不可能的。"没有奴隶贸易的奴隶制……与其说是进步，倒不如说是倒退。"[107] 1815年，拿破仑战争结束后，甘蔗种植园主的处境并没有好转。在蔗糖生产方面，印度始终是令人畏惧的竞争对手，而圣多明各这个产糖巨兽已被毛里求斯、古巴和巴西代替。甘蔗种植后来还扩展到路易斯安那、澳大利亚、夏威夷和爪哇。甜菜种植也在继续发展。1848年，当法属殖民地甘蔗种植园的奴隶获得自由时，甜菜的生产取得了重大进展，而且后来一直是欧美国家经济自主的特征。

1793—1833年，英国进口的蔗糖总量增长了1倍。可惜，有关这个时期西印度群岛的全面记载极少。但是，1815—1833年的材料表明，西印度群岛的蔗糖产量一直保持不变。1815年为3 381 700大桶，1833年为3 351 800大桶。其中1828年的产量最高，为4 068 000大桶。旧殖民地的财力有限，土壤贫瘠，居然还能保持这样的生产水平，这就具有很大意义。1813—1833年，牙买加的蔗糖生产量减少了六分之一。安提瓜岛、尼维斯岛、多巴哥岛的出口量下降了四分之一以上，圣基茨岛的出口量下降了将近二分之一，圣卢西亚岛的出口量下降了三分之二，圣文森特岛的出口量下降了六分之一，格林纳达岛的出口量几乎下降了八分之一。多米尼加的出口量则略有增加，巴巴多斯的出口量几乎增加了1倍。另外，新殖民地的蔗糖产量有所增长，英属圭亚那增长了2.5倍，特立尼达岛增长了三分之一。[108]

毛里求斯的发展进一步证明了奴隶生产的规律。1820年，毛里求斯对英国的出口量比安提瓜岛还少；到了1833年，毛里求斯对英国的出口量是安提瓜岛的4倍多。[109] 1791—1833年，印度卖给英国的蔗糖增加了近28倍。[110]国外提供的粗糖不断增多，可以满足英国的制糖业、食糖消费和再出口的需要。新加坡1833年的出口额为1827年出口额的6倍。英国从菲律宾的进口量翻了两番，从爪哇的进口量增加了20多倍。[111] 1775—1865年，古巴的蔗糖生产增长了40多倍。[112] 1817—1831年，英国从巴西的进口量增加了7倍，从古巴的进口量在1817—1832年间增加了6倍。[113]

正如我们看到的那样，在蔗糖生产方面，大种植园比小种植园效率更高。但是种植园的规模受运输因素的制约，即必须在一定的时间内把砍倒的甘蔗及时地运往工厂。在18世纪初，牙买加有许多大型种植园，数量超过其他任何英属岛屿。但到1753年，牙买加只剩3个拥有800公顷土地规模的种植园。在这3个种植园中，甘蔗田的面积只占总面积的十分之一。其中最大的一个种植园归菲利普·皮诺克（Philip Pinnock）所有，被皮特曼称为牙买加的"展览场"。这个种植园占地1162公顷，其中只有98公顷用来种植甘蔗；雇用奴隶280名，每年生产蔗糖184吨。[114]奴隶解放后，牙买加因缺少劳动力，工资不断上涨。而古巴的土地广阔、土质肥沃，奴隶数量也多，牙买加自然无法与之抗衡。1837年，古巴修建了第一条铁路。铁路的发展使古巴的甘蔗种植园主得以扩大种植园规模和蔗糖生产，并降低成本。这样，牙买加与古巴之间的竞争变得更加不平等。我们从资料中可以读到有关1860年以前古巴巨型种植园的情况。资料中提到的最大的种植园，占地约4450公顷，其中甘蔗田占总面积的十分之一以上；该种植园雇有866名奴隶，每年生产蔗糖2670吨。[115]

很明显，英属西印度群岛已经丧失了蔗糖生产的垄断地位。1789年，该地无力与圣多明各竞争；1820年无力与毛里求斯竞争；1830年无力与巴西竞争；到1840年则无力与古巴竞争。这些岛屿走运的日子已经结束了。英属西印度群岛由于面积有限，无论是使用奴隶劳动还是自由劳动，都无法与那些地域广阔、土质肥沃、潜力很大且仍保留奴隶制的殖民地竞争。仅古巴一岛就可以抗衡牙买加和加勒比海的其他英属岛屿。巴西的一条大河装得下全部西印度群岛，而且可以通航无阻。[116]印度酿造的朗姆酒甚至可以淹没整个英属西印度群岛。[117]

西印度群岛的蔗糖生产超过了英国国内的需要，这使西印度群岛的形势进一步恶化了。过剩的蔗糖约为总产量的25%，[118]这部分糖需要拿到欧洲市场去出售，这样又要与价格低廉的古巴糖和巴西糖竞争。依靠政府的津贴和奖金，这种竞争还可以维持。事实也正如我们看到的那样，西印度群岛的种植园主领取了补贴就可以和英国的一些最大主顾竞争。1824—1829年，输入汉堡的古巴糖和巴西糖增加了十分之一，而输入普鲁士的古巴糖和巴西糖则增加了1倍。在同一时期，俄国进口的古巴糖增加了50%，进口的巴西糖增加了25%。[119]这对英国的资本家来说是不可容忍的。1807年蔗糖生产过剩必然要求废除奴隶制，1833年的蔗糖生产过剩则要求解放奴隶。斯坦利是解放奴隶提案的发起人，他的见解如下："就蔗糖产量而言，我看减少一点不一定是坏事，减少蔗糖生产对殖民地的种植园主未必有害。归根结底，产量总是要减少的。"[120]一个世纪以前，英国人抱怨西印度群岛的蔗糖生产不足，现在却抱怨生产过剩了。凭常识可以知道，获得了解放的黑奴除继续留在种植园，没有别的选择。实际情况是，比较1839—1842年与1831—1834年的情况可以发现，牙买加和格林纳达岛的蔗糖产量下降了二分之一，英属圭亚那下降了五分之二，圣文森特岛下降了五分之二，特立尼达岛下降了五分之一。同样，其他岛屿的产量也都有所下降。[121]

为了证明解放奴隶的合理性，有人认为限制生产就是设法使蔗糖的产量与英国国内的销售量相等，这样可以使种植园主"确实"垄断英国市场。这么做是议会的一种策略。总之，要想方设法提高西印度群岛蔗糖的生产成本。1832年，特立尼达议会向英国殖民部请求取消每个奴隶缴纳岛币1英镑的人头税，遭到了殖民部的拒绝。他们得到的答复是："此税至关重要，必须照征。奴隶劳动的价格不能太便宜，而应该越来越贵。"[122]这时，濒于危机的是垄断制度本身。因为不是别的，正是西印度群岛的垄断制限制了英国与世界蔗糖贸易的全面发展。因此，现在是必须摧毁这种垄断制的时候了。1836年，英国对垄断制做了些改革，允许印度的蔗糖享有同等待遇；1846年废除了《谷物法》，同年实行了均等糖税制。自此以后，英属西印度群岛就被人遗忘了。一直到巴拿马运河开通之后，世界才又想起西印度群岛。而当那里受剥削的自由工人起来反抗时，西印度群岛才成为报上的头版新闻。

第9章
英国资本主义与西印度群岛

18世纪80年代以前,英国每一个重要的既得利益集团都与垄断制度和殖民制度休戚相关。但是1783年之后,这些利益集团一个接着一个起来反对垄断制和西印度群岛的奴隶制。英国向全世界出口工业品时,所得到的不外是原料——美国的棉花,巴西的棉花、咖啡和蔗糖,古巴的蔗糖,印度的蔗糖和棉花。英国能否扩大出口,完全取决于其吸收作为支付手段的原料的能力。然而,英属西印度群岛的垄断制阻碍着英国进口其他国家种植园的蔗糖来满足其国内的需要。因此,每一个重要的既得利益者(棉纺织厂主、造船主、制糖厂主),每一座重要的工业城市和商业城市或地区(伦敦、曼彻斯特、利物浦、伯明翰、谢菲尔德、约克郡西区),都不约而同地攻击西印度群岛的奴隶制和它的垄断制。值得注意的是,废奴主义者的攻击目标都集中在各个工业中心。[1]

棉纺织厂主

18世纪的西印度群岛种植园主,既是原棉的出口商,又是棉织品的进口商。然而,正如我们已经看到的,他们在这两方面都越来越无足轻重了。蒸汽机和轧棉机的应用,使曼彻斯特一改过去漠不关心的态度,直率地表示了对奴隶制的反感。早在1788年,威廉·威尔伯福斯就高兴地看到曼彻斯特为废除奴隶制而慷慨捐款,曼彻斯特向来"对与非洲的贸易是十分感兴趣的"[2]。

1832年之前,曼彻斯特在下议院里没有代表。所以曼彻斯特在议会里谴责西印度群岛的制度,是1832年以后的事。但是在这之前,这个棉纺工业基地已经对这个问题极为关切。1830年,工人领袖威廉·科贝特参加曼彻斯特选区的议员竞选,他对地主集团所持的反对态度本来可以使他参加后来的反谷物法同盟的。但是在西印度群岛奴隶制的问题上,他的立场受到了考验。科贝特憎恨威尔伯福斯和循道宗教徒。1818年逃亡美国后,他给奥瑞特·亨特(Orator Hunt)[1]写了一封信,信中说美国"没有威尔伯福斯之流"[3],循道宗教徒是"人世间上帝最难容忍的一群无耻之徒"。他还鼓动人们向循道宗教徒扔臭鸡蛋。在他看来,奴隶个个都是"又胖又懒的黑家伙",只会从早笑到晚。而奴隶主则总是那么和蔼、宽厚和善良。[4]他认

---

[1] 即亨利·亨特(Henry Hunt),英国激进自由主义者和演说家、煽动家。

为，西印度群岛的垄断制并未花费英国人1分钱。[5]最终，科贝特在曼彻斯特落选了。他想要改变立场，但为时太晚。

曼彻斯特还公开支持代表印度蔗糖利益的活动。1821年5月4日，曼彻斯特商会向下议院递交了一份请愿书，反对议会对各个殖民地采取厚此薄彼的态度，特别反对议会只重视奴隶殖民地而不重视自由民的国家。[6] 1833年，曼彻斯特提议，准予进口巴西的蔗糖作为加工原料。曼彻斯特在议会的代表马克·菲利普斯（Mark Philips）用简洁生动的语言，阐明进口巴西蔗糖对他所代表的棉纺织业中心具有重大意义。他还着重指出了禁止从巴西返航的船只装运蔗糖所面临的困难。他认为，奖励蔗糖加工业将会为勤劳的劳动阶级提供就业机会。[7]

仅从这点来说，菲利普斯这个名字就概括了曼彻斯特及其棉纺织业的变化。1749年，J. N. 菲利普斯股份公司已经在大规模从事西印度群岛的贸易。1832年，马克·菲利普斯是曼彻斯特当选议员代表的二人之一，并首次进入改革后的议会。[8]当时，菲利普斯与西印度群岛还保持着联系。他还是罗伯特·希伯特的亲戚，被希伯特选为首批管理罗伯特·希伯特信托基金的董事会成员之一。[9]但是，他与西印度群岛的经济联系已经中断。他极力反对令人厌恶的奴隶制。在该市为庆贺他当选而举行的宴会上，他的反奴情绪得到了与会者的热烈响应。也是在这个宴会上，乔治·哈德菲尔德（George Hadfield）[1]先生

---

[1] 英国律师、作家和激进派政治家。他对反谷物法同盟的成立发挥了重要作用。

发表了令人信服的人道主义观点,同样博得了热烈的掌声。他说:"我向你们呼吁……没有把自由传给他人的愿望的人,自己也不可能享受自由……难道肤色上的黑白之分,就可以使一个种族永远是奴隶,而另一个种族永远是自由人吗?难道生为黑人,他就应该是奴隶,而生为白人就应该是自由人吗?要我说,除非把我们国家所有部门中这种令人厌恶的污秽清除掉,否则自由是没有保证的。"[10] 其实这种令人厌恶的污秽不是奴隶制,而是垄断制。曼彻斯特感兴趣的不是《圣经》,而是能够统计的利润。

1833年之后,曼彻斯特的资本家一致赞同蔗糖的自由贸易,这里的蔗糖指的就是奴隶生产的蔗糖。菲利普斯支持对印度的蔗糖征收同等的进口税。他说,种植园主已经得到了补偿费,不能让他们再多得哪怕1便士。[11] 1839年,他又极力赞成对一切外国的蔗糖课以同等的进口税。在他看来,议会的职责就在于设法降低生活必需品的价格,并积极鼓励与巴西开展有利可图的贸易。[12] 约翰·布赖特(John Bright)[1] 和一度当过贸易委员会副主席的米尔纳·吉布森(Milner Gibson)始终高举自由贸易的旗帜。他们认为,对西印度群岛实行的保护关税迫使英国工人阶级花更多的钱购买食糖,这实际上是夺走了他们在工厂里挣到的工钱。[13] 工人们把这种保护关税叫作"罪恶税"[14]或"议会的慈善费"[15]。这种税收比蔗糖的生产成本还

---

[1] 英国激进派和自由派政治家,自由贸易政策的倡导者。

要高。如果巴西人生产的蔗糖无利可得，或者他们的蔗糖是天上掉下来的，再或者他们的蔗糖被西印度群岛的种植园主偷走，结果也不会有什么不同。[16] 约翰·布赖特说，保护关税是一种鸦片剂，使服用过它的种植园主没完没了地要求多给一点，就像奥利弗·特威斯特（Oliver Twist）[1]总想多要一些东西吃一样。[17] 而布赖特却吹捧棉纺织厂主，说他们从来不要求保护关税，他们也不需要这种保护。[18] 布赖特居然忘记在一个半世纪以前，棉纺织厂主为对抗印度商品的竞争，曾要求得到关税保护。他也没有预计到，在75年以后，棉纺织厂主还会要求关税保护，以对抗日本纺织品的竞争。布赖特警告说，在开放自由贸易的初期，自由贸易商可能要失败，但是他们会振奋精神，重新战斗。[19] 他认为种植园主的要求未免太过分，[20] 议会没有义务保证甘蔗种植业挣钱。[21] 布赖特建议种植园主们改种蒜和豆蔻。[22]

铁器制造商

早在1788年，伯明翰就成立了废奴协会，而且为废奴运动组织了自由募捐活动。[23] 在这个协会里，铁器制造商占有很重要的地位。劳埃德家族的3个成员及他们在银行界的同人都是协会的会员。但是，该协会举足轻重的人物是塞缪尔·加伯

---

[1]《雾都孤儿》的主人公。——译注

特（Samuel Garbett）。[24]加伯特是一位杰出的工业革命家，他在20世纪受人怀念的程度超过18世纪。他的高瞻远瞩、活动广泛和兴趣多样的品格，不禁使我们想起了塞缪尔·图谢。与图谢成为怀亚特与保尔纺纱厂的股东一样，加伯特也成为罗巴克创立的卡伦钢铁厂的一位合伙人。加伯特还与博尔顿和瓦特合股开办了阿尔比恩面粉厂，并共同参与康沃尔的铜矿开采。经济史学家托马斯·索思克利夫·阿什顿（Thomas Southcliffe Ashton）写道："当时几乎所有工厂和贸易部门都有他的踪迹。"此外，加伯特还把主要精力用来考虑工业的政策，而不过多考虑管理方面的细节。他后来成为跟政府打交道的铁器制造商的代言人。[25]对种植园主来说，像加伯特这种奴隶制的反对者确实是危险的，因为从广泛的意义上说，加伯特就代表了伯明翰。

1788年1月28日，塞缪尔·加伯特主持了在伯明翰举行的一次会议，有许多知名人士与会。这次会议决定向议会递交一份请愿书。请愿书特别谈道："作为这个工业城市的居民，我们这些请愿者心中牢记我国贸易方面的利益，但是我们也毫不掩饰对那些引起暴力事件，而且常常带来悲惨结局的贸易深感不满。"当非洲人古斯塔夫斯·瓦萨（Gustavus Vassa）[1]访问伯明翰时，受到了当地人的热情欢迎。[26]

---

[1] 本名奥劳达·奎亚诺（Olaudah Equiano），但一生中大部分时间被称为古斯塔夫斯·瓦萨。根据瓦萨的回忆录，他是一位作家和废奴主义者，小时候在非洲被奴役，后来作为大西洋奴隶贸易的受害者被运到加勒比地区，再又被买卖两次后，最终于1766年获得了自由。

第9章 英国资本主义与西印度群岛

当然，这一切并不能说明，在废除奴隶制问题上，所有伯明翰人的看法一致，没有异议。相反，那些对奴隶贸易仍有兴趣的贸易商就举行了一次对抗集会，而且向议会呈交了内容相反的请愿书。[27] 从西印度群岛人的立场来看，塞缪尔·加伯特、劳埃德家族及其他要人都站到了错误的一边。

1832年，伯明翰成为鼓动废除奴隶制的中心。这次废奴运动的领导者是铁器制造商托马斯·阿特伍德。这场运动把英国推到了革命的边缘，它的高潮是1832年改革法案的通过。在是否要解放奴隶的问题上，这个城市再次出现分裂。1833年4月16日，在皇家饭店会议厅召开的集会成了一次吵吵嚷嚷、挥拳动腿的闹会，结果不欢而散。饭店的老板说损失很大，许多杯子和椅子都被摔坏了。[28] 伯明翰也和其他工业中心一样，1833年投票赞成缩短解放奴隶法案规定的学徒期限。因为按照规定的学徒期限，黑奴制度将以一种改良的形式长期维持下去。约瑟夫·斯特奇（Joseph Sturge）是解放奴隶斗争中的杰出人物。1833年之后，斯特奇在英国带头抗议"黑人的学徒制"。1836年，他与废奴主义者约瑟夫·格尼（Joseph Gurney）一起乘船前往西印度群岛，"怀着想要亲自调查黑奴状况的良好愿望，带着进一步改善他们处境的希望"。翌年，斯特奇安全归来，受到了人们的热烈欢迎。在市政厅为他设的早宴上，人们感谢他"为黑奴解放事业做出了不倦的、善良的努力"。[29] 18世纪已经过去，现在是19世纪，伯明翰作为又一个新的既得利益工业城市，已经反对殖民制度了。

除了伯明翰，人们自然也会想到钢铁工业中心谢菲尔德。谢菲尔德对殖民制度几乎没有兴趣。"没有任何既得利益工业集团会维护殖民地的奴隶制，这对废奴主义者来说是十分有利的。"如同曼彻斯特、伯明翰和其他工业中心一样，1832年之前，谢菲尔德在议会中也没有代表。谢菲尔德曾经是约克郡的一部分，而约克郡的首任代表先是威廉·威尔伯福斯，后来是亨利·彼得·布鲁厄姆。两人都是著名的废奴主义者。1830年，布鲁厄姆在当地参加竞选时说："我主张废除西印度群岛的奴隶制，我要把它连根拔掉。现在我已经把它摇得松动了，要是你们能助我一臂之力，我就能把它拔出来让你们瞧。"[30]

谢菲尔德之所以持这种态度，部分原因是它在东方有自己的利益。1825年，废奴主义者发动了一场抵制西印度群岛产品、大力鼓励购买印度蔗糖和朗姆酒的运动。谢菲尔德成了这场运动的中心。同年，该市为释放黑奴，成立了一个辅助协会。这个协会的委员会在市里大肆宣传，每个会员负责两条街道，奔走游说，劝诱家庭主妇购用印度产品。协会委员会估计，如果每6户人家食用印度食糖，那么在西印度群岛就会减少一名奴隶。这显然是远水不解近渴。不过，这有何妨？只要能够鞭挞西印度群岛人，什么样的棍子都是好棍子。协会会员还鼓励市民同胞："可以肯定，你们只要做出小小的牺牲，就可以使一个生灵挣脱苦难的枷锁，这是值得尽力去做的。"谢菲尔德的市民果真不负协会苦心，印度蔗糖的销售量在6个月中增加了1倍。[31]

1833年5月，该市的反奴隶制协会向首相提交了一份请愿书，陈请立即解放奴隶，反对采取逐步解放的办法。[32]请愿书的最后一部分坚决反对给奴隶主发放补偿金和实行黑人学徒制的计划。同伯明翰一样，谢菲尔德最后也投票赞同在尽可能短的时间内废止学徒制。[33]

毛纺织业

毛纺织业也参加了反对奴隶制运动的大合唱。威廉·威尔伯福斯和亨利·彼得·布鲁厄姆的言论不但代表了人道主义者，也代表了各个毛纺织业中心。1833年，约克郡的代表乔治·斯特里克兰（George Strickland）先生询问议会，是准备以自由贸易和扩大资本的使用作为立法之本，还是准备通过限制贸易和资本使用来加强垄断？他自己的回答是：一切垄断都应当废除，因为垄断只能破坏贸易的发展。[34]

棉纺织业的约翰·布赖特、铁器制造业的塞缪尔·加伯特，他们的名字在反垄断制事业中非常响亮。现在又加上一个更为响亮的名字——理查德·科布登，毛纺织业的代言人。这位自由贸易的布道者和反谷物法同盟的领导者在西印度群岛垄断制的问题上发表了充满激情且逻辑性很强的演说，得到公众压倒性的支持。

西印度群岛人声称他们有权享有垄断权利。从原则上说，这完全是厚颜无耻的。科布登曾愤怒地表示，总有一天要让长期议会[1]和查理一世的阴影重现,那时议会中就不会有人再敢站起来为垄断制辩护了。[35]商人们总是要计算成本的。如果他们觉得自己支付的钱只等于殖民地贸易总额的一半,那就不能期望他们会感到满意。[36]如果英国把出口货物赠送给种植园主,以换取与巴西、古巴开展自由贸易,实际上还是对英国有利。[37]这是一笔什么样的买卖呢?"这正好比一个店主,他每卖出价值1英镑的商品,还多给顾客价值10先令的商品。"英国下议院在做买卖时,缺少的就是这种精明,还不如一个经营得法的杂货店。[38]

有人辩解说,实施有利于西印度群岛的糖税法,为的是要阻止人们消费奴隶生产的蔗糖。科布登用尖刻的语言对这种观点大加嘲讽。他说,这些纺织业巨头乘坐各自的船前往巴西。他们船上满载的棉织品就是用奴隶生产的原料制成的。对此,他们只翻翻白眼。而在返航时,他们竟为奴隶挤出几滴鳄鱼的眼泪,拒绝装载奴隶生产的蔗糖。[39]他们有必要这样做吗?这种情况真是可笑。科布登为此写了篇幽默短文。文中虚构了里彭勋爵和巴西大使在贸易委员会里的一次对话。大使辱骂狼狈不堪的里彭勋爵说:"有哪一条宗教禁忌反对把奴隶生产的棉花运往世界各国?有哪一条宗教禁忌不准食用奴隶生产的稻米?有哪一条宗教禁忌不准吸用奴隶生产的烟叶和鼻烟?……

---

[1] 1640年11月由英国国王查理一世召开,1653年4月由克伦威尔解散。此次议会的召开最终导致了英国内战的爆发。

是否像我理解的那样，英国人的宗教禁忌只局限于蔗糖这一种商品？"里彭勋爵显然感到坐立不安，只好一再申明英国没有能力购买巴西的蔗糖。接着，他以支持约瑟夫·斯特奇领导的反奴派为由，反驳巴西大使。正在此时，斯特奇走了进来。他脖子上系着棉织的领带，头戴花边亚麻帽，身穿一件用棉线缝制的外套，口袋上挂着由奴隶锻制的金银装饰品。两位外交家见了斯特奇这身穿着，不禁哈哈大笑起来。[40]

科布登的立场就算不是出于人道主义，也是合乎道理的。他的这种立场，其实就是反奴派的立场。科布登十分公正地夸耀说，反奴派在一些工业城市中都设有总部，很有势力，现在又加入了废除《谷物法》的行列。[41]科布登与废除派的立场也是一致的。1848年他宣称："我是毛纺织业的代表。这是个地方工业，本议会并没有人忌妒它……我所代表的郡县，曾在奴隶制发展时期显赫一时……现在，我可以毫不犹豫地断言，所有率先宣传鼓动奴隶解放的人，所有对公众舆论施加自己的影响，因而有助于实现奴隶解放的人，都是与本议会中某些议员先生的态度相对立的。那些议员先生主张对外国的蔗糖征收特定关税，以为这样会有助于废除国外的奴隶制。"[42]

利物浦和格拉斯哥

对西印度群岛人来说，最令人伤心的，也许是利物浦居然也转过头来反咬哺养过它的恩人。1807年，利物浦还有72个奴隶贸易商。在废奴法案生效前夕，英国最后一个奴隶贸易商休·克劳（Hugh Crow）船长就是从利物浦港启程出航的。[43] 虽然约翰·塔尔顿（John Tarleton）[1]在议会中坚持认为取消英国与其他国家产糖殖民地的奴隶贸易并非必不可少的措施，[44] 但是，1807年利物浦在议会中的另一个代表威廉·罗斯科反对奴隶制的情绪已经引起人们的注意。

1807年，利物浦还在继续从事奴隶贸易，不过这种贸易对港口的存在已经无足轻重。1792年时，该港每12艘船中有1艘是从事奴隶贸易的；到1807年，这个数字为每24艘船中只有1艘了。[45] 1772年时，利物浦有101艘船从事奴隶贸易，码头关税收入为4552英镑；而1779年，由于美国独立战争的影响，只有11艘船从利物浦开往非洲，但码头关税收入未减，为4957英镑。[46] 到1824年，码头关税收入更增至13万英镑。[47] 这清楚地说明了废除奴隶贸易并不会毁掉利物浦。正如罗斯科指出的，利物浦的居民并不都反对废除奴隶贸易。对那些因废除奴隶贸易而受到影响的人，罗斯科向他们指出，发展与印度的贸易有着诱人的前景。他还说，因废除奴隶贸易而蒙受损失的英国商人，将会从废除东印度公司的垄断制中得到全部补偿。[48]

即使利物浦已经转而反对奴隶贸易，但当地依然残留着对奴隶制的兴趣。不过，利物浦现在感兴趣的不再是西印度群

---

[1] 英国船主、奴隶贩子和政客。

岛的奴隶制，而是美国的奴隶制；不再是西印度群岛生产的蔗糖，而是美国生产的棉花。与美国的棉花贸易成了利物浦最重要的一项贸易。1802年，英国一半的棉花进口要通过利物浦港。1812年的对应数字达三分之二，1833年竟达十分之九。[49] 18世纪，是利物浦提供资金建起了曼彻斯特；而19世纪，变成曼彻斯特在前面开辟道路，利物浦顺从地跟在后面。在重商主义时代，曼彻斯特是利物浦的内地；在自由竞争时代，利物浦则成为曼彻斯特的城郊。

利物浦跟随棉纺织业之都曼彻斯特走自由贸易的道路。从1807年起，利物浦选出的代表中，乔治·坎宁和威廉·赫斯基森是完全支持自由贸易的。只是他们在议会的发言比较温和。赫斯基森在1830年说，专有权利已经过时了。[50] 他表示要出色地完成利物浦委托给他的重任，还将"证实他作为贸易委员会会长所提出的开明的贸易方针是十分有利于英国的"[51]。1833年，利物浦新当选的代表威廉·尤尔特·格莱斯顿说，若为曼彻斯特的商品着想，那么任何一个敢继续给英国的贸易设置障碍的大臣都应受到弹劾。[52] 同年，利物浦的商人和船主还向议会请求，希望议会考虑殖民地独自垄断国内市场这一事实。[53] 该市有一个强大的巴西人协会，他们强调说，由于西印度群岛的垄断，英国有200万英镑以上的资金被迫流入其他渠道，用以雇用外国船只，支付外国船只的运输费、佣金和其他费用，使英国的船主蒙受巨大损失。[54] 利物浦的商人和船主希望议会为边远殖民地的奴隶利益制定法案时，也应该考虑到国内劳动人民的现状和今后的福利。[55]

同样，在格拉斯哥，西印度群岛人又失去了另一个朋友。威廉·麦克道尔和甘蔗种植园女继承人的鼎盛时期已经过去。这种变化可以从格拉斯哥一个家族的盛衰中窥一斑而见全豹。18世纪，该市一个贫民理查德·奥斯瓦德（Richard Oswald）移居伦敦，并幸运地与一个大甘蔗种植园的女继承人结了婚，从此财运亨通。[56]他多年来经营大规模奴隶买卖，在塞拉里昂河口的班司岛上拥有自己的工厂。[57]他的这笔财产后来传给了詹姆斯·奥斯瓦德（James Oswald），此人是英国改革议会的首届议员。1833年，詹姆斯向议会呈递了一份签有许多名字的请愿书，请求议会降低对巴西蔗糖征收的高额进口税。[58]

制糖厂主

英国打算在19世纪成为世界的糖业中心，这一雄心勃勃的计划不亚于18世纪。工业革命使英国能够为全世界提供服装，现在它又想为全世界的茶和咖啡提供砂糖了。这种世界观与西印度群岛的蔗糖产量不相适应，因为在世界蔗糖产量方面，西印度群岛的重要性越来越小。不但如此，这种世界观还与西印度群岛种植园主为了保持垄断价格而限制蔗糖生产的决心相矛盾。

圣多明各的奴隶暴动使欧洲市场的糖价水涨船高。从1788年9月到1793年4月，糖价上涨了50%。[59] 1792年，制糖厂主向议会递交了一份请愿书。这表明,他们不再像40年前那么安分守己了。他们谴责西印度群岛垄断权的罪恶,指出这是"他们一度兴旺的生产之所以变得萧条"的原因。他们请求在征收较高税额的情况下,允许用英国的船只装运外国的蔗糖。他们还要求对印度和英属西印度群岛的蔗糖课以同等的进口税。[60]这真是在挖西印度群岛种植园主后院的墙脚。公众舆论把糖价的高昂归罪于制糖厂主,这是不公正的。[61]可是,在设法降低糖价的一次集会上成立的一个委员会极力为制糖厂主开脱责任,主张按同等条件进口印度的蔗糖,并认为这是"公平合理的"。[62]

我们在前文已经看到,当圣多明各这块富庶的宝地诱人地摆在英国政府的眼前时,印度的问题就被抛诸脑后了。但是在19世纪20年代,印度为支付进口的英国商品而需要出口某些原料时,印度的问题又重新被提了出来。印度的棉花无法与美国的棉花竞争,[63]所以,有人认为,印度商人只有在出口蔗糖和恒河的沙石之间做出选择。[64]东印度人嘴上说赞成自由贸易,心中想的却是与西印度群岛人分享对国内市场的垄断。在这方面,他们与制糖厂主无法合作。正如约翰·刘易斯·里卡多所说:"不管是东印度人还是西印度群岛人,都不应得到特殊关税的保护,我们应该准予自由进口世界各地的蔗糖,这不会带来什么害处。"[65]

1831年,制糖厂主的境况是十分艰难的。由于西印度群岛人垄断了英国市场,所以从印度进口的蔗糖所付关税极高,只能用于再出口。议会虽然通过了年度法案，允许进口巴西和古巴的蔗糖，但是只能供加工和再出口之用。这显然是不能令人满意的。制糖工业获得的投资是巨大的。据估计，1831年制糖工业的投资额达三四百万英镑。[66]英国禁止进口英属西印度群岛以外地区的蔗糖，致使制糖业濒于破产的境地。英属西印度群岛所产的蔗糖成本较高，这就意味着，欧洲大陆的制糖厂主势必会在整个欧洲的蔗糖市场上取代英国制糖厂主。1830年，伦敦开工生产的制糖厂有224家，到1833年，这些糖厂只剩下不到三分之一了。在整个英国，制糖贸易的三分之二处于停滞状态。[67]

约翰·伍德（John Wood）代表港市普雷斯顿的制糖厂主问道：这难道仅仅关系到西印度群岛人的利益吗？[68]难道议会"为了满足垄断者的利益，竟同意中断我们以后的原料来源吗"[69]？贸易委员会的威廉·赫斯基森说，英国也许会成为世界食糖的集散中心，从而为国内的失业工人提供就业岗位，并使多余的资本投入制糖业，加工欧洲市场需要的砂糖。赫斯基森当时确实还不知道除了制糖业，还有什么渠道可以使投资赚得更多利润。[70]威廉·克莱（William Clay）代表伦敦陶尔哈姆雷茨区的制糖业说："采取赎买方式可以很容易地取消西印度群岛的垄断制，但要满足西印度群岛种植园主提出的全部赔偿要求。"[71]

对于1832年仍然受土地贵族控制的英国政府来说，这一切发生得太快，因此土地贵族对其殖民地的同人深表同情。政府只好采取一种临时的折中办法,以解放奴隶为条件,确认了西印度群岛人对国内市场的垄断。与此同时,又批准对外国蔗糖的进口不加限制,但规定进口蔗糖只能用于加工和向欧洲出口。

这种情况真是怪极了。对这种情况的解释是,因为巴西和古巴的蔗糖是奴隶生产的。但是,美国的棉花、巴西的咖啡不也是奴隶生产的吗?如果对外国的棉花也像对外国的蔗糖那样施加同样的限制,那么居于世界领先地位的英国工业将会出现什么情况呢?自由劳工生产的产品与奴隶生产的产品之间的区别,只能作为个别部门的原则,不能作为国际贸易的指导方针。[72]资本家唯一需要的是低廉的蔗糖,他们唯一关心的事就是,他们不得不依赖按垄断价格提供的蔗糖,他们对此感到"厌恶"。[73]正如兰斯当勋爵(Lord Lansdowne)解释的那样,他们不能用一个特定的温度计来检验事物:在检验古巴的蔗糖时这个温度计上升至沸点,而在检验卡罗来纳的棉花时则下降到使人舒服的温度。[74]

海运业和海员

西印度群岛人为了证明他们的制度是合理的,总是强调他们对英国海军的壮大做过的贡献。多亏托马斯·克拉克森的研究,才使英国得以真正了解其因为西印度群岛人的这种贡献付出了多大的代价。克拉克森不顾个人安危,深入虎穴,游历、遍访于利物浦、布里斯托尔和伦敦的码头,询问海员、查阅海员名册,并广泛收集材料。这些材料有力地证明奴隶贸易不但对黑人,同时也对白人产生过可怕的影响。

据克拉克森说,从事奴隶贸易的海员死亡率与从事纽芬兰贸易的海员死亡率之比是20∶1。[75]威廉·威尔伯福斯估计,每年有25%的海员葬身鱼腹。[76]他向议会面呈的利物浦和布里斯托尔的海员名册表明,在350艘运奴船上,共有12 263名海员。这批海员在12个月内的死亡人数达2643人,死亡率达21.5%。而从事西印度群岛贸易的462艘船上共有7640名海员,这批海员在7个月之内仅死亡118人,或者说每年平均死亡率不到3%。[77]威廉·史密斯(William Smith)还揭穿了关于奴隶贸易使许多"陆地居民"变成水兵的谎言。从布里斯托尔的海员名册上看,陆地居民占海员人数的二十分之一;从利物浦的海员名册上看,陆地居民仅占海员人数的十六分之一。[78]据豪伊克勋爵查尔斯·格雷(Charles Grey)说,在奴隶贸易中丧命的海员人数是在西印度群岛贸易中丧命的海员人数的7倍。运奴船上的海员对此有充分准备,他们一旦到达西印度群岛,就立即离开运奴船,到皇家船上工作。[79]废奴委员会宣称,从事奴隶贸易的海员的死亡率,是英国其他外贸部门海员的死亡率的2倍。[80]对这个问题非常具有发言权的约翰·牛顿表示,在奴隶贸易中死亡的海员数字"实在骇人听闻"。[81]詹姆斯·拉姆齐把人们的普遍感受概括如下:"奴隶贸易不但没有培养出海员,反而摧残了海员。这种对海员的摧残,就是强烈要求废除奴隶贸易的一个理由。如果我们多少还珍惜海员生命的话，就应该取消这种损耗海员的贸易。"[82]

到1807年，船主们对奴隶贸易的兴趣大为下降。1800—1810年，每年对奴隶贸易的投资平均仅占英国出口贸易总投资额的不到5%，到1807年仅占1.25%。1805年，除去向爱尔兰出口和沿海贸易，英国出口船只吨位数的2%被用于奴隶贸易；从事奴隶贸易的海员只占全国海员人数的4%。[83]

同样，船主们也开始厌恶西印度群岛的垄断制。他们得到保证说，如果印度的蔗糖享受同等关税待遇，他们的船只就能增加40%以上的运输量。[84] 1812—1828年，英国从事印度贸易的海上运输量增加了4倍。但是威廉·赫斯基森承认，要从印度运回一些当地货物是困难的。[85]

船主们对巴西蔗糖的价格也很敏感。贸易委员会的波利特·汤姆森（Poulett Thomson）强调，对英国船主来说，为加工目的而进口外国蔗糖是最为有利可图的。[86] 据威廉·尤尔特·格莱斯顿说，仅从巴西一地进口蔗糖就可以使船只货运量的吨位数达到每年12万吨。若加上西属圣多明各、古巴、马尼拉和新加坡，则将使货运量提高到20万吨。[87] 马克·菲利普斯向议会讲过这样一件令人惋惜之事：1832年，有51艘货船从利物浦起航前往里约热内卢，而从巴西返航时，这些船中竟没有一艘是装载货物的。[88] 据威廉·克莱说，1832年，英国每月有4艘船从布里斯托尔开往巴西，可是返航时，没有一艘船运回用自己的货物交易来的当地产品。[89]

虽说船主们一致支持自由贸易,但他们认为可以容忍某些个别人的垄断。1825年,《航海法》被修订,准许英属西印度群岛与世界各地通商。这是一个引起严重恶果的开端。1848年,作为殖民制度核心的《航海法》被废除了,就像旧时代的废物被自由贸易的巨浪卷走了一样。约翰·刘易斯·里卡多嘲笑了当时商品交易所遵循的程序,这种程序颇费周折又耗费开支。他举例说,有一批美国的兽皮从马赛运到鹿特丹。由于在鹿特丹销售不出去,又运回了马赛,后来转运到利物浦。在利物浦,这批兽皮被海关截住了,理由是这些兽皮是用法国船只运进来的。这艘船后来被释放,条件是这批货物必须运回纽约。里卡多接着说,英国的《航海法》禁止西班牙人把古巴的蔗糖运到法国港口,然后再通过这个港口把葡萄酒运入英国。在英国,西班牙商人会碰到这样一位海关官员,并从这位官员那里得知,他不能在英国卸货。于是西班牙商人就问:"怎么,你们不是要葡萄酒吗?""是的,一点不错。"这位官员回答。西班牙商人接着说:"那我用酒换你的陶器吧!"英国海关官员说:"那不行,葡萄酒必须由法国人用法国的船运来。"西班牙商人又说:"但是法国人不需要你们的陶器啊。"于是这位官员说:"那就没有办法了,我们不能违犯《航海法》。"里卡多最后的结论是,如果西班牙人需要陶器,法国人需要糖,英国人需要葡萄酒,"那我们有什么必要禁止按这种自然程序推进的交易呢"[90]?

船主们是不同意这样做的。他们虽然曾经投票反对过谷物垄断，反对过蔗糖垄断，却不会同意废除海运的垄断。然而，凡是谷物和蔗糖的垄断受到人们抨击的地方，海运业也不能幸免。1848年，《航海法》终于被废止了。里卡多建议"远洋航运"的支持者们驾驶他们的货轮绕着大不列颠群岛航行3周时，实际上就是在重商主义的棺材上钉进了最后一根钉子。[91]

第10章
英国的商业界与奴隶制

资本家最初曾助长西印度群岛的奴隶制,后来又帮助摧毁奴隶制:当英国资本主义依赖西印度群岛时,其便对奴隶制不予过问或者为之辩护;当发现西印度群岛的垄断集团是一个累赘时,英国资本主义就把摧毁西印度群岛的奴隶制作为摧毁西印度群岛垄断的第一步。奴隶制对资本家来说是相对的而不是绝对的,是以经纬度来确定的。这一点,从他们在1833年以后对古巴、巴西和美国的奴隶制的态度就可以得到证明。他们嘲笑对手,说对方只在生产蔗糖的地方才能看到奴隶制,从而把自己的眼界囿于狭小的范围之内。[1]他们拒绝按道义来制定关税,拒绝在每个海关设立讲坛,向那些等待上岸的人灌输反奴隶制的教义。[2]

1815年前后,英国政府试图贿赂西班牙和葡萄牙政府,让两国废除奴隶贸易——1818年给西班牙40万英镑,要对方答应废除奴隶贸易。这一切都没有起作用。相关条约被看成一纸空文,因为废除奴隶贸易就会毁掉古巴和巴西。因此,英国政府在西印度群岛人的强烈要求下,决定采取更激进的措施。威灵顿公爵阿瑟·韦尔斯利被派往参加在意大利维罗纳召开的国际会议,建议大陆国家抵制那些仍然从事奴隶贸易的国家的产品。如果有人问他,英国是否同样准备排斥那些不是为消费而是为转运(从奴隶贸易国家进口)的产品,他就要表示,愿把这个建议交给他的政府去考虑。[3]这些指示,实在是低估了欧洲大陆政治家们的敏锐观察力。人们对威灵顿公爵的建议不置可否,而公爵注意到"那些非难和异议的征兆,不仅使我深信这个建议不会被采纳,而且使我深信提出这个建议会被说成是出于与废除奴隶贸易的人道主义愿望完全无关的利害动机"[4]!正如乔治·坎宁向他的内阁报告的那样:"人们对建议中不让巴西蔗糖进入俄国、奥匈帝国及普鲁士王国境内一事(正如预料的那样)报以一笑;这就表明,欧洲大陆的政治家们怀疑我们的建议中可能有着某种私利,认为我们就是为了排斥与我们的产品相竞争的殖民地敌手的产品。同时,他们也感到惊讶,我们竟会同意转运我们极力劝阻他们消费的那些产品。"[5]

一位议员后来所称"有利可图的仁慈"[6]指的是什么,也就一目了然了。巴西独立给了坎宁一个更有利的机会:用承认巴西独立来换取废除奴隶贸易。[7]但是,这样做也存在危险:法国会以继续奴隶贸易为条件承认巴西独立。[8]那么,英国同巴西开展贸易，并且向巴西出口商品，又怎么样呢？坎宁提醒威廉·威尔伯福斯说："英国与巴西开展贸易非常有利，但是我们必须谨慎行事，处处留心；我们必须要使英国人的感情在贸易上和道义上与我们息息相通。"[9]道义还是利润？这是英国必须加以选择的。坎宁在给威尔伯福斯的信中坦率地写道："你大声疾呼反对承认没有抛弃奴隶贸易的巴西……你感到惊讶，威灵顿公爵居然没有接到指示，表示如果奥地利、俄国和普鲁士禁止进口巴西的产品，他将放弃与巴西的贸易（恐怕这就等于放弃蔗糖和棉花的进口和再出口）。公平地讲，你有权感到惊讶，因为当我们要求他国这样做的时候，我们也必须准备做出牺牲。我赞成做出牺牲；但是如果对我国商业界的意见没有充分的了解，谁敢同意这样做？"[10]

英国的商业界没有让坎宁琢磨太久。1815年，议会提出了一个法案，禁止英国资本把奴隶贸易作为一项投资。后来与独立的西属美洲关系密切的大银行巴林银行提出严重警告，说英国的每个商业组织都会请愿反对这个法案。[11]因此，上议院没有通过这个法案。[12]1824年，伦敦的117名商人请愿，要求承认南美洲的独立——简而言之，请愿者就是伦敦金融城。[13]曼彻斯特商会的会长、副会长和成员宣称，南美洲市场向英国工业开放，一定会给英国商业带来最有利的后果。[14]英国资本主义不能再满足于走私了。

这个南美洲市场，特别是巴西，是以奴隶劳动为基础的，并且需要奴隶贸易。因此，英国资本家开始了一场强大的运动，反对政府通过在非洲海岸部署军舰查禁奴隶贸易的政策。这一政策的花费很大，超过了每年对非洲贸易的总额。1824年，非洲出口货物总额15.4万英镑；进口英国货物总额11.8万英镑，进口其他国家的货物总额11.9万英镑。约瑟夫·休姆说，这就是商业的巨大范围，国家为此要在致命的奴隶海岸上牺牲大量的人命。[15]为了对英国海员讲求人道，需要放弃这种做法。如果某些废奴主义者蒙受了人道主义的欺骗，为什么竟还让他们去欺骗议会？[16]英国人民不能以过高的代价为非洲换取恩惠。[17]

这一切都是1833年以前的事情，而且是和资本家攻击西印度群岛的奴隶制同时发生的。1833年后，资本家仍然和奴隶贸易有牵连。英国的棉花、脚镣和手铐从曼彻斯特和利物浦直接运往非洲沿岸或间接运往里约热内卢和哈瓦那，巴西和古巴的货物承销商就用这些货物来购买奴隶。[18]据说，巴西用来购买奴隶的货物，有十分之七是英国制造的。[19]人们私下议论说，英国不愿摧毁非洲沿岸的奴隶收容所，是因为这样一来就会断送英国印花布的销路。[20] 1845年，罗伯特·皮尔爵士拒绝否认英国臣民正在从事奴隶贸易这个事实。[21]议会中代表利物浦的议员在受到直截了当的质问时，并不准备否认利物浦对非洲或其他地方的出口货物是用于"某些不正当意图的"[22]。英国在巴西开设的银行为奴隶贩子提供资金，承保他们的货物，以此来赢得他们的欢心。英国的采矿公司拥有并购买奴隶，让这些奴隶在他们的企业里劳动。亨利·彼得·布鲁厄姆在谈到古巴和巴西的发展情况时说："我们不得不接受痛苦的结论，即在所需要的一大笔资本中，至少有一大部分肯定是来自我国的富人们的。"[23]约翰·布赖特在说下面这番话的时候，对他的兰开夏郡选民的利益完全是心中有数的。他在1843年大声疾呼，反对在奴隶贸易中禁止利用（即便是间接利用也不行）英国资本的法案，因为这不过是一纸空文，而这个问题只应听凭每个人的荣誉感和道义感。[24]就在这一年，从巴西的伯南布哥、里约热内卢和巴伊亚出口的货物中，糖的八分之三、咖啡的二分之一、棉花的八分之五是由英国商号经营的。[25]

资本家已经受够了英国的"崇高试验"。商业就是伟大的解放者。[26]制止奴隶贸易的唯一途径就是坚信自由贸易这一永恒和正义的原则。[27]别去管奴隶贸易了，它会自行消亡的。如果哪个国家的恶棍要去从事奴隶贸易，那么他们会自食其果的；让世界的道义政府这个更高的法庭来审判吧。[28]在为查禁奴隶贸易而做的努力中白白耗费的金钱，可以更为有益、更合乎情理地用于国内。[29]布赖特批评这种主张是蛮不讲理的：要对非洲讲公正，就得对英国不讲公正。[30]理查德·科布登争辩说，在筹谋把整个非洲从野蛮中拯救出来之前，他们在国内和议会两院还有许多事情要做。[31]英国海军舰队在非洲沿岸的活动被描写成海盗远征，[32]这类活动让英国每年失去很多最优秀最勇敢的人，使无数的英国家庭失去亲人。[33]还有其他可以关注的人间社会幸福，还有其他可以致力推进这一幸福的手段，因而不应依靠财政条例来粗暴地干涉他人的感情。[34]从事奴隶贸易的国家的舆论，一定会被争取到人道主义事业上来，而不会由于一项强制政策而疏远;而且,在人道主义的道路上,不可能指望巴西人比英国人走得更快。[35]英国"荒谬和无知的人道"只能加重奴隶们的痛苦。[36]自由主义者威廉·赫特(William Hutt)说,他们已经使用了"随心所欲的,也可以说是无法无天的手段——随意使用公款,海军舰艇密切监视有可能出现运奴船的海岸和海域,在一半赤道区域设立特别法庭,使用了也许是我国对任何公众事物从来没有使用过的外交影响和力量"[37]。尽管做了这一切,奴隶贸易还是在增长。这是一种疯狂的改革运动,然而即使拿出英国海军部的全部兵力和英国财政部的全部资金,也不可能禁止奴隶贸易。[38]他们辛辛苦苦地干了30年,即便是疯子也不会对他们的成功抱任何乐观的幻想。[39]难道英国政府的理智屈从于善心,[40]把外交出卖给一种毫无道理的狂热意图了吗?[41]政府部门不是以致力于国内的宪法自由而著称,反而认为一个地处遥远、秉性野蛮的民族可以在良知上比本国的同胞提出更多的要求,这太奇怪了。[42]国人厌恶这种"慈善侈谈"[43]。这些异想天开、轻率而无用的体系,[44]是一种阴险而虚伪的慈善,[45]是一些所费不赀且失败的试验,[46]它危害了世界和平,[47]因此必须予以抛弃。上帝的法律并未许可英国人把整个世界置于奴隶贸易的纷扰之中。[48]

帕默斯顿子爵亨利·约翰·坦普尔到哪里去了?奴隶贸易被称为帕默斯顿子爵的"慈悲的怪念头";而且,他以奴隶贸易坚决反对者的面目在我们的教科书中出现。帕默斯顿子爵在任期间没有什么成就,而在公职之外,他却唆使政府做出更大的努力去完成他所没有完成的事情。他在提出一个只涉及1815—1843年奴隶贸易情况的报告书的同时,发表了一个占议会议事录25栏篇幅的长篇演说——一个夸夸其谈、冠冕堂皇的长篇演说,可能是从过去半个世纪反对奴隶制的许多演说中摘选而成的,是给一个简单的无关痛痒的动议做陪衬的。[49]他每月都要提请人们注意他的辛勤工作,好像他在呼吁议会和全国人民充分赞赏他在这一事业中付出的辛勤努力。[50]但是,当代表曼彻斯特的议员着重指出,英国的查禁政策正在给巴西造成困难,从而反对武装干涉时,帕默斯顿子爵却大谈法国、古巴等其他事情,就是没有谈巴西的奴隶贸易问题。[51]随着议会中反对查禁政策的活动达到高潮,帕默斯顿子爵则希望"没有任何委员会会提出一项与我们一直遵循的方针相反的建议……也没有任何人会说我们应当走回头路"[52]。子爵认为,英国已经证明自己对查禁奴隶贸易是有热情的。如果英国禁止进口巴西糖,巴西就会认为英国并不真正相信自由劳动比奴隶劳动便宜。[53]在敦促实行西班牙要求的贸易互惠时,子爵警告说,英国会像失去与巴西的贸易一样,失去与西班牙(古巴)的贸易,这完全是由于政府"不合理的关税和有害的政策"造成的。"他们在与巴西开展贸易,及与西班牙开展贸易的过程中,已经牺牲了我国的商业利益;而且,我恐怕将来在其他方面也是如此。所有这一切都是出于企图坚持一种以虚伪的借口为基础的偏爱的怪念头。"[54]"19世纪的最后一支蜡烛"熄灭了。

本杰明·迪斯雷利也以经济的理由谴责查禁奴隶贸易,谴责它是一项可疑的政策,使英国在每一个法庭上,在每一个殖民地中都遇到困难。[55]威灵顿公爵把这叫作犯罪——"违反各国法律,违反条约"[56]。甚至威廉·尤尔特·格莱斯顿也被迫要在英国资本家的需要和西印度群岛种植园主的需要之间做选择。1841年,格莱斯顿是全力支持查禁政策的,并且质问资本家,是否为了微不足道的利益,就准备放弃他们在全世界面前赢得的崇高称号和高贵品德?难道他们要把每个矛盾公之于世,以便进一步制造更大的矛盾,或者要用错误的一致性来代替对正确事物的承认吗?[57]然而,他在1850年又谴责查禁政策是违背常情和十分荒谬的。"一个国家的政府竟然要纠正另一个国家的道德,这可不是天经地义的事情。"[58]

令人啼笑皆非的是,西印度群岛过去的奴隶主,现在却高举着人道主义的火炬。那些在1807年一直故作悲哀地预言英国废除奴隶贸易会"引起商业衰退,收入减少,航运缩减;最后逐步动摇并完全挖掉英国繁荣的伟大基石"的人,[59]在1807年后又起来反对"一个盗卖那些贫穷而于人无害之人的制度"[60]。西印度群岛人约瑟夫·福斯特·巴勒姆(Joseph Foster Barham)引用1815年的法案提出,应对利用英国资本在国外从事奴隶贸易者给予刑罚惩处,即使是为运奴船提供保险也属犯罪之列。[61] 1830年,在西印度群岛的利益集团为了解决殖民地日益增多的麻烦所提出的补救办法中,有一个决议案要求"采取比迄今为止为了制止在国外从事奴隶贸易所采取过的更具有决定意义的措施;英属西印度群岛殖民地的繁荣……最终取决于有效地查禁在国外的奴隶贸易"。[62]牙买加1832年派往英国的使者宣称:"殖民地乐意废除野蛮的贸易,这种贸易是这个时代的进步文明再也不能允许存在的;但是他们显然有理由认为,慈善家们不应该对破坏英国的贸易一事感到满意。"[63] 1849年,牙买加爆发了一场大规模的废除奴隶贸易运动。在公正对待非洲的问题上,所有的阶级、种族、政党和阶层都联合起来了。他们谴责奴隶贸易和奴隶制"违反人道主义,在非洲造成了最大的罪恶,使所有从事这种贸易的人堕落,损害了被奴役者的道德和精神利益"。他们还声称"可恶的'奴隶'一词(应该)从全世界的词汇中清除"。"奴隶制必然垮台,那时,牙买加就将繁荣起来。"他们尖锐地指出,英国已经为非正义的事业走向战争了。[64]

然而,英国资本家仍然无动于衷。1857年,伦敦《泰晤士报》的一篇社论称:"我们知道,从整个商业意义来说,英国是一个国家,而实际上,我们却是南方种植园主的合伙人;我们掌握着他们出售的一切物品,他们的牲畜和农具的账单,并拥有奴隶制利润中的最大份额……我们给予斯托夫人[1]以最高荣誉,赞赏她的著作,并为反奴隶制的总统祈祷……但是这整个时代,不仅我们自己,全世界穿的东西都需要'汤姆叔叔'

---

[1] 哈里特·伊丽莎白·比彻·斯托(Harriet Elizabeth Beecher Stowe),美国作家、废奴主义者,最著名的作品《汤姆叔叔的小屋》成为美国南北战争的导火索之一。

及他受苦受难的同胞摘下并清理的棉花。这就是我们的贸易。这就是英国工业需要的主要商品。我们是勒格里先生[1]的棉花代理商,经营他棉花作物的加工和销售。"[65]英国资本主义摧毁了西印度群岛的奴隶制,但它却继续使巴西、古巴和美国的奴隶制茁壮成长。但是,西印度群岛的垄断却一去不返了。在美国南北战争时,英国政府几乎承认了南方邦联。具有极大讽刺意义的是,却要由西印度群岛人威廉·尤尔特·格莱斯顿在纽卡斯尔提醒他的听众,说美国南北战争"或许是迄今为止最无意义的一次内战",还说"毫无疑问,杰斐逊·戴维斯(Jefferson Davis)及其他的南方领导人已经建立了一支军队,看来他们正在建立一支海军,而且他们已建立的不止于此,他们已经建立了一个国家"[66]。

---

[1]《汤姆叔叔的小屋》中的人物,出生于北方的残暴奴隶主。他的名字后来成了贪婪与残暴的代名词。

第11章
"圣徒"与奴隶制

本书有意暂不叙述奴隶制的惨无人道和摧毁了这一制度的人道主义问题。然而，完全无视这一问题，就会犯严重的历史错误，而且会把整个时代中最伟大的一次宣传运动给忽略了。人道主义者在摧毁西印度群岛的奴隶制和解放黑奴的运动中是冲锋陷阵的先锋。但是，他们行动的重要意义却被某些人严重地误解了，大大地夸张了。这些人不顾常识，全凭感情用事，而且就像过去的经院学究一样，讲求的是信仰，而不是什么道理和根据。雷金纳德·库普兰教授假想过与威廉·威尔伯福斯的会见，他问："先生，您认为您的工作的根本意义就在于宣扬废除奴隶制吗？"威尔伯福斯立即回答："这是上帝的工作，这象征上帝的意志战胜了人类的自私。也教导我们，没有任何由利害和偏见造成的障碍是不能被信仰和祈祷克服的。"[1]

这种误解的产生，一部分是由于那个时代的人们故意歪曲废奴运动。1807年废止奴隶买卖时，议案中有这样一段话，大意是说这种买卖是"与正义、人道和明智的政策的原则背道而驰的"。对此，霍克斯伯里勋爵查尔斯·詹金森表示反对。按照勋爵的说法，"正义和人道"这些措辞有损奴隶贸易商人的声誉。因此，他提出一项修正案，要求删去这些词句。这样做，就把废除奴隶贸易的必要性仅仅说成是权宜之计了。大法官对此表示异议。这个修正案会使要求其他国家在废除奴隶贸易问题上开展合作的唯一理由不复存在。劳德代尔伯爵詹姆斯·梅特兰（James Maitland）声称，被删去的那些词句正是议案中最根本的东西。这种删减会使法国的怀疑显得可信，即英国废除奴隶贸易是出于自私的动机，这个动机便是英国殖民地的黑人已经太多了。"因此，在人们怀疑我们没有做出任何牺牲的情况下，我们又怎么能够振振有词地去要求外国在废除奴隶贸易问题上开展合作呢？"于是，上议院投票赞成最初的提案。[2]

英国的人道主义者阵容堂堂。托马斯·克拉克森是那个时代人道主义的杰出化身。时至今日，人们在反复思索他那篇获奖文章的主旨时，对他首先认识到奴隶制的极端不公正所流露的感情，仍然赞赏不已。克拉克森是一个不屈不挠的作家，他对奴隶贸易的状况及其后果开展了长期而又危险的研究工作；他写的许多叙述废奴运动历史的小册子，至今仍然堪称杰作。他为了正义事业在非洲问题上付出的辛勤劳动，带来的只是个人的贫困，原来就捉襟见肘的财富也耗费殆尽。1793年，他给约西亚·韦奇伍德（Josiah Wedgwood）写了一封信，信中抒发了一些十分高尚的情操，以此激励人道主义者。他需要钱，因此希望卖掉他的2份塞拉利昂公司的股票；这家公司是为了促进与非洲的合法贸易而在1791年创办的。他指出："但是，我不愿让这样一种人成为我的买主，这种人感兴趣的只是谋取巨大的商业利润，而不是非洲的美好前景。并不是说谋取私利的人就没有指望了。但是，在获利不如意的情况下，我希望此人能泰然处之，因为他把光明和幸福带给了一个国家，而在这个国家，人们的思想一直处于愚昧之中，躯体上戴着的只有欧洲的镣铐。"[3] 对克拉克森的某些同事来说，他过于冲动和热情了，[4] 他是黑人的朋友，不幸的是，黑人的朋友少得可怜。

此外，还有詹姆斯·斯蒂芬父子。老詹姆斯曾在西印度群岛做律师，了解第一手情况。小詹姆斯是殖民部第一任杰出的常务次官，人们不友好地讥讽他是"附加的大臣斯蒂芬"或"母国先生"。他利用这种身份，为他无助的黑人奴隶选民做了引人注目的辩护。他一直在不断地鼓动威廉·威尔伯福斯做更大、更公开的努力，而不要采取呈递请愿书或晋谒大臣们的策略。制止殖民罪恶的唯一办法就是"向英国公众揭露这些罪恶，用大众的愤慨来武装我们"[5]。斯蒂芬没有为种植园主的辩解所动。"住宅和家具被剥夺虽然是痛苦的，但是这却很难与长期被排斥在人类共同利益之外的那些痛苦相比，这方面公认的事实可以证明，奴隶们正在这种处境下挣扎[6]……人类社会的最终目的是保证生命、财产和名誉,这应当优先于次要目的——享受特殊的公民权。"[7]这是形式最高贵、语言最优美的托管制度。斯蒂芬起草了解放奴隶法案,其中包括他并不愿意的对种植园主的让步。在其他人停下来缓口气并自我庆幸的时候,这位常务次官却继续以戒备和怀疑的眼光关注着殖民地的立法。他在1841年写道:"人民的公民权掌握在拥有大量奴隶的奴隶主手中,这是专制暴政压迫人类的空前残酷的手段。"[8]在那些日子里,在这样一个行政官员的领导下,英国直辖殖民地政府在保护弱势民族上迈出了重要的一步。

詹姆斯·拉姆齐是最有才干的、最勤奋的首批废奴主义者之一。他作为西印度群岛的教区牧师,亲历了大约20年的奴隶制。1787年,他在给威尔伯福斯的信中写道:"在这个问题上我的唯一的作用就是做一个披荆斩棘的开拓者;就这样利用我吧,我感到幸福。"[9]他根据亲身经历,知道白人水手在从事奴隶贸易时的死亡率是极高的;他能够讲述奴隶在种植园中由于过度劳累而造成的大量死亡,在这方面,他就是第一手材料。[10]种植园主用一种专门对付拉姆齐的残酷手段迫害他。其中一个种植园主就大言不惭地说:"拉姆齐完蛋了,是我把他干掉的。"

除了这些人物,还有面目清秀、身材矮小的威尔伯福斯。威尔伯福斯这个人,他的生活或宗教信仰都有一点自命不凡的味道。作为一个领导者,他并不称职,他向守中庸、妥协之道,行动不果断。他反对极端的手段,害怕民众的骚动。他依赖贵族的庇护、议会外交和对当政人员个人施加影响以收取实效。[11]他是一个说客,大家都说他的投票在事前便可十拿九稳地预料到,因为他的投票肯定与他的发言相反。[12]乔治·蒂尔尼（George Tierney）说:"一般来说,他的措辞是能够为任何一党所接受的;如果有时他的论点有失平衡,稍稍倾向了一边,他会很快纠正过来,再稍稍倒向另一边,使发言保持不偏不倚的中庸之道。"[13]他能言善辩,言辞娓娓动听,而且语调优美,因此赢得了"议会夜莺"的雅号。最重要的是,他具有超凡脱俗的思想,因此可以肯定地说,他在事业中的这种至善和不谋私利的声誉,正是小威廉·皮特推崇他应该领导议会改革的有利因素。

种植园主把这些人叫作幻想家、狂热分子,将他们比作鬣狗和老虎。[14]在扎卡里·麦考利（Zachary Macaulay）、约翰·韦斯利（John Wesley）、亨利·桑顿（Henry Thornton）和亨利·彼得·布鲁厄姆等人的协助下,众人在英国成功地把反对奴隶制的情绪几乎提高到宗教热情的程度。正是这些虔诚的改革者使克拉珀姆[1]起着比铁路枢纽更重要的作用。人们戏称他们为"圣徒",可以说十分恰当。研究社会科学的人对这种现象所引起的感情流露,应采取更为审慎的态度。因为就像许多已经发生的情况那样,如果奴隶制问题陷入了神学的领域,那么完全可以肯定地说,垄断绝不属于这个范畴。

---

[1] 伦敦南部的一个地方,在18世纪至19世纪初,这里居住着大量的富有商人。

废奴主义者并不是激进分子，他们对国内问题的态度是保守的。循道宗教徒给英国工人提供的是《圣经》，而不是面包；而循道宗的资本家却公开对工人阶级表示轻蔑。威廉·威尔伯福斯熟悉运奴船底舱中发生的一切，但是却忽略了矿井之下发生的事情。他支持《谷物法》。他是调查和镇压1817年工人阶级不满情绪的秘密委员会的成员。他反对妇女组织的反奴隶制协会，并且认为"第一个议会改革法案"过激了。[15]

许多人都犯过的一个错误，就是认为废奴主义者一开始就没有隐瞒过他们要为彻底解放奴隶而努力的意图。实际上，废奴主义者在相当长的时间里回避且一再否认他们持有任何解放奴隶的主张。他们感兴趣的只是奴隶贸易，他们认为，废除奴隶贸易最终将会在没有立法干涉的情况下带来自由。废奴委员会曾3次明确地否认抱有任何解放奴隶的意图。[16] 1807年，威尔伯福斯也公开否认这种意图。[17] 罗切斯特主教断言，废奴主义者不是按照不切实际的想法，即人人平等和享有不可侵犯的权利行事的；他们极力支持公民社会的等级划分。[18] 1815年，非洲协会明确地声称，要指望奴隶主来解放奴隶。[19]

一直到1823年，解放奴隶才成为废奴主义者公开宣称的目标。主要原因是殖民地的传教士遭到了迫害——史密斯在圭亚那去世了，巴巴多斯岛的施鲁斯伯里（Shrewsbury）被驱逐，尼布（Knibb）在牙买加受到迫害。即便是这个时候，解放奴隶还是缓慢推进的。废奴主义者福韦尔·巴克斯顿告诫说："不可轻率，不可操之过急，不可没有节制，不可带有任何暴力色彩。"最重要的还是不要做过头。奴隶制是永远不会被废除的。"它会停滞，会衰落，会终止，会像它过去那样，自行灭亡、销声匿迹……我们要让它平静地消亡——慢慢地、无声无息地，几乎是在不知不觉中消失并被人们遗忘。"[20]就像在美国一样，奴隶制是要消亡的。但这种希望在英国也没有实现，虽然西印度群岛人太软弱，人数也太少，无法挑起一场内战。

这就是1830年的局面，这时，法国爆发了七月革命，英国议会的改革如火如荼。在殖民地的奴隶制和垄断方兴未艾的时候，废奴主义者还在议会之外四处游说，多方说项，他们向大臣呈递请愿书，派代表前去晋见。"因此，现在需要有另外一类人来接手这项工作，这类人具有更为勇敢、更加坚强的性格，哪怕不是那么文质彬彬；这不是要他们来替他们那些谨小慎微、迟疑不决的同事修修补补。"[21] 1830年5月，保守派和激进派在一次反对奴隶制的大规模会议上发生了冲突。巴克斯顿提出了毫无新意的决议案，"措辞要可取，愤慨要得当，还要采取适当的审慎态度"。亨利·波纳尔（Henry Pownall）则提出了修正案：立即废除奴隶制。这个意见在代表中间引起了极大的震动。巴克斯顿表示反对，亨利·彼得·布鲁厄姆提出异议，威廉·威尔伯福斯挥手要大家安静，但是这个修正案终于在"一阵欢呼胜利的声音中"[22]通过了。约瑟夫·斯特奇的一位朋友在说明这个新政策时讲得妙极了："如果我们不鼓动、鼓动、再鼓动……罪恶就会横在我们的门口。人民必须解放奴隶，因为政府是决不会这样做的。"[23]

然而，就废奴主义者的领导层而言，他们对西印度群岛奴隶制的态度，必须和世界其他地区的奴隶制联系起来看。他们对奴隶制的谴责只是就黑人而言，而且仅指英属西印度群岛的黑人。首先要联系的地区是印度。

废奴主义者在发动反对西印度群岛种植园主的运动中，开创了被奥古斯丁·科尚（Augustin Cochin）称为"一种虔诚而愚蠢的运动"[24]。他们呼吁同情者不要购买奴隶生产的产品，支持印度的自由人生产的产品。1795年，废奴委员会对这个运动做了介绍，[25]许多作家也写小册子介绍这个运动。威廉·福克斯（William Fox）就是小册子作家之一，他在1792年告诉英国人，他们每消费1磅蔗糖，就消耗了2盎司人肉。[26]根据一次详细的计算，人们估计，一个每星期食用5磅食糖的家庭，如果坚持1年零9个月不吃糖，就可以有一个黑人免受奴役和杀害。[27]食糖消费者才是"祸首，是一切可怕的非正义的根源"[28]。由于印度的蔗糖替代了西印度群岛的蔗糖，有人就对佩卡姆地区的女士们组织的非洲反奴隶制协会说，自己正在用最稳健、最方便、最有效的方法摧毁奴隶制度。[29]废奴主义者散发了一份传单，题目叫作《黑人奴隶向主持人道的朋友们申诉》。黑人申辩说："现在，先生们，你们是自由的朋友，是好人，同情可怜的黑人，我请求你们买印度的蔗糖，不要买奴隶生产的蔗糖，要买自由人生产的蔗糖。这样，我的主人将会考虑：我们不再买卖奴隶生产的蔗糖，奴隶就不再成其为奴隶，应当是自由人，我们要给工资，让他们心甘情愿地工作，而且做更多的工作。这样，我们就可以卖更多的蔗糖，赚更多的钱。东印度人是聪明的，聪明的人在东印度不是奴隶——能够自由地、充分自由地生产蔗糖。"[30]不仅是蔗糖，还可以自由地生产棉花。于是有人在妇女间开展了一个运动，鼓励人们消费自由人生产的棉花。[31]根据约瑟夫·格尼的说法，这个运动对美洲奴隶制度的废除，要比所有废奴主义者的小册子所起的作用还大。[32]正如爱尔兰废奴主义者所说的那样，他们的目的是要"普遍使用自由劳动生产的热带产品"[33]。

但是，东印度的聪明人的罪过，并不比西印度群岛罪孽深重的种植园主的罪过轻。关于解放英属西印度群岛奴隶的那个法案，于1833年8月7日通过了三读。48小时之前，东印度公司特许状的续期问题已经在上议院提出来了。这个法案包括一项条款，即奴隶制度在印度"应予废除"。埃伦伯勒勋爵爱德华·劳（Edward Law）对政治家居然会冒出这样一个念头表示惊讶。奥克兰勋爵乔治·伊登（George Eden）为这个议案辩解说："拟定这个法案是极为审慎的，它和摧毁这一可恶的制度是并行不悖的；同样要极为谨慎的是，不要去干预当地原住民的生活方式。"威灵顿公爵呼吁上议院议员在处理这个问题时轻轻带过就行，因为他们对维护英属印度是极为重视的。这是标新立异，完全没有必要的，哪怕它引起的不是一场真正的暴乱，也会造成极大的不满。[34]

议会后来一再代表政府发表声明，说为了"改善"奴隶制正在准备立法，而且这项立法将在议会产生。但是，这项承诺的立法从来没有到来。"印度政府正在采取改善奴隶状况的措施，以便在不太遥远的未来让奴隶制彻底消亡。"[35]这是1837年的事情。到1841年，也没有产生什么使奴隶制有所改善的条例和法规。[36]而且，当对印度朗姆酒征收同等税款的问题被提出来，并证明这种朗姆酒确为奴隶生产之时，罗伯特·皮尔（Robert Peel）首相回答"推迟征收同等税款……直到他实际解决了废奴问题，所要推迟的期限甚至比西印度群岛最热烈的拥护者所期望的还要长得多"[37]。1842年，有人替东印度人辩护说，在奴隶短缺的时候，他们曾禁止把儿童贩卖为奴。[38]英国开始"大赎罪"的10年后，奥克兰勋爵也不否认，"某些多少带有痛苦的奴役本不应该继续存在"[39]。而皮尔认为，已经采取的这些措施"看来是经过妥善算计的，可以阻止奴隶制的发展，遏制各种弊端；而且这些措施在我们控制下的印度各地，或者我们能够施加影响的地方得以贯彻，这对压制奴隶制是大有裨益的"[40]。

然而，废奴主义者向英国人民宣传的是热带的产品。托马斯·克拉克森号召英国人民，"不要使用种植园主生产的产品，以此来表达对种植园奴隶制的厌恶"[41]。而且直到1840年，他还在指望东印度公司"用完全道德、正义与和平的方法，也就是用耕种土地和雇用自由劳工的方法"[42]去消灭奴隶制。

废奴主义者这样做并不是出于无知。为了替东印度公司辩解，扎卡里·麦考利极力声称"他们已经控制了过去在印度和莫卧儿政府统治下的那些国家。在他们占领这些国家的时候如果发现了一些可以遵循的原则，他们就没有什么可以受到指责的，不管这些原则和他们的感情多么抵触，但如果不加审慎地贸然干涉，则是不妥的"[43]。1837年，福韦尔·巴克斯顿曾经表示担心蔗糖在东印度也会像在西印度群岛那样不光彩地导致奴隶制度的产生。政府发言人向他保证说，不会发生这种情况。巴克斯顿"对于这种保证……表示非常感激"[44]。1843年，亨利·彼得·布鲁厄姆仍对能在印度废除奴隶制满怀希望，"依靠立法，或者对财产采取暴力手段"都不能像鼓励拥有原住民奴隶的奴隶主宣布奴隶的子孙将在某个日期之后获得自由那样，"可以取得完美的结果"。[45]

克拉珀姆派（Clapham Sect）[1]中的一些人与东印度公司有利益关系，而且"也许由于他们感到在蔗糖征税上待遇不公平，如此征税有利于西印度群岛，而将对日益发展的印度蔗糖种植园不利，因而对西印度群岛的奴隶制越发厌恶"[46]。桑顿家族拥有东印度公司的股票；[47]这个家族的一名成员参加了1793年东印度议会关于蔗糖贸易问题的辩论，而且不赞成任何有利于西印度群岛垄断制继续存在下去的契约。[48]扎卡里·麦考利在东印度公司拥有股权，而且是1823年召集讨论蔗糖问题的股东董事会的9个签字人之一。[49]他在1823年写了一本颇有

---

[1] 18世纪80年代至19世纪40年代与伦敦南部克拉珀姆地区有关的一群社会改革者。

影响的小册子，称西印度群岛人"过去没有权力在明显损害非洲利益的情况下，要求奴隶贸易继续存在。同理，他们现在也没有权力在明显损害印度和英国利益的情况下，要求蔗糖的保护关税继续存在"[50]。麦考利1823年在东印度议会关于蔗糖贸易的辩论中所做的演讲，对奴隶制极尽讽嘲之能事，因此在他之后的发言者不得不提醒他说："如果奴隶贸易比过去所说的还要糟10倍，怎么并没有人提出要考虑这个问题？"[51]

比桑顿家族或麦考利更为重要的人物是詹姆斯·克罗珀。杰出的废奴主义者克罗珀是利物浦进口东印度蔗糖的最大进口商人，而且是独立的东印度议会的创始人和领袖。利物浦的克罗珀与本森公司，每天的蔗糖交易量达1000磅。[52]克罗珀知道，他的个人利益会使人们对他的动机产生怀疑。[53]西印度群岛人想起了他曾一度从美国进口由奴隶种植的棉花。[54]对此，克罗珀是这样解释的："我看到了奴隶制这个可怕的怪物正在走向死亡的痛苦中喘息，正在寻求可以苟延残喘的支持……正是由于我利害攸关，我不能因为害怕受到指责，而忽略最重要的人性和责任感。我不敢面对自己良心上的谴责。"[55]他在反对奴隶制的辩论中，不愿避开商业方面的种种考虑。他写道，奴隶制"只是在肥沃的土地上，而且是在像美洲那些人口匮乏的新国家中才有利可图；在那里，2天的劳动就能购买1英亩土地"[56]。在讨论欧洲、美国的北方各邦和南美洲的一些地方废除奴隶制的问题时，克罗珀得出的结论是，在那些奴隶劳动有利可图的地方，奴隶解放并不广泛，这一事实表明"在和自然因素相配合的时候,仁慈之人所做的努力才能取得最大的成功"[57]。然后,他带有诗意地写到英国的制造技术和工业"慷慨解除了枷锁,无用的垄断不会有所得益,无拘无束的自由得以茁壮地成长"[58]时,想到的是西印度群岛的垄断权,而非西印度群岛的奴隶制。英国为什么不能为欧洲大陆供应精糖和棉织品?[59]但是,当西印度群岛人针锋相对地指出,克罗珀的意思是不是要采购巴西和印度的蔗糖时,他回答说,只要巴西和古巴同意废除奴隶买卖,所有的蔗糖在关税一致的情况下都可以购买。[60]那么,他的"自然因素"成了什么呢?人道主义者和经济主义者的双重立场使他自相矛盾起来。在克罗珀的家里,有一个专门侍候宴会的仆人,打扮成一个身戴镣铐的黑人。1837年,克罗珀又购买了1.2万个小瓶,装满自由人生产的蔗糖和咖啡样品,他把它们分发给支持者和议员。[61]但是,这位利物浦"仁慈的市民"[62]的支持,确实给人道主义事业带来了极大的损害。

议会中的东印度领导人托马斯·惠特莫尔(Thomas Whitmore)是反奴隶制协会的副主席,而且一度是继承议会反对奴隶制党派领导职位的候选人。[63]威廉·威尔伯福斯在1823年5月22日(惠特莫尔在这天提出了关于蔗糖关税问题的提案)的日记中写道:"除了东印度人和我们几个反对奴隶制的人,没有人对这个问题感兴趣,而西印度群岛人和政府是反对我们的。"[64]惠特莫尔和福韦尔·巴克斯顿是站在东印度一边的演讲人。[65]所有废奴主义者中,只有亨利·彼得·布鲁厄姆一人反对关税平等，因为关税平等会很快毁掉西印度群岛。[66]

东印度人和相当一部分废奴主义者之间的这种关系没有得到充分认识。雷金纳德·库普兰显然对整个事情是不满意的，从他对两派的"诚意"都表示关切这一点就可以看出。[67]弗兰克·J. 克林贝格（Frank J. Klingberg）谈到了"合作"。[68]威廉·劳伦斯·伯恩认为对克罗珀的公正无私所做的抨击是没有根据的。[69]洛厄尔·J. 拉加茨的解释是所有的解释中最令人满意的一个：克罗珀的公正无私是"那些偶然出现的完全没有受到私利影响的行为之一，虽然他的所作所为和他的个人利益可能恰巧是一致的"[70]。但是，废奴主义者先是支持东印度，后又支持巴西生产蔗糖，其真正的意义在于，这些问题所涉及的不仅是西印度群岛奴隶制的残酷无情，还涉及西印度群岛垄断制的毫无用处。

⚭

继印度之后是巴西和古巴。不管怎样想象，所有人道主义者都不可能认为任何目的在于把奴隶制的枷锁更加牢固地套在巴西和古巴黑人身上的意见是正确的。蔗糖自由贸易的确切意义就在于此。因为1807年以后，西印度群岛取缔了奴隶贸易，1833年以后又取消了奴隶劳动。不妥当地说，如果废奴主义者认为印度的蔗糖是自由人生产的，因而根据人道主义的原则就建议购买印度的蔗糖，那么根据他们的原则和信仰，他们就有责任抵制巴西和古巴由奴隶生产的蔗糖。没有能够做到这一点，不能认为这是他们的过错；但是，不可否认，由于未能采取这一方针，就完全破坏了他们的论点。1833年以后，废奴主义者仍旧反对现已雇用自由劳动力的西印度群岛种植园主。1833年前，他们曾在西印度群岛抵制过英国的奴隶主；1833年后，他们却支持巴西奴隶主的事业。

废奴主义者最初并没有把注意力只放在英国的奴隶贸易上。他们梦寐以求的几乎可以说是完全、普遍地废除奴隶贸易。他们利用1815年恢复和平的机会[1]和当时风行一时的国际会议来散布观点；他们向议会呈送了连篇累牍的"骗人的空话"，[71]在1814年的34天内，他们就送去了附有100万人签名的772份请愿书。[72]他们公然抨击维也纳会议仅是谴责奴隶贸易的书面声明。在维也纳会议上，他们把英国的全权大使威灵顿公爵争取过来，甚至准备要为废除奴隶制发动战争。[73]他们得到了俄国沙皇的支持。[74]他们派出了特别观察员托马斯·克拉克森参加亚琛会议[2]。他们准备再次与法国作战，以阻止法国重新占领圣多明各，[75]而且他们不愿意在没有明确表示放弃奴隶贸易的情况下承认巴西从葡萄牙独立出去。他们通过"友好的暴力行为"，[76]强迫英国政府在非洲海岸派驻一支舰队，用武力来制止奴隶贸易。

---

[1] 指美英战争，又称美国第二次独立战争。1812年美国向英国宣战，双方于1815年停战。
[2] 1818年9月，拿破仑战争中的反法联盟国家在德国亚琛同法国举行的会议。

英国政府的压力是很大的。政府要求给以时间，慎重从事。卡斯尔雷子爵罗伯特·斯图尔特（Robert Stewart）[1]说："道德绝不是靠刀剑教导出来的。"[77]他请求人道主义者"节制他们高尚的感情，把他们对非洲的关注置于理智的支配之下"[78]。但是，废奴主义者却使政府不得安宁。正像利物浦勋爵有一次向威尔伯福斯坦白的那样："就算我不根据原则急于废除奴隶贸易，我也必须认识到，任何政府都会由于这个问题目前在我国的这种状况而陷入那种窘境。"[79]政府在对外关系中会受到很大的阻碍，因为政府知道所有的谈判都是无用的，但从来不敢公开地这样说。威灵顿公爵在给阿伯丁伯爵乔治·汉密尔顿-戈登（George Hamilton-Gordon）[2]的信中写道："在废除外国的奴隶贸易上，我们是决不会成功的。但是我们要谨慎行事，避免采取任何可能使英国人民认为我们在力所能及的范围内没有尽最大努力来阻止并取缔奴隶贸易的举措。"[80]

在1831年一次令人难忘的大选中，候选人被问及他们在奴隶制问题上的观点。废奴主义者用金色的锁链拖着"黑人"去选举，但他们找不到黑人，找的是清扫烟囱的工人。他们在全国各地的竞选讲坛上张贴白人种植园主鞭打黑人妇女的巨幅全身招贴画。[81]他们在一手发动的运动中求助于英国女性的同情心与良知，甚至去接近儿童。利兹市还为少年读者出版了一

---

[1] 英国政治家，代表英方出席维也纳会议。
[2] 英国政治家，曾出任外交大臣、殖民地大臣，1852—1855年出任英国首相。

第11章 "圣徒"与奴隶制

套反对奴隶制的丛书。绘有反对奴隶制画作的钟面被设计出来，于是英国那些傍晚在炉边享受着家庭温暖的善良居民，也能够知道黑人正在赤道烈日的灼烤下，在种植园里受苦受难。[82]这是1833年以前的情况。幸福的曙光即将到来。

但是，即使在这曙光中，也有暴风雨的阴云开始聚集。废奴主义者正在抵制英属西印度群岛奴隶生产的、浸透了黑人鲜血的产品。但是，英国资本主义的存在就是依靠美国奴隶种植的棉花，同样和奴隶制有联系，而且沾满了鲜血。西印度群岛人理所当然地会质疑，是否"奴隶制只是在那些没有人从事奴隶贸易的国家里，在那些没有和奴隶贸易发生关系的国家里，才会受到谴责"[83]。答案令人好奇。一个接受美洲奴隶种植的产品的人，经营的是不属于他本国臣民的奴隶生产的劳动产品。而且没有任何证据可以表明，在美国的奴隶制中存在残害人命的情况，而这正是英属西印度群岛奴隶制极端骇人听闻的特征之一。[84]抵制西印度群岛蔗糖的人，坐在用古巴的桃花心木制成的椅子上，面前摆着用巴西花梨木制成的桌子，用的墨水瓶架是奴隶用黑檀木雕成的，"却对每把椅子和每张桌子的来历刨根问底，这是没有用处的"。在像英国这样的国家里，绝对摒除奴隶生产的商品是不可能的，除非他们回到森林中去，以树根和浆果为生。[85]正像纽卡斯尔的废奴主义者说的那样，"只要买了一点点无关紧要的奴隶生产的产品，就落入了奴隶主的罪恶中"[86]。

巴西的蔗糖是必不可少的吗？资本家说是的，它对维持英国的资本主义是必不可少的。对此,废奴主义者站在了资本家一边。1833年,资深废奴主义者、一个蔗糖精炼区的代表斯蒂芬·勒欣顿(Stephen Lushington)要求政府立刻补偿他的选民。他的选民要求的不是辅助金,不是不义之财,也不是非正义的垄断。[87]勒欣顿考虑的是陶尔哈姆雷茨区的蔗糖加工商,而不是英属西印度群岛的黑人。福韦尔·巴克斯顿的态度十分奇怪。如果可以证明所要进口的外来蔗糖是在国内消费而非出口,那么他将投下反对票。但是,这就需要在巴西增加三分之一的劳动力精炼蔗糖,再把精炼后的精糖输入英国。所以,允许外来的蔗糖在英国加工,他们就可以用英国国内的机械来代替海外的奴隶劳动,从而达到减少奴隶劳动、阻止奴隶贸易的目的。[88]议会对此大为惊讶。[89]而这样做或许是恰当的。

这是1831年9月的事情。两年后,巴克斯顿对自己的艰辛工作获得成功感到欢欣鼓舞。"就这个国家来说,一项伟大的工作大功告成。"[90]解放奴隶法案标志着废奴主义者努力的结束。他们很满意。但他们从来没有明白,如果允许蔗糖种植园存在下去,黑人的自由只能徒有其表。1848年,当威廉·尤尔特·格莱斯顿仍然为种植园主争取保护关税时,他极力强调说这和黑人无关。他认为,"我们没有理由浪费我国的资金进一步刺激这种状况。这种状况是一种慰藉,完全适合他们在社会中的地位,足以满足他们的愿望"[91]。废奴主义者无言以对,他们绝不会想到黑人居然想要得到土地。在安提瓜岛上,所有的土地都已分拨停当。当解放奴隶的消息传到该岛的时候,种植园主和奴隶齐集教堂，感谢上帝赐给后者以自由。奴隶的地位现在已经上升为无地的雇用劳力，日工资为25美分，以答谢他们的辛勤劳动。巴巴多斯的情况也是如此，巴巴多斯人除了省略了感恩节，其他情况也尽相同。废奴主义者在哪里呢？巴克斯顿写道："黑人种族具有一种接受道德教育和宗教教诲的独特才能。据我看，从来没有比现在更强烈的要求我们满足他们所具有的这种天赋的倾向，向他们充分提供教育手段、派遣传教士、开办学校、发放《圣经》。这是我们力所能及的唯一补偿。这是一种多么丰富的补偿！我们可以通过这种办法来补偿我们所造成的全部悲伤和痛苦，并且使之成为一种工具，最终把迫使他们背井离乡的那种野蛮做法变成他们的最大幸福。"[92] 对非洲来说，也是如此。约瑟夫·格尼在1840年写道："彻底根除非洲的弊端和不幸的办法是基督教……我们决不能忘记宣讲福音所具有的至高无上的价值。"[93]

1833年以后，野蛮地迫使非洲黑人背井离乡前往巴西和古巴的蔗糖种植园，至少持续了25年。巴西和古巴的经济依赖奴隶贸易。仅仅从言行一致这一点来说，英国的废奴主义者就应该反对这种贸易。但是这样做就会妨碍巴西和古巴的发展，从而也就妨碍了英国的贸易。1833年以后，要得到廉价蔗糖的愿望压倒了所有对奴隶制的憎恶。当年英属西印度群岛上的那些奴隶监工拿着鞭子的情景所造成的恐怖感，现在消失了。古巴的奴隶监工不仅带着鞭子、短刀、匕首和手枪，还带着猎犬，这些甚至都没有激起废奴主义者的指责。作为英国人道主义中心的埃克塞特会堂，让位给了英国自由贸易的先锋曼彻斯特学派。

曾经与奴隶贸易不共戴天的废奴主义者，现在变成了和平主义者。福韦尔·巴克斯顿写了一本书，谴责使用禁奴舰船和强行禁止奴隶贸易的政策，认为这项政策使众多的人遭受了更加深重的痛苦。[94]约瑟夫·斯特奇在纯粹和平主义的基础上改组了反奴隶贸易协会。威廉·威尔伯福斯，这位资历较浅的牛津主教，在废奴主义者于1840年举行的一次大型集会上说："依靠条约、抗议、海军舰艇去阻止奴隶贸易发展的种种企图均告失败，这就证明必须要采取一种以更高的不同原则为基础的预防性政策。"[95]年轻的巴克斯顿"必然会看到，多年来指导英国的那些崇高原则，现在已被另外一些原则替代。这些新原则本身虽然重要，但比起他过去多年遵循的那些原则，却是望尘莫及"。[96]激起亨利·彼得·布鲁厄姆善心的是蔗糖而不是棉花，是奴隶贸易而不是奴隶制度，而且只是非洲和巴西之间的奴隶贸易，而不是弗吉尼亚和得克萨斯之间的奴隶贸易。他谴责"以海盗行径、痛苦和鲜血这种更高代价换取廉价蔗糖"的政策是"对自由贸易学说的严重歪曲"[97]。他知道排斥美国棉花是疯狂的行为，所以他的衡量标准是奴隶贸易，而不是奴隶制度。布鲁厄姆争辩说，虽然他无权干涉独立国家的内部制度，但他完全有权要求执行独立国家签订的条约。[98]按照他的解释，美国没有从事奴隶贸易。他争辩说，路易斯安那奴隶生产的蔗糖和巴西奴隶生产的蔗糖是不同的。路易斯安那的蔗糖是靠奴隶的自然增多或更为高效的耕作来增产的,而巴西的蔗糖是靠"暴力与欺诈,对非洲人施以强迫和人为的罪恶交易增产的"[99]。

托马斯·巴宾顿·麦考利(Thomas Babington Macaulay),即后来的麦考利勋爵在1845年所做的演说,也许是有史以来关于奴隶制问题的最伟大的演说。这篇演说词不愧是一篇历史学家的杰作,全文思路清晰、字字珠玑,但有一个缺点:它偏袒奴隶制,而非反对奴隶制。麦考利刻薄地说:"要是奴隶制在我作为议员对其福利负有责任的那个地区废止,我对黑人奴隶制的特殊责任也告终止。"他反对为了纠正独立国家制度中的弊端,把国家的财政法规变成刑法;或者把关税变为"酬劳某些外国政府的正义和人道,处罚某些外国政府野蛮行径的手段"。他大胆直面进口巴西蔗糖是为了加工而不是为了消费这个自相矛盾的说法。"我们进口这个讨厌的东西;我们把它堆入了货栈;我们用自己的技术和机器去加工,使它更吸引人们的注意,适合人们的口味;我们把它输出到里窝那[1]和汉堡,把它送到意大利和德国的所有咖啡馆去。我们从中赚了一笔钱。然后,我们装出一副悲天悯人的样子感谢上帝,因为我们并不像那些罪孽深重的意大利人和德国人,他们竟然心安理得地吞下了奴隶生产的蔗糖。"[100]他们不敢禁止巴西蔗糖的进口,除非他们希望把德国变成另一个沃里克郡,把莱比锡变成另一个曼彻斯特。[101]"我不会有两个正义的标准……我不会有两种

---

[1] 意大利西岸港口城市。

砝码或两把尺子。我不会摇摆不定、反复无常，拘泥于小事而大事糊涂。"[102]

所有重要人物的名字都在这里了——威廉·威尔伯福斯、福韦尔·巴克斯顿、托马斯·巴宾顿·麦考利、亨利·彼得·布鲁厄姆。只有托马斯·克拉克森，就像荒原里的呼声一样，要求排斥用戴着镣铐的双手创造出来的一切产品。[103]然而，即使是克拉克森，也在1839年奇怪地反对禁止奴隶生产的产品，他说："这无疑是把钱塞到我们军人的腰包里去。"[104]

人们现在对奴隶制的看法不同了。威尔逊（Wilson）先生不打算说，由于雇主和被雇者是主人和奴隶的关系，就应当被贴上非正义和压迫的标签。[105]这位牛津大学的成员反对奴隶贸易，如果有必要，他准备赞成用战争来制止奴隶贸易。[106]但是，他从来不认为把人作为财产是非法的。[107]政治经济学家约翰·拉姆齐·麦卡洛克（John Ramsay McCulloch）回忆说，如果没有奴隶制，热带地区就永远不会被开发；作为一种制度，对它横加指责，这是不公正的。[108]赫尔曼·梅里韦尔教授在牛津讲学时说，要更加冷静地考虑奴隶制，这是一个巨大的社会弊端。但它是在程度和性质上，而不是在本质上，与他们不得不忍受的许多其他社会弊端，如财产上的极不平等、贫困或者儿童的过度劳动有所区别。[109]

本杰明·迪斯雷利就像英国和美国的许多追随者那样，指责解放奴隶是英国人民犯下的最大过错。这是"向意志坚强的岛国人民演讲时……一个激动人心的题目，但是材料非常不足"[110]。这不是在一次才华横溢的演说过程中轻率得出的结论。这是一个经过深思熟虑的见解,这个见解他在所著的《乔治·本廷克勋爵的生平》(Life of Lord George Bentinck)一书中有意地重复过。"中产阶级为了废除奴隶制所发起的运动是高尚的,但并不明智。这是一场无知的运动。英国人废除奴隶制的历史及其后果,是一个充满了无知、不公正、愚蠢、浪费和浩劫的故事,人类历史上难有能与其相比之事。"[111]

甚至知识分子也被卷了进来。诗人塞缪尔·泰勒·柯勒律治(Samuel Taylor Coleridge)由于写了一首颂扬奴隶制的赞歌,被剑桥大学授予布朗金质奖章,他还参加了戒糖的行动。1811年,他嘲笑"慈善的贸易",指责威廉·威尔伯福斯关心的只是他自己的灵魂,批评托马斯·克拉克森恰似"道德蒸汽机或是具有单一思想的巨人",侈谈仁慈而自负。[112]而1833年,他强烈反对不厌其烦地讨论黑人的"权利",因为黑人应该"接受教育,要对把他们置于仁慈手段范围之内的那种天命表示感谢"[113]。1792年,诗人威廉·华兹华斯对正在传遍整个英国的"正义感的新热"采取了完全冷漠的态度。[114]他写给克拉克森、杜桑·卢维杜尔和"穿白色长袍的黑人"的那首著名的十四行诗只不过是些华丽的辞藻,而且缺乏他最出色的作品所具有的那种深度,这看来并非偶然。1833年,华兹华斯申辩说,奴隶制在原则上是丑恶的,但在人性上并不是最坏的东西;奴隶制本身并不是在任何时候、在任何情况下都使人感到遗憾的。也因此,华兹华斯在1840年拒绝公开与废奴主义者来往。[115]罗伯特·骚塞赞成采取强制手段解放奴隶,认为只有通过强制手段,才可以合情合理地指望在一代人的时间里消除奴隶制。[116]

但是,做出最险恶、最卑劣的反应的还是托马斯·卡莱尔(Thomas Carlyle)[1]。他写了一篇题为《黑人问题》(The Nigger Question)的文章,嘲笑"埃克塞特厅[2]里发生的事情和其他可悲的愚蠢行为"竟根据人人平等的虚伪原则,把西印度群岛说成是"黑色的爱尔兰"。他问道:"难道接下来要解放马匹吗?"他做了一个对比,"漂漂亮亮的黑人坐在那里,南瓜堆漫过他的头顶,而可怜巴巴的白人坐在这里,连土豆都没得吃"。使西印度群岛具有价值的只是白人,而"两条腿的懒惰畜生"应该被强迫去干活。奴隶制的弊端应予剔除,而其精华应予保留:黑人"具有一种无可争辩和不可改变的'权利',即为了生存而被迫做他应该做的工作"。这并不是说卡莱尔仇视黑人。不,他喜欢黑人,而且他发现,"用1便士的润肤油,就能够把可怜的西印度群岛原住民变得相当漂亮"。黑肤色的非洲人是唯一能够生活在文明人之中的野人。但是,自上帝造物以来,他们的用途只能是充当永恒不变的奴仆,除非英属西印度群岛像海地那样,变成一个"热带的狗窝",黑彼得消灭黑保罗。[117]正像托马斯·登曼(Thomas Denman)勋爵悲叹的那样,舆论已经发生了不光彩的可悲改变。[118]

---

[1] 苏格兰讽刺作家、历史学家。
[2] 位于伦敦市中心河岸街北侧的大型公共集会场所,常被用来举行反奴隶制集会。

第12章
奴隶与奴隶制

我已经分析了英国政府、英国资本家、英属西印度群岛的"幕后人",以及英国人道主义者对待奴隶制度的各种不同态度。我也叙述了英国国内围绕奴隶制问题所展开的较量。但是,如果只把这个问题看成宗主国内部的一场斗争,那就大错特错了。殖民地的命运也和这场斗争休戚相关,而且殖民地居民也陷入了一场动荡之中。这场动荡不仅反映和证实了在英国发生的种种重大事件,而且对这些事件也产生了影响。

在殖民地居民中,一是白人种植园主,他们不但要应付英国议会,而且要应付奴隶;二是自由的有色人种;三是奴隶。那个时代的大多数作家都不把奴隶放在眼里。现代的历史学家则日益认识到,忽视奴隶这股力量,会对那一时期的历史产生误解。[1]弥补这一缺陷,也就纠正了当时的种植园主、英国官员和政治家都犯过的错误。

我们先说种植园主。1823年，英国政府通过了一项新的改革政策，要改革西印度群岛的奴隶制。根据议会指令，这项政策要先在直辖殖民地特立尼达岛和英属圭亚那实施。议会期望这项政策的顺利执行，能鼓励那些自治殖民地自发地仿照推行。改革举措包括：废除鞭刑；取消黑人星期日市场，另行规定一天作为奴隶参加宗教活动的假期；禁止鞭打女奴隶；释放田间奴隶和家用奴隶；宣布1823年以后出生的黑人女孩有人身自由；准许法庭接受奴隶的证词；设立奴隶储蓄银行；实行每日9小时工作制；指定一名奴隶监护人，除一般事务，主要负责保管被惩处奴隶的档案材料。这项改革政策不是为了解放奴隶，而是改善一下奴隶的待遇；不是实行革命，而是实行改良。似乎奴隶制会由于发善心而被消灭。

在直辖殖民地和各自治殖民地岛屿，种植园主对上述改革措施的反应是坚决反对，而且拒不通过在他们看来"仅仅是对黑人的一种纵容政策"[2]。种植园主深知，上述所有的让步，只不过意味着要做出更多的让步。

上述改革内容，没有一项得到西印度群岛种植园主的一致赞同。相反，倒激怒了他们。其中禁止鞭打女奴隶和取消黑人星期日市场这两条内容，尤使他们暴跳如雷。

在种植园主看来，处罚妇女是必不可少的。他们辩解说，即使在文明社会里，妇女也受到鞭打，例如在英国的教养所里就是这样做的。哈姆登（Hamden）先生在巴巴多斯立法院说："这里的黑人女性普遍高大强悍；我相信，她们的丈夫如果听说妻子竟可以免受处罚,是会深表遗憾的。"[3]

关于取消黑人星期日市场,巴巴多斯人表示反对,他们不愿放弃本来已经减少的收入的六分之一。[4]牙买加人则回应说,提出"奴隶应该有履行宗教义务的时间"是一个借口,它只会助长奴隶的懒惰。[5]由于种植园主的激烈反对,总督认为,任何改革的尝试都未免太过轻率。他宁可维持现状,"把改革留给时间来解决,或等待情况和舆论发生变化以后再推行。情况和舆论的改变虽然缓慢,但肯定会改变奴隶的生活习惯和性情"[6]。仅就改善奴隶的文明状况这点,时间确实是一个重要因素,但是奴隶没心情考虑这种循序渐进的必然改善。

种植园主认为,想要维护纪律,就必须保留鞭刑。废除鞭刑,"就会使种植园里的安宁与和谐气氛不复存在"[7]。特立尼达岛的一个种植园主说,执意要在西印度群岛的成年奴隶中实行9小时工作制的规定,是"对财产最不正当和最粗暴的侵犯"。毕竟英国的工厂主尚且可以在闷热又不卫生的环境里强制儿童工作12小时。[8]关于法庭可以接受奴隶证词这项改革,在牙买加议会里引起了一场喧嚣不止的抗议,该项法案在二读时,以36票反对、1票赞成的多数遭到否决。[9]牙买加议会还决定,把设立奴隶储蓄银行这一条款推迟到下次会议讨论。[10]眼见如此,关于黑人女孩可以得到自由的问题,总督就连提也不敢再提了。[11]英属圭亚那的立法会议决定,"如果那个会引起连锁反应的释奴政策非通过不可,那么更多考虑的应是原则的一致性,以及原则制定者的利益。也就是说,应该为他们制定原则，而不是由他们来执行原则"[12]。在特立尼达岛，释放奴隶的数量大大减少了，[13]而对释奴法令的评论却突然多起来。[14]詹姆斯·斯蒂芬承认，"那些发过誓的评论者宣布一个不公正的决定的可能性，过去未曾意料到，现在又不可能加以制止"[15]。特立尼达岛的一个奴隶管理人谈到了"议会那个愚蠢的法令"，并使用与他的职责不相称的语言记录了对奴隶的惩处，还对立法制定者大加嘲弄。[16]在英属圭亚那设立奴隶监护人机构不过是个"骗局"。1832年，担任这一职务的官员写道："对奴隶们来说，根本谈不上保护。我在那里完全不为人所知……"[17]

西印度种植园主不仅质疑英国政府的具体建议，还向英国议会的权力发起挑战，反对议会再援引法律来干预他们的内部事务并发布独断专行的命令。这类命令对所要处理的问题既过于自信，又不适当，还在时间上过于仓促和专断。[18]巴巴多斯总督在报告中说，任何一个即将发布的命令，都会当场激起愤懑和抗议。[19]奴隶主之间在谈论权利与自由问题时前后矛盾的言论，都被当作"无知的喧闹"，抛在脑后。哈姆登告诫说，回顾历史，"你就会发现，世界上没有任何国家比存在奴隶制的国家更羡慕自由"[20]。

在牙买加议会里，更是群情鼎沸。议员们在会上发誓说，对依法规定"纯属市政管理和治安警察职责范围内的"[21]，并得到"确认无疑的权利"，"决不会做出丝毫的让步"[22]。英国议会如果要为牙买加制定法律，就必须行使不与他人分享的特权。[23]牙买加宣称,大英帝国议会这种超然权利论,既破坏当地的合法权利,也危害当地人的生命财产。[24]据该岛总督说,"英国议会毋庸置疑的权利一再遭到肆无忌惮的藐视。除非有效制止这类傲慢无理的要求,否则,国王陛下在这个殖民地的权威将会有名无实"[25]。1832年,派到英国去的两个牙买加代表,向宗主国当局申述了他们的苦衷和不满,同时逐一揭露了牙买加潜藏的危险势力。这股势力宣称:"我们既不归顺英国人,也不归顺加拿大的殖民地兄弟。我们从不认为,牙买加可以援用英国的舆论制裁来维护自己的法律和习俗。"[26]另一个牙买加议员进一步问道:"我倒很乐意知道,英国国王除了从西班牙手里抢去牙买加,对牙买加还有什么权利?"[27]英国议会的一个西印度群岛议员提醒英国人民:"由于执意要讨论权利问题,结果我们失去了美国。"[28]在西印度群岛,到处都在谈论脱离宗主国的问题。英国政府也得到警告,说牙买加和美国交往频繁,[29]有些种植园主还派人试探美国政府。[30]内阁就这件事严厉质问了该岛总督。[31]这未免过虑了。圣多明各在类似的情况下,不是也没有把自己出卖给英国吗?

这些用以嘲弄帝国当局的"既温和又有相当权威性的语言"[32],不能仅仅看作绝望之人的疯言疯语。这是一个教训。与其说这是针对英国大众,毋宁说是针对西印度群岛奴隶。如果说牙买加总督发现种植园主"对剥夺他们控制奴隶的权力的反抗,比现在所能意料到的反抗更为强烈"[33],那么奴隶对种植园主的统治所表现出来的抵抗之顽强,也就不难理解了。用巴巴多斯总督的话说，所有种族中地位最低的黑人，最不可能忘记的就是那些种植园主"酷爱统治可怜的黑人的权力；每个种植园主在自己的产糖小天地里设置重重障碍阻挠奴隶获得自由，仿佛他顶疼爱自己的奴隶似的"[34]。可见，奴隶的解放不会得到种植园主的同意，相反，是要反其意志而行之。

当白人在密谋反叛和脱离宗主国的时候，自由的有色人种仍旧坚定不移地效忠宗主国，他们反对"割断与宗主国之间的纽带，因为那样做将会祸及我们自己，祸及我们的子孙后代"[35]。特立尼达岛的总督报告说，可以充分信任有色人种，他们不参加那些"煞费苦心在殖民地自由民和奴隶当中散布不满情绪的会议"[36]。在白人拒绝担任公职的时候，黑人和白人的混血后代一直坚持履行他们对公共事业的职责。[37]他们的忠诚并非源自内在的美德，而是因为他们力量太弱，不可能单枪匹马争取到应得的权利，而且除了通过英国政府，他们不可能获得解放。此外，当地政府在极力贯彻反垄断政策时，还不得不依靠他们。巴巴多斯总督写道，黑白混血儿有涵养，他们在道德、教育和才能方面都很出众。而白人，他们除了利用手中原有的权利和旧偏见维护自己无教养的地位，一无所有。这个总督向英国政府建议："你们将会看到，在目前的情况下，推动这些人发展是一项大政策。这些混血儿是一个有理智、有才干、很活跃而且忠实的种族，一旦有需要，我可以依靠他们去对付奴隶及白人民兵。"[38]

但是，与普遍的见解，甚至与学术界的见解相反的是，随着英国政治危机的日益加深,奴隶本身成了殖民地社会中最活跃、最强大的社会力量。这是解决西印度群岛问题的一支力量。这支力量过去被有意地忽略了。似乎奴隶被当作生产工具以后,只在编目里被当作人。种植园主把奴隶制看作永恒的,是按上帝意志安排的。他们还援引《圣经》,力图证明实行奴隶制是天经地义的。可是,有什么理由非要奴隶也这么想呢?奴隶也援引《圣经》,但他们是用它来证明自己要达到的目的。奴隶对来自奴隶主的刑罚和其他高压手段,报之以怠工、破坏,甚至暴动。在大多数情况下,奴隶唯一可能做到的是怠工,这是他们经常采取的一种消极的反抗形式。可见,关于黑人奴隶十分温顺的说法,不过是一种想象。牙买加和英属圭亚那的黑奴探听到英国政府有关释放奴隶的协议后,纷纷逃出种植园,或者避居在偏僻的山区,或者躲进密林深处。他们自行闯出的这条自由之路,给英属西印度群岛的奴隶树立了一个光辉的榜样。圣多明各奴隶起义的胜利,可以说是新大陆奴隶制历史上的一个里程碑。1804年,当独立的海地共和国成立之后,牙买加、古巴及得克萨斯的白人奴隶主,人人提心吊胆,唯恐又出现一个杜桑·卢维杜尔。在这样一个时期发生的这个震撼数百万英国人,并造成经济混乱和巨大骚动的事件,不可能没有影响到奴隶本身,以及奴隶与主人的关系。英国资本家对甘蔗种植园主施加的压力被夸大了,实际上这种压力来自殖民地的奴隶。在西印度群岛这样的社会里,正如巴巴多斯总督指出的,"公众总是胆战心惊地警惕着暴动的危险"[39]。

奴隶远非奴隶主认为的那么愚蠢，也远非像后来的历史学家描述的那样呆笨。奴隶对周围的一切异常敏感，对探讨与自身命运有关的事情极为关切。1830年，英属圭亚那总督写道："比起对其他事情，奴隶对所有关系到自身利益的事具有更敏锐的观察力。"[40]而种植园主往往在奴隶在场的情况下，公开谈论决定奴隶命运的问题。1832年，特立尼达岛总督写道："在这里能举行种植园主参加的会议，那发生任何事情都不必感到奇怪……"[41]当地报纸还对这种情绪火上加油。特立尼达岛一家报纸把议会的命令斥为"卑鄙可恶的法令"[42]，另一家报纸则称之为"黑人法典的荒谬条款"[43]。有个法官拒绝出庭审理根据议会命令提出的诉讼案件，直接步出法院扬长而去。[44]种植园主因这种粗鲁的态度受到责备，但他们也想不出别的办法。这是面临深刻危机的社会都具有的一种特征。例如，法国大革命以前，在法国的宫廷和贵族当中，不仅可以自由地讨论伏尔泰和卢梭的著作，而且在一定范围内，还可以发表真实的思想评价。然而，种植园主们那种傲慢举止和粗鲁语言，对早已心怀不满的奴隶们只能起到煽风点火的作用。

每当掀起一次新的讨论，或者颁布一项新的政策时，奴隶们的一致看法是，释奴法令在英国已经获得通过，却遭到了奴隶主的阻挠。1807年，牙买加总督报告说："奴隶们把取缔奴隶贸易看作对他们的彻底解放。"[45] 1816年，英国议会通过了一项法案，硬性规定对所有奴隶开展登记注册，以制止违犯废奴法令和走私贩卖奴隶的活动。牙买加的奴隶对这项法案的看法是，该法案"考虑了一些有利于他们的措施，当地的居民普遍支持的本地议会却希望隐瞒这些措施"[46]。因此，种植园主不得不建议议会宣布，从未考虑过解放奴隶的问题。[47]在特立尼达岛[48]和巴巴多斯[49]的奴隶当中，也同样流传着这种对法案的误解。整个西印度群岛的奴隶都在询问："白人为什么不遵照国王的吩咐去做？"[50]奴隶们居然深信不疑地认为，在他们反对主人的斗争中，宗主国政府会给他们一些重大好处，他们急于抓住一切可能的机会来证实这一点。[51]就这样，每一任新总督都被奴隶们看作是来宣布解放的。1824年，本杰明·杜尔班（Benjamin D'Urban）总督抵达英属圭亚那时，奴隶们就认为他的到来会给"他们的前途带来好处"[52]。1831年，特立尼达岛总督休假时，黑奴们以为他"即将公布释放全部奴隶的法令"[53]。马尔格雷夫伯爵[1]于1832年抵达牙买加时，也出现过群情激昂的场面。有一次，他到金斯敦附近视察，周围一直簇拥着一大群奴隶，人数之多是该岛前所未有的。奴隶们都认为，马尔格雷夫伯爵"口袋里装着释奴法令，就要拿出来公布了"[54]。1833年，任命莱昂内尔·史密斯（Lionel Smith）为巴巴多斯总督这件事，也被奴隶们理解为即将全面解放奴隶的迹象。所以，当史密斯抵达该岛时，竟引起相当多的奴隶逃出偏僻地区的种植园，来到布里奇顿，"以便亲自证实总督是否已

---

[1] 康斯坦丁·亨利·菲普斯（Constantine Henry Phipps），第一代诺曼比侯爵，1831—1838年被称为马尔格雷夫伯爵，英国辉格党政治家。

经公布了自由法令"[55]。

虽然如此,奴隶也并不打算静待上面把赎买来的自由恩赐给自己。1800年以后,此起彼伏的大规模奴隶暴动,正反映了当时日益紧张的局势。甚至威斯敏斯特庄严的议会大厅里,也感受到了这种紧张的气氛。

1808年,英属圭亚那爆发了一次奴隶起义。但这次起义被人告发,起义的领导人全部被捕。这些领导人中"有马车夫、商贩和庄园里那些最聪敏的奴隶"[56],也就是说,发动起义的不是田野里干活的奴隶,而是那些生活比较舒适、待遇比较好的奴隶。1824年,牙买加也出现了一个起义的庄园奴隶,后因被告发自杀了。他曾公开承认,他的主人是善良和宽容的。然而,他又为自己的起义行为辩护,理由是他生前之所以得不到自由,主要是由于主人的阻挠。[57]这件事是一个危险的信号,因为圣多明各的杜桑·卢维杜尔原来就是一个深得主人信赖的奴隶车夫。

1816年,巴巴多斯也爆发起义。这对巴巴多斯的种植园主来说,无疑是当头一棒。因为他们曾吹嘘说,善待奴隶,"可以防止他们使用暴力去获取他们应得的天赋人权。这个权利虽长期以来为法律所认可,但至今一直未得到正式承认"[58]。当询问奴隶因何暴动时,他们直率地承认,暴动并不是由于受到虐待。"但是,他们固执地认为,"该岛司令官在致总督的信中写道,"巴巴多斯这座岛不属于白人,而是属于他们的。他们还宣称,要消灭全部白人,只留下白人妇女。"[59]种植园主本来对这次起义毫无防备,只因有个参加起义的奴隶喝醉酒走漏了消息,迫使起义提前发动,因而未能波及全岛。[60]牙买加的种植园主从这次起义事件中看到的仅仅是"几个头脑发热的博爱论者、无知的讲演家及其盲目的追随者远见卓识的第一个成果"[61]。而他们所能想到的对策,则是催促他们的代表到总督那里,要求召回几天前返回英国的一个分遣队,并将该团的剩余人员扣留在牙买加。

但是,紧张的局势仍在急剧发展。继1808年英属圭亚那、1816年巴巴多斯的起义之后,1823年英属圭亚那再度爆发奴隶起义。参加这次起义的有55个种植园的奴隶,人数达1.2万人。我们从这次起义中再一次看到,起义计划制订得非常细致,而且极端隐秘,把种植园主完全蒙在鼓里。奴隶们要求获得无条件的解放。总督告诫他们,解放只能逐步推进,不能操之过急。但奴隶们对这种告诫漠然置之。"他们说,这样做并不能安抚他们,上帝赋予他们和白人以同样的生命,他们再也不愿充当白人的奴隶,他们应当获得自由,否则,他们就不愿再继续干活了。"总督于是向他们保证,"倘若他们采取得到国王陛下恩准的和平行动,他们的处境是可以逐步得到切实改善的。可是他们竟宣称要成为自由人"[63]。随之而来的是惯常的严厉手段,奴隶起义被镇压了下去。种植园主为此拍手称快,又毫不在乎地依然如故。他们唯一关心的,是起义前已经颁布的戒严法令会不会继续有效。[64]

巴巴多斯总督听到英属圭亚那奴隶起义的消息后,给殖民地大臣写了一封密信，信中说："球已经开始滚动，谁也说不准这个球将在什么时候、什么地方停下来。"[65]翌年，牙买加汉诺威教区有两个种植园的奴隶发动起义。但这次起义是局部的，不久便被一支强大军队镇压，起义的领导者全部被处死。然而，奴隶作为一个社会集团，单靠屠杀是难以制止他们再度发动起义的。此外，那些被处决的人，正如牙买加总督所说，"充满着这样的信念：他们有权享有自由，他们所从事的事业是正义的事业，是在为自己应得的权利辩护"。据一位起义的首领说，他发动的起义并没有被平息，"战斗刚刚开始"[66]。

英属圭亚那和牙买加表面上虽然恢复了平静，但黑奴的骚动仍持续不断。英属圭亚那总督写道："不满的情绪丝毫没有消失，它还会死灰复燃；而且，在那些不善于观察的人来看，黑人的情绪虽然没有显示出明显的反常迹象，但他们一直在受到鼓动，充满猜忌和疑虑。"[67]为此，总督警告说，解放奴隶一事再不能拖延了。这不仅要从应有的人道主义和现有的政策措施去考虑，而且也要设法消除黑人的期待和猜疑心理。在彻底解决他们的问题以前，先使他们摆脱狂热情绪的支配。[68]没有什么比黑人思想上这种捉摸不定和朦胧期待的状态更加危险的了。[69]

这是1824年的事情。7年以后，关于人身财产、补偿金和合法权利问题的讨论仍在继续。1831年，奴隶们决定自己来解决这些问题了。这年在安提瓜岛爆发了一次起义。巴巴多斯总督不得不派出增援部队。[70]在巴巴多斯的奴隶中，普遍存在这样的想法：国王已恩准了释放奴隶，但总督却阻挠奴隶得到这种恩惠。与此同时，还传出谣言，说国王派来的军队接到了确切的命令，在发生暴动时，不准向奴隶开枪。[71]

在1831年的圣诞节期间，以牙买加奴隶起义为标志，出现了奴隶反抗的高潮。牙买加是英属西印度群岛殖民地中面积最大，也是最重要的一个殖民地。它拥有的奴隶数量占整个英属西印度群岛奴隶数量的一半以上。所以，牙买加一旦点燃了起义之火，就没有什么办法能制止这场大火蔓延了。这是西半球奴隶中爆发的一次"规模很大的破坏性暴动"[72]。总督报告说，这次暴动"不是起因于任何偶发的怨恨，或者任何直接的不满情绪，它是经过长期策划，而且几经推迟的一次暴动"。这次起义的领袖大都身居最受主人信赖的职位，被免除了一切繁重的劳动。"他们的真实动机，看来不外是激励着他们的那个获得人身自由的愿望，以及在某种条件下，他们想占有主人财产的愿望。这些愿望都可能影响他们的行动。"[73]

但是，西印度群岛的种植园主从这几次奴隶起义中，看到的仅仅是造成宗主国和人道主义者陷入窘境的那个短暂时刻。1832年，特立尼达岛总督在信中写道："就本岛的奴隶而言，目前还相安无事。那些有责任努力维持这一局面的人，倘若真想维持局面的话，是很容易办到的。然而看来，这里的某些有地位的人士，他们的实际动机，似乎是要催逼政府放弃既定原则，甚至不惜甘冒激起奴隶暴动的危险。"[74]牙买加的总督也遇到了类似的情况。他说："无疑会有这样一些目光短浅之人，他们由于失意，竟满足于一些地区因黑奴暴动造成的混乱。这些对自己的前途深感绝望的人，想要借奴隶暴动给英国政府造成的困境，来得到一点安慰。"[75]用丹尼尔·奥康奈尔（Daniel O'Connell）[1]的话说，西印度群岛的种植园主一直坐在"肮脏的、覆满灰尘的火药库上面，他不愿离开这个座位，又时时刻刻担心奴隶会用火把点燃这个火药库"[76]。

但是，这场冲突已经离开了抽象地讨论诸如奴隶是否算财产、要采取哪些政策措施等政治问题的阶段，要求解放奴隶日益成为人们强烈的愿望。一个牙买加人在致总督的信中说："这个问题不应再留待英国政府和种植园主通过无休止的争执来裁决。奴隶们已经懂得自己是社会的第三股势力，他们深知自己的力量，而且将坚决维护应有的自由权利。甚至在最近的一次起义失败以后，奴隶们也毫不畏怯，仍以顽强的决心谈论解放问题。"[77]来自巴巴多斯总督的报告强调指出，在解放奴隶问题上悬而不决，"会产生两种恶果"，一方面会使种植园主的种种努力化为乌有；另一方面会迫使多年期待获得自由的奴隶铤而走险。[78]他警告说，在一次又一次的会议上向奴隶们空口许诺，即将给他们以自由，再没有什么比这样做更有害了。[79]两个星期以后，总督又来信说，最理想的方法就是"宗主国政府尽早做出决定，解决那些不幸之人的状况。他们由于梦想自由而不可得，就会把仇恨发泄在主人身上。在某些情况下，这反

---

[1] 爱尔兰政治人物、英国下议院议员。

第12章 奴隶与奴隶制

过来又会使他们本就悲惨的状况进一步恶化"[80]。

因此，到1833年，形势已经很明朗：或者靠上面来解放奴隶，或者由下面来解放奴隶。总之，是非解放不可了。经济环境的变化、垄断制的衰落、资本主义的发展、人道主义者在英国教会所做的鼓动宣传，以及议会大厅里的相互攻讦和辩论，现在终于在奴隶自己决心起来争取自由的情况下，实现了奴隶的解放。黑人用自己的劳动创造了财富，而财富的不断增长终于促使他们获得了人身自由。

第13章
结　论

本书着重论述英国，从学究的观点看，若起名《英国资本主义与奴隶制》也许较为确切，然而就全书论述的内容看，就不免有所失真了。因为英国资本主义所具有的特征，在法国的资本主义中也很典型。加斯顿·马丁写道："1714—1789年，南特港的大船主中，没有一个不从事奴隶买卖的，也没有一个仅仅从事贩卖奴隶这一行当的。几乎可以肯定地说，大船主要是不从事奴隶贩卖，就不成其为大船主。这就是奴隶贸易重要性之所在。其他各个行业的兴废都取决于奴隶贸易的成败。"[1]

遥遥领先于世界其他国家的英国和法国开创了世界近代工业发展、议会民主和自由主义。英国与印度的贸易是促进英国资本积累的又一个国外渠道。这个渠道在我所论述的这个时期，还只列居第二位。英国后来之所以转而加紧剥削它在印度的殖民地，主要是由于它在1783年丧失了北美殖民地。

1776年发生的危机，一直持续到法国大革命和拿破仑战争时期，继而持续到1832年议会改革法案宣布之前。这场危机在许多方面和今天发生的世界危机极为相似。所不同的是，当前的危机范围更广、更深刻，也更为严重。如果对过去危机的研究能使我们多少得出一些思想准绳，用以探讨今天发生的事情，那我们就不会感到不可思议了。

☆ 在我论述的这个历史时期，起决定作用的力量，是正在发展中的经济力量。

这些经济力量的变化是渐进的、微小的，但却产生一种不可抗拒的、越来越大的影响。那些追逐自身利益的人，对他们的所作所为必将产生的后果很少有所认识。18世纪的商业资本主义通过奴隶制和垄断的方式，增殖了欧洲的财富。但是，商业资本主义在增殖财富的过程中，却促进了19世纪工业资本主义的形成。而后者的形成反过来摧毁了商业资本主义，摧毁了从属于商业资本主义的一切行业，摧毁了奴隶制。如果不牢牢抓住经济上的这些变化，那么分析这一时期的历史就会毫无意义。

☆ 最有势力的商人集团、实业家集团和政治家集团相互竞争，他们对眼前的利益极其敏感，对各自采取的行动、提出的建议和政策会带来怎样的深远影响则往往是盲目的。

对绝大多数制定政策的英国人来说，北美殖民地的丧失是一场灾祸，而事实很快表明，这场灾祸反倒为英国开创了一个增殖财富和扩大政治力量的新时代。这个时代所取得的成就，大大超过前一时代的全部成就。从这个观点出发，非洲和远东摆脱帝国主义争取自由的问题，最终将取决于生产力发展的必然性。1833年的新生产力摧毁了宗主国与其殖民地维持了60年的关系。所以，今天无可比拟的更为强大的生产力，也必将摧毁阻碍它前进的任何生产关系。这样说，并不是说为民主、为现在的自由或战后的自由而争论不具有紧迫性和有效性，而是如能加以必要的变通，会发现这些理论似曾相识。要是根据某些相同的理论所取得的经验，冷静观察一下这些理论所代表的特权集团（这个特权集团显然会拒绝接受积极活动的当代人），对相应理论的研究是有裨益的。

☆一个时代的政治思想和道德观念，要从与这个时代密切联系的经济发展过程中去研究。

抽象的政治思想和道德观念是没有什么意义的。我们看到，英国的政治家、政论家今天维护奴隶制，明天谴责奴隶制，后天又出来维护奴隶制。这些人今天是帝国主义者，第二天则成为反帝国主义者；在一代人以后，又成为亲帝国主义分子。而且不管扮演什么角色，他们总是带着同样热烈的感情。他们在维护或抨击奴隶制时，往往都依据很高的道德和政治标准。他们所要捍卫或者抨击的事物，往往是人们看得见、摸得着的，而且是可以用英镑或者常衡磅来计算的，也可以用美元、美分、度量衡来计算。这不是一种罪恶，而是一个事实。这个事实在当时并不为人们所理解。但是，历史学家在100年以后的今天来叙述这个事实时，就没有理由把其中的真实利益继续淹没在混沌之中了。[1] 群众性的反对奴隶制运动，是伟大的群众运动之一。就是这样伟大的群众运动也表明，它与新兴利益集团的出现和壮大是有机联系在一起的，与旧利益集团的必然毁灭也是有机联系在一起的。

☆ 从历史角度看，注定要灭亡的旧利益集团可能会产生的阻碍作用和分裂作用，只有通过了解这个集团曾经发挥过的强有力作用和以往打下的根基才能加以解释。

否则如何解释任何不偏不倚的观察家（如果真有这样的观察家）都能够预见到西印度群岛的时代即将完结时，他们还在顽强地维护自己的那个时代？可是，要用历史惯常使用的那种简明扼要的叙述方法，用经过仔细选择又有代表性的一些彼时的言论来加以解释，只能对本来很明确的目的和意图造成误解。

☆ 建立在旧时代利益基础上的观念，在这个利益已经被消灭以后，还将长期存在，并继续起着原有的坏影响。由于与其相适应的利益已不复存在，这种影响造成的危害就更大。

---

[1] 在这一可悲倾向中，牛津大学的雷金纳德·库普兰教授是一个突出的例子。——原注

第13章 结 论

那种认为白人不适宜在热带地区劳动的观点，认为黑人天生低劣、注定要沦为奴隶的观点，就是属于旧时代利益的观点。因此，我们不仅要警惕这些旧的偏见，还要警惕正在不断产生的新的偏见。这种情况，古今概莫能外。

以上归纳的几点，并不是为解决当今各种问题而提出来的。但这几点是另一个时代大海里指导航行的海图图标。那个时代的大海，和我们这个时代的大海一样，充满了狂风暴雨。历史学家既不能编造历史，也不能支配历史。他们在历史中的地位往往是很渺小的，甚至是微不足道的。但是，历史学家倘若不能从以往的历史中吸取教训，那他们的学术活动只能成为文化上的装饰品，或者一种愉快的消遣，而对今天充满混乱的时代全无裨益。

注　释

第 1 章　黑人奴隶制的起源

1. C. M. Andrews, *The Colonial Period of American History* (New Haven, 1934-1938), I, 12-14, 10-20.
2. N. M. Crouse, *The French Struggle for the West Indies, 1665-1713* (New York, 1943), 7.
3. Adam Smith, *The Wealth of Nations* (Cannan edition, New York, 1937), 538. 关于这点，亚当·斯密补充了一个政治因素，即"按他们自己的方式管理其事务的自由"。
4. H. Merivale, *Lectures on Colonization and Colonies* (Oxford, 1928 edition), 162.
5. Ibid., 385. 这是加拿大总督西德纳姆爵士（Lord Sydenham）的描述。
6. H. Merivale, *op. cit.*, 256.
7. Ibid.
8. R. B. Flanders, *Plantation Slavery in Georgia* (Chaptel Hill, 1933), 15-16, 20.
9. H. Merivale, *op. cit.*, 269.
10. M. James, *Social Problems and Policy During the Puritan Revolution, 1640-1660* (London, 1930), III.

11. Adam Smith, *op. cit.*, 365.
12. J. Cairnes, *The Slave Power* (New York, 1862), 39.
13. G. Wakefield, *A View of the Art of Colonization* (London, 1849), 323.
14. Adam Smith, *op. cit.*, 365-366.
15. H. Merivale, *op. cit.*, 303. Italics Merivale's.
16. M. B. Hammond, *The Cotton Industry: An Essay in American Economic History* (New York, 1897), 39.
17. J. Cairnes, *op. cit.*, 44; Merivale, *op. cit.*, 305-306. 关于地力耗尽及美国奴隶制发展的情况，参见 W. C. Bagley, *Soil Exhaustion and the Civil War* (Washington, D. C., 1942)。
18. H. Merivale, *op. cit.*, 307-308.
19. J. A. Saco, *Historia de la Esclavitud de los Indios en el Nuevo Mundo* (La Habana, 1932 edition), Ⅰ, Introduction, p. xxxviii. 该序言撰写者为费尔南多·奥尔蒂斯。
20. A. W. Lauber, *Indian Slavery in Colonial Times Within the Present Limits of the United States* (New York, 1913), 214-215.
21. J. C. Ballagh, *A History of Slavery in Virginia* (Baltimore, 1902), 51.
22. F. Ortíz, *Contrapunteo Cubano del Tabaco y Azúcar* (La Habana, 1940), 353.
23. F. Ortíz, *Contrapunteo Cubano del Tabaco y Azúcar* (La Habana, 1940), 359.
24. A. W. Lauber, *op. cit.*, 302.
25. C. M. Haar, "White Indentured Servants in Colonial New York", *Americana* (July, 1940), 371.
26. *Cambridge History of the British Empire* (Cambridge, 1929), Ⅰ, 69.
27. Andrews, *op. cit.*, Ⅰ, 59; K. F. Geiser, *Redemptioners and Indentured Servants in the Colony and Commonwealth of Pennsylvania* (New Haven, 1901), 18.
28. *Cambridge History of the British Empire*, Ⅰ, 236.
29. C. M. MacInnes, *Bristol, A Gateway of Empire* (Bristol, 1939), 158-159.
30. M. W. Jernegan, *Laboring and Dependent Classes in Colonial America, 1607-1783* (Chicago, 1931), 45.
31. H. E. Bolton and T. M. Marshall, *The Colonization of North America, 1492-1783* (New York, 1936), 336.
32. J. W. Bready, *England Before and After Wesley—The Evangelical Revival and*

Social Reform (London, 1938), 106.
33. *Calendar of State Papers, Colonial Series*, V, 98. July 16, 1662.
34. Geiser, *op. cit.*, 18.
35. G. Mittelberger, *Journey to Pennsylvania in the Year 1750* (Philadelphia, 1898), 16; E. I. McCormac, *White Servitude in Maryland* (Baltimore, 1904), 44, 49; "Diary of John Harrower, 1773-1776", *American Historical Review* (Oct.,1900), 77.
36. E. Abbott, *Historical Aspects of the Immigration Problem, Select Documents* (Chicago, 1926), 12n.
37. Bready, *op. cit.*, 127.
38. L. F. Stock (ed.), *Proceedings and Debates in the British Parliament Respecting North America* (Washington, D.C., 1924-1941), I, 353n, 355; III, 437n, 494.
39. *Calendar of State Papers, Colonial Series*, V, 221.
40. Ibid., V, 463. April, 1667(?).
41. Stock, *op. cit.*, V, 229n.
42. Jernegan, *op. cit.*, 49.
43. J. D. Lang, *Transportation and Colonization* (London, 1837), 10.
44. H. Merivale, *op. cit.*, 125.
45. J. D. Butler, "British Convicts Shipped to American Colonies", *American Historical Review* (Oct., 1896), 25.
46. J. C. Jeaffreson (ed.), *A Young Squire of the Seventeenth Century. From the Papers (A. D. 1676-1686) of Christopher Jeaffreson* (London, 1878), I, 258. Jeaffreson to Poyntz, May 6, 1681.
47. 关于克伦威尔本人对此的保证，见 Stock, *op. cit.*, I, 211。Cromwell to speaker Lenthall, Sept. 17, 1649.
48. V. T. Harlow, *A History of Barbados, 1625–1685* (Oxford, 1926), 195.
49. J. A. Williamson, *The Caribbee Islands Under the Proprietary Patents* (Oxford, 1926), 95.
50. *Calendar of State Papers, Colonial Series*, XIII, 65. 1689年6月10日，约瑟夫·克里斯普（Joseph Crispe）从圣基茨岛给拜尔上校（Col. Bayer）写信道："除了法国人，我们在爱尔兰天主教徒中还有一个更坏的敌

人。"在蒙特塞拉特岛，爱尔兰人与英国人的比例是 3∶1。爱尔兰人威胁要把该岛交给法国人（Ibid., 73. June 27, 1689）。安提瓜岛的总督科德林顿说，宁可把蒙特塞拉特岛的防卫工作托付给为数不多的几个英国人及其奴隶，也不愿依赖爱尔兰人"令人怀疑的忠诚"（Ibid., 112-113. July 31, 1689）。他解除了尼维斯岛上爱尔兰人的武装，并把他们遣往牙买加（Ibid., 123. Aug. 15, 1689）。

51. H. J. Ford, *The Scotch-Irish in America* (New York, 1941), 208.
52. *Calendar of State Papers, Colonial Series*, Ⅴ, 495. Petition of Barbados, Sep. 5, 1667.
53. Stock, *op. cit.*, Ⅰ, 288n, 321n, 327.
54. Harlow, *op. cit.*, 297-298.
55. Mittelberger, *op. cit.*, 19.
56. Stock, *op. cit.*, Ⅰ, 249. March 25, 1659.
57. Geiser, *op. cit.*, 57.
58. E. W. Andrews (ed.), *Journal of a Lady of Quality; Being the Narrative of a Journey from Scotland to the West Indies, North Carolina and Portugal, in the Years 1774-1776* (New Haven, 1923), 33.
59. Jeaffreson, *op. cit.*, Ⅱ, 4.
60. J. A. Doyle, *English Colonies in America—Virginia, Maryland, and the Carolinas* (New York, 1889), 387.
61. MacInnes, *op. cit.*, 164-165; S. Seyer, *Memoirs Historical and Topographical of Bristol and Its Neighbourhood* (Bristol, 1821-1823), Ⅱ, 531; R. North, *The Life of the Rt. Hon. Francis North, Baron Guildford* (London, 1826), Ⅱ, 24-27.
62. Seyer, *op. cit.*, Ⅱ, 532.
63. *Cambridge History of the British Empire,* Ⅰ, 563-565.
64. Ballagh, *op. cit.*, 42.
65. McCormac, *op. cit.*, 75.
66. Ibid., 111.
67. C. A. Herrick, *White Servitude in Pannsylvania* (Philadelphia, 1926), 3.
68. Stock, *op. cit.*, 249.
69. Harlow, *op. cit.*, 306.

70. Stock, *op. cit.*, I, 250. March 25, 1659.
71. *Calendar of State Papers, Colonial Series*, IX, 394. May 30, 1676.
72. Sir W. Besant, *London in the Eighteenth Century* (London, 1902), 557.
73. *Calendar of State Papers, Colonial Series*, V, 229. 1664年（？）8月枢密院立法委员会关于外国种植园的报告。
74. G. S. Callender, *Selections from the Economic History of the United States, 1765-1860* (New York, 1909), 48.
75. *Calendar of State Papers, Colonial Series*, X, 574. July 13, 1680.
76. H. J. Laski, *The Rise of European Liberalism* (London, 1936), 199, 215, 221.
77. Daniel Defoe, *Moll Flanders* (Abbey Classics edition, London, n.d.), 71.
78. T. J. Wertenbaker, *The Planters of Colonial Virginia* (Princeton, 1922), 61.
79. Herrick, *op. cit.*, 178.
80. Ibid., 12.
81. *Calendar of State Papers, Colonial Series*, V, 220. 商人、种植园主和船长与种植园开展贸易的请愿书（1664年7月12日）。
82. Harlow, *op. cit.*, 307.
83. *Calendar of State Papers, Colonial Series*, IX, 445. Aug. 15, 1676.
84. U. B. Phillips, *Life and Labor in the Old South* (Boston, 1929), 25.
85. J. S. Bassett, *Slavery and Servitude in the Colony of North Carolina* (Baltimore, 1896), 77. 关于黑人奴隶温顺，见第201~208页。
86. Flanders, *op. cit.*, 14.
87. Cairnes, *op. cit.*, 35n.
88. Callender, *op. cit.*, 764n.
89. Cairnes, *op. cit.*, 36.
90. Ortíz, *op. cit.*, 6, 84.
91. A. G. Price, *White Settlers in the Tropics* (New York, 1939), 83.
92. Ibid., 83, 95.
93. Ibid., 92.
94. Ibid., 94.
95. E. T. Thompson, "The Climatic Theory of the Plantation", *Agricultural History* (Jan. 1941), 60.
96. H. L. Wilkinson, *The World's Population Problems and a White Australia*

(London, 1930), 250.
97. Ibid., 251.
98. R. Guerra, *Azúcar y Población en Las Antillas* (La Habana, 1935), 20.
99. Williamson, *op. cit.*, 157-158.
100. *Calendar of State Papers, Colonial Series*, X, 503. Governor Atkins, March 26, 1680.
101. Ibid., Ⅶ, 141. 1670年12月14日，彼得·科勒顿（Peter Colleton）爵士致科德林顿总督的信。1686年牙买加也提出了类似的建议。关于请求获准推广棉纺织业，以此为贫穷白人提供就业机会一事，英国海关的答复是："越是鼓励殖民地发展这类制造业，就越使它们独立于英国。" F. Cundall, *The Governors of Jamaica in the Seventeenth Century* (London, 1936), 102-103.
102. *Calendar of State Papers, Colonial Series*, ⅩⅣ, 446-447. Governor Russell, March 23, 1695.
103. C. S. S. Higham, *The Development of the Leeward Islands under the Restoration, 1660-1688* (Cambridge, 1921), 145.
104. Harlow, *op. cit.*, 44.
105. Callender, *op. cit.*, 762.
106. H. Merivale, *op. cit.*, 62.
107. Harlow, *op. cit.*, 293.
108. Ibid., 41.
109. *Calendar of State Papers, Colonial Series*, V, 529. "Some Observations on the Island of Barbadoes", 1667.
110. Harlow, *op. cit.*, 41.
111. Ibid.,43.
112. H. Merivale, *op. cit.*, 81.
113. F. W. Pitman, *The Settlement and Financing of British West India Plantations in the Eighteenth Century,* in *Essays in Colonial History Presented to Charles Mclean Andrews By His Students* (New Haven, 1931), 267.
114. Ibid., 167-169.
115. *Calendar of State Papers, Colonial Series*, I, 79. Governor Sir Francis Wyatt and Council of Virginia, April 6, 1626.

116. Wertenbaker, *op. cit.*, 59, 115, 122-123, 131, 151.
117. R. B. Vance, *Human Factors in Cotton Culture: A Study in the Social Geography of the American South* (Chapel Hill, 1929), 36.
118. J. A. Saco, *Historia de la Esclavitud de la Raza Africana en el Nuevo Mundo y en especial en los Paises America-Hispanos* (La Habana, 1938), Ⅰ, Introduction, p. xxviii. 该序言撰写者为费尔南多·奥尔蒂斯。
119. T. Blanco, "EI Perjuicio Racial en Pucrto Rico", *Estudios Afrocubanos*, Ⅱ (1938), 26.
120. J. A. Saco, *Historia de la Esclavitud de la Raza Africana…*, Introduction, p. xxx.
121. *Immigration of Labourers into the West Indian Colonies and the Mauritius*, Part Ⅱ, *Parliamentary Papers*, Aug. 26, 1846, 60. 1845年9月17日，亨利·莱特（Henry Light）致信斯坦利勋爵："作为劳工，他们是极为有用的；作为公民，他们是最守法的，难得被法庭或警察传讯。"
122. *Papers Relative to the West Indies, 1841–1842, Jamaica-Barbados*, 18. C. T. Metcalfe to Lord John Russell, Oct. 27, 1841.
123. *Immigration of Labourers into the West Indian Colonies…*, 111. William Reynolds to C. A. Fitzroy, Aug. 20, 1845.
124. 这些数字摘自 I. Ferenczi, *International Migrations* (New York, 1929) 中的表格，具体见Ⅰ, 506-509, 516-518, 520, 534, 537。
125. 下表说明了1857年古巴甘蔗种植园使用华工的情况：

种植园名称	黑奴／人	华工／人
古巴之花	409	170
圣马丁	452	125
前进	550	40
阿蒙尼亚	330	20
桑达路莎	300	30
圣拉斐尔	260	20
圣苏珊娜	631	200

其中圣苏珊娜种植园可真是一个世界人种荟萃之地；在奴隶当

中包括了34名墨西哥尤卡坦的原住民。表中数字引自胡斯托·赫尔曼·坎特罗（Justo Germán Cantero）所著的《古巴岛的制糖厂》(*Los Ingenios de la Isla de Cuba*, 1857)。该书未标明页码。有人反对使用这批华工，理由是这将导致人口成分日益混杂。对此的反驳是："我们为此又会失掉什么呢？" *Anales de la Real Junta de fomento y Sociedad Económica de La Habana* (La Habana, 1851), 187.

126. Ferenczi, *op. cit.*, I, 527.

第2章 黑奴贸易的发展

1. *Calendar of State Papers, Colonial Series*, V, 167. Renatus Enys to Secretary Bennet, Nov. 1, 1665.
2. C. Whitworth (ed), *The Political and Commercial Works of Charles Davenant* (London, 1781), V, 146.
3. G. F. Zook, *The Company of Royal Adventurers Trading into Africa* (Lancaster, 1919), 9, 16.
4. M. Postlethwayt, *Great Britain's Commercial Interest Explained and Improved* (London, 1759), II, 148-149, 236; M. Postlethwayt, *The African Trade, the Great Pillar and Support of the British Plantation Trade in North America* (London, 1745), 38-39; M. Postlethwayt, *The National and Private Advantages of the African Trade Considered* (London, 1746), 113, 122.
5. J. Gee, *The Trade and Navigation of Great Britain Considered* (Glasgow, 1750), 25-26.
6. C. Whitworth, *op. cit.*, II, 37-40.
7. Ibid., V, 140-141. 文章名为 "Reflections upon the Constitution and Management of the African Trade"，值得一读。
8. E. Donnan (ed.), *Documents Illustrative of the History of the Slave Trade to America* (Washington, D. C., 1930-1935), II, 129-130.
9. Ibid., I, 265. 1681年，这批债务估计达27.1万英镑。E. Collins, *Studies in the Colonial Policy of England, 1672-1680* (Annual Report of the American Historical Association, 1900), 185.

10. J. Latimer, *Annals of Bristol in the Eighteenth Century* (Bristol, 1893), 271.
11. Higham, *op. cit.*, 158.
12. Latimer, *op. cit.*, 172.
13. Anonymous, *Some Matters of Fact relating to the present State of the African Trade* (London, 1720), 3.
14. Pitman, *The Development of the British West Indies, 1700-1763* (New Haven, 1917), 67.
15. Ibid., 69-70, 79.
16. M. Postlethwayt, *Great Britain's Commercial Interest...*, Ⅱ, 479-480. See also pp. 149-151, 154-155.
17. H. H. S. Aimes, *A History of Slavery in Cuba, 1511-1868* (New York, 1907), 33, 269.
18. W. E. H. Lecky, *A History of England in the Eighteenth Century* (London, 1892-1920), Ⅱ, 244.
19.《枢密院委员会上议院议员关于贸易与海外种植园所有事宜的报告，1788年》(*Report of the Lords of the Committee of Privy Council appointed for the consideration of all matters relating to Trade and Foreign Plantations, 1788*) 第六部分贝利（Baillie）、金（King）、卡姆登（Camden）和休伯特（Hubbert）先生的证词。下列数字引自同一报告的第四部分（第4号、第5号，第6号补遗，以及提出报告后收到的文件），这些数字多少说明了奴隶再输出的范围：

殖民地	年份/年	输入/人	再输出/人
牙买加	1784—1787	37 841	14 477
圣基茨岛	1778—1788	2784	1769
多米尼加	1784—1788	27 553	15 781
格林纳达岛	1784—1792	44 712	31 210

据邓达斯（Dundas）估计，1791年英属西印度群岛输入的奴隶总数达7.4万人，再输出的奴隶为3.4万人。*Cobbett's Parliamentary History of England*（下文简称 *Parl. Hist.*），ⅩⅩⅨ, 1206. April 23, 1792.

20. B. Edwards, *The History, Civil and Commercial, of the British Colonies in*

the West Indies (London, 1801), I, 299.
21. J. Ramsay，完全是他自己的手稿，主要是关于他为废除奴隶贸易而开展的活动，1781（Rhodes House Library, Oxford），f. 23（v）。"Memorial on the Supplying of the Navy with Seamen"。
22. W. Enfield, *An Essay Towards the History of Liverpool* (London, 1774), 67.
23. Donnan, *op. cit.*, 630. 由下表可以看到利物浦运奴船的发展情况：

年份/年	利物浦	伦敦	布里斯托尔
1720	21艘	60艘	39艘
1753	64艘	13艘	27艘
1771	107艘	58艘	23艘

1756—1786年，布里斯托尔发往非洲的船只为588艘，利物浦为1858艘；1795—1804年，利物浦发往非洲的船只为1099艘，伦敦为155艘，布里斯托尔为29艘。[表中1720年的数字引自 *Some Matters of Fact Relating to the Present State of the African Trade* (London, 1720), 3；其余数字引自 MacInnes, *op. cit.*, 191。]
24. *Cobbett's Parliamentary Debates*（下文简称 *Parl. Deb.*），IX, 127. George Hibbert, March 16, 1807.
25. 1789—1792年船长和大商人罗伯特·博斯托克（Robert Bostock）与其他人的通信，提供了利物浦船只在西印度群岛的奴隶贸易的细节（MS. Vol., Liverpool Public Library）。Bostock to Capt. James Fryer, July 17, 1790.
26. MacInnes, *op. cit.*, 202.
27. T. Clarkson, *History of the Rise, Progress, and Accomplishment of the Abolition of the African Slave Trade by the British Parliament* (London, 1839), 197.
28. Donnan, *op. cit.*, I, 132. The Guinea Company to Francis Soane, Dec. 9, 1651.
29. Journals of Liverpool Slave Ships ("Bloom" and others); with correspondence and prices of slaves sold (MS. Vol., Liverpool Public Library). Bostock to Knowles, June 19, 1788.
30. E. Martin (ed). *Journal of a Slave Dealer*. "A View of Some Remarkable

Accidents in the Life of Nics. Owen on the Coast of Africa and America from the Year 1746 to the Year 1757" (London, 1930), 77-78, 97-98.
31. Latimer, *op. cit.*, 144-145.
32. A. P. Wadsworth and J. de L. Mann, *The Cotton Trade and Industrial Lancashire* (Manchester, 1931), 228-229.
33. Donnan, *op. cit.*, Ⅱ, 625-627.
34. Ibid., Ⅱ, 631.
35. Latimer, *op. cit.*, 476; Wadsworth and Mann, *op. cit.*, 225.
36. 引自 Sir Thomas Mun in J. E. Gillespie, *The Influence of Oversea Expansion on England to 1700* (New York, 1920), 165。
37. Donna, *op. cit.*, Ⅱ, 627.
38. J. Wallace, *A General and Descriptive History of the Ancient and Present State of the Town of Liverpool... Together with a Circumstantial Account of the True Causes of Its Extensive African Trade* (Liverpool, 1795), 220-230. 关于细分的实例见 Wadsworth and Mann, *op. cit.*, 224–225。
39. Edwards, *op. cit.*, Ⅱ, 72, 74, 87-89; J. Atkins, *A Voyage to Guinea, Brazil and the West-Indies* (London, 1735), 179. 权威的现代讨论，见 M. J. Herskovits, *The Myth of the Negro Past* (New York, 1951), 34–50。
40. Correspondence between Robert Bostock..., Bostock to Fryer, Jan. 1790; Bostock to Flint, Nov. 11, 1790.
41. W. Sypher, *Guinea's Captive Kings, British Anti-Slavery Literature of the XVIIIth Century* (Chapel Hill, 1942), 170. 奴隶们要接受仔细的检查，就像史密斯菲尔德肉市场里的牲口一样，基本的质量要求是身材高大、牙齿健全、四肢灵活以及未患花柳病。Atkins, *op. cit.*, 180.
42. E. F. Gay, "Letters from a Sugar Plantation in Nevis, 1723-1732", *Journal of Economic and Business History* (Nov., 1928), 164.
43. Donnan, *op. cit.*, Ⅱ, 626.
44. Correspondence between Robert Bostock..., Bostock to Cleveland, Aug. 10, 1789.
45. T. Clarkson, *Essay on the Impolicy of the African Slave Trade* (London, 1788), 29.
46. W. Roscoe, *A General View of the African Slave Trade Demonstrating Its*

Injustice and Impolicy (London, 1788), 23-24.
47. A. Mackenzie-Grieve, *The Last Years of the English Slave Trade* (London, 1941), 178.
48. F. Caravaca, *Esclavos! El Hombre Negro: Instrumento del progreso del Blanco* (Barcelona, 1933), 50.
49. 这是指勃兰登堡公司。它的总公司有时被称为埃姆登公司。该公司成立于1682年，它在非洲海岸建立了两处居民点，还试图在西印度群岛获得领地，但未能得逞。Donnan, *op.cit.*, I, 103-104.
50. Zook, *op. cit.*, 11-12, 19.
51. R. L. and S. Wilberforce, *The Life of William Wilberforce* (London, 1838), I, 343. 乔治三世有一次在接见这位废奴主义者时，打趣地低声问他："威尔伯福斯先生，你所保护的黑人，现在过得怎样？"1804年，威尔伯福斯写信给芒卡斯特（Muncaster）说："看到上议院有4名王室成员决定投票反对无依无靠的可怜奴隶，真是丢人。" Ibid., III, 182. July 6, 1804.
52. Correspondence between Robert Bostock..., Bostock to Fryer, May 24, 1792. 公爵接受了一套餐盘，作为"牙买加人民感激之情的贫穷但光荣的见证"。G. W. Bridges, *The Annals of Jamaica* (London, 1828), II, 263n.
53. *Parl. Hist.*, XXX, 659. April 11, 1793.
54. Andrews, *op. cit.*, IV, 61.
55. C. M. Andrews, "Anglo-French Commercial Rivalry, 1700-1750", *American Historical Review* (April, 1915), 546.
56. Donnan, *op. cit.*, II, 45.
57. H. of C. Sess. Pap., *Accounts and Papers, 1795-1796*. A. & P.42, Series No. 100, Document 848, 1-21.
58. Add. MSS. 12433 (British Museum), ff. 13, 19. Edward Law, May 14, 1792.
59. P. Cunningham (ed), *The Letters of Horace Walpole* (London, 1891), II, 197. To Sir H. Mann, Feb. 25, 1750.
60. *Parl. Hist.*, XVII, 507-508. May 5, 1772.
61. R. Terry, *Some Old Papers Relating to the Newport Slave Trade* (Bulletin of the Newport Historical Society, July, 1927), 10.
62. *Calendar of State Papers, Colonial Series*, X, 611. 1680年10月8日，巴巴多斯

注 释

种植园主在贸易和种植园领主面前提供的证据。他强烈反对这样一种观点，即奴隶除了用主人的语言之外没有任何其他交流手段，见 Herskovits, *op. cit.*, 79-81。

63. *Calendar of State Papers*, XIV, 448. Governor Russell, March 23, 1695.
64. 参看以下第 198 页。巴巴多斯总督反对建立教堂的理由是，允许黑人有这样的集会场所，会使他们萌生密谋反叛的念头 [C.O. 28 92 (Public Record Office), Nov. 4, 1823]。种植园主用这样的申诉来为自己的态度辩解。他们说，传教士把各种危险的念头灌输给黑人，这会破坏种植园的法纪。
65. Lecky, *op. cit.*, II, 249.
66. Sypher, *op. cit.*, 14.
67. V. T. Harlow, *Christopher Codrington* (Oxford, 1928), 211, 215.
68. Sypher, *op. cit.*, 65.
69. Latimer, *op. cit.*, 100.
70. Ibid., 478.
71. S. H. Swinny, *The Humanitarianism of the Eighteenth Century and Its Results*, in F. S. Marvin (ed), *Western Races and the World* (Oxford, 1922), 130-131.
72. L. Strachey, *Eminent Victorians* (Phoenix ed., London, 1929), 3.
73. Mackenzie-Grieve, *op. cit.*, 162.
74. G. R. Wynne, *The Church in Greater Britain* (London, 1911), 120.
75. *H. of C. Sess. Pap.*, 1837-1838, Vol. 48. 确切数字是 12 729.44 英镑。
76. Wynne, *op. cit.*, 120; C. J. Abbey and J. H. Overton, *The English Church in the Eighteenth Century* (London, 1878), II, 107.
77. Abbey and Overton, *op. cit.*, II, 106.
78. A. T. Gary, *The Political and Economic Relations of English and American Quakers, 1750-1785* (Oxford University D. Phil. Thesis, 1935), 506. 这本我查阅过的副本保存在伦敦友好大厦图书馆。
79. H. J. Cadbury, *Colonial Quaker Antecedents to British Abolition of Slavery* (Friends' House, London, 1933), 1.
80. Gary, *op. cit.*, 173-174.
81. See Liverpool Papers, Add. WSS. 38227 (British Museum), f. 202. 枢密院主席霍克斯伯里勋爵（Lord Hawkesbury）在致罗德尼的一封未注明日

期的信中，同意使用罗德尼的委任状。霍克斯伯里勋爵承诺"充分利用这份委任状来保护牙买加和西印度群岛其他地区。阁下在4月12日这一值得纪念的日子里，英勇地抵御了外敌"。同时，他对罗德尼竟因痛风病突然发作不能出席议会，不能给予那些急待得到其支持的人以支持，表示遗憾。

82. *Parl. Deb.*, Ⅷ, 669. Feb. 5, 1807.
83. F. J. Klingberg, *The Anti-Slavery Movement in England* (New Heven, 1926), 127.
84. *H. of C. Sess. Pap.*, 1837-1838, Vol. 48. 确切数字是6207英镑7先令6便士。
85. Bready, *op. cit.*, 341.
86. Zook, *op. cit.*, 140.
87. Swinny, *op. cit.*, 140.
88. G. Williams, *History of the Liverpool Privateers, with an Account of the Liverpool Slave Trade* (Liverpool, 1897), 473-474.
89. Latimer, *op. cit.*, 147.
90. M. Steen, *The Sun Is My Undoing* (New York, 1941), 50.
91. M. D. George, *London Life in the Eighteenth Century* (London, 1925), 137-138.
92. H. T. Catterall, *Judicial Cases Concerning Negro Slavery* (Washington, D.C., 1926-1927), Ⅰ, 9, 12.
93. Bready, *op. cit.*, 104-105.
94. R. Coupland, *The British Anti-Slavery Movement* (London, 1933), 55-56.
95. Sypher, *op. cit.*, 63.
96. Catterall, *op. cit.*, Ⅰ, 19-20; W. Massey, *A History of England During the Reign of George the Third* (London, 1865), Ⅲ, 178-179.
97. Anonymous, *Recollections of Old Liverpool, by a Nonagenarian* (Liverpool, 1863), 10.
98. Ramsay, MS. Vol., f. 65. "An Address on the Proposed Bill for the Abolition of the Slave Trade".
99. G. Williams, *op. cit.*, 586.
100. *Hansard, Third Series*, CIX, 1102. Hutt, March 19, 1850.
101. H. W. Preston, *Rhode Island and the Sea* (Providence, 1932), 70, 73. 作者曾任美国国家新闻局局长。
102. Latimer, *op. cit.*, 142.

103. J. W. D. Powell, *Bristol Privateers and Ships of War* (London, 1930), 167.
104. H. R. F. Bourne, *English Merchants, Memoirs in Illustration of the Progress of British Commerce* (London, 1866), Ⅱ, 63; J. B. Botsford, *English Society in the Eighteenth Century as Influenced from Oversea* (New York, 1924), 122; Enfield, *op. cit.*, 48-49. 关于布伦德尔参与的奴隶买卖，见 Donnan, *op. cit.*, Ⅱ, 492。
105. For Cunliffe, see Bourne, *op. cit.*, Ⅱ, 57; Botsford, *op. cit.*, 122; Enfield, *op. cit.*, 43, 4; Donnan, *op. cit.*, Ⅱ, 492, 497.
106. Donnan, *op. cit.*, Ⅱ, 631; J. Hughes, *Liverpool Banks and Bankers, 1760-1817* (Liverpool, 1906), 174.
107. L. H. Grindon, *Manchester Banks and Bankers* (Manchester, 1878), 55, 79-80, 187-188; Bourne, *op. cit.*, Ⅱ, 64, 78; Botsford, *op. cit.*, 122; Donnan, *op. cit*, Ⅱ, 492.
108. Donnan, *op. cit.*, Ⅰ, 169-172.
109. Ibid., Ⅱ, 468.
110. Latimer, *op. cit.*, 476-477.
111. 具体例子，见 Wadsworth and Mann, *op. cit.*, 216n; Hughes, *op. cit.*, 109, 139, 172, 174, 176; Donnan, *op. cit.*, Ⅱ, 492n。
112. L. B. Namier, "Antony Bacon, an Eighteenth Century Merchant", *Journal of Economic and Business History* (Nov., 1929), 21.
113. Donnan, *op. cit.*, Ⅱ, 542-644, 656-657n.
114. *Parl. Deb.*, Ⅸ, 170. March 23, 1807.
115. Ibid., Ⅶ, 230. May 16, 1806.
116. Wilberforce, *Life of Wilberforce*, Ⅲ, 170. Wilberforce to John Newton, June 1804.
117. C. O. 137/91. Petition of Committee of Jamaica House of Assembly on the Sugar and Slave Trade, Dec. 5, 1792.
118. Sypher, *op. cit.*, 157-158, 162-163, 186-188, 217-219.
119. Ibid., 59; Bready, *op. cit.*, 341.
120. *Parl. Hist.*, ⅪⅩ, 305. May 23, 1777.
121. Bready, *op. cit.*, 102.
122. M. Postlethwayt, *Great Britain's Commercial Interest...*, Ⅱ, 217-218; Savary

des Bruslons, *The Universal Dictionary of Trade and Commerce. With large additions and improvements* by M. Postlethwayt (London, 1751), Ⅰ, 25. 西弗尔在引上书（第84页）时说，波斯尔思韦特对奴隶贸易"持暧昧态度"是不确实的。

123. W. Snelgrave, *A New Account of Guinea and the Slave Trade* (London, 1754), 160-161.

第3章　英国的商业与三角贸易

1. Adam Smith, *op. cit.*, 415-416, 590-591.
2. W. Wood, *A Survey of Trade* (London, 1718), Part Ⅲ, 193.
3. J. F. Rees, "The Phases of British Commercial Policy in the Eighteenth Century", *Economica* (June, 1925), 143.
4. Gee, *op. cit.*, 111.
5. M. Postlethwayt, *The African Trade, the Great Pillar...*, 4, 6.
6. *Cambridge History of the British Empire*, Ⅰ, 565.
7. C. Whitworth, *op. cit.*, Ⅱ, 20.
8. J. Bennett, *Two Letters and Several Calculations on the Sugar Colonies and Trade* (London, 1738), 55.
9. Wood, *op. cit.*, 20.
10. Sir D. Thomas, *An Historical Account of the Rise and Growth of the West India Colonies, and of the Great Advantages They Are to England, in Respect to Trade* (London, 1690). 这篇文章收录于 Harleian Miscellany, Ⅱ, 347。
11. Pitman, *The Settlement... of British West India Plantations...*, 271.
12. *Report of the Committee of Privy Council, 1788*, Part Ⅳ, No. 18, Appendix.
13. J. H. Rose, *William Pitt and the Great War* (London, 1911), 370.
14. Adam Smith, *op. cit.*, 366.
15. C. Whitworth, *op. cit.*, Ⅱ, 18.
16. 下列表格的材料来源于惠特沃思爵士的《1697—1773年英国进出口贸易状况》(*State of the Trade of Great Britain in Its Imports and Exports, Progressively from the Year 1697-1773*), London, 1776, Part Ⅱ, pp. 1-2,

47-50, 53-72, 75-76, 78, 82-91。表格中的贸易额以英镑计算。

在正文中提到的西印度群岛和大陆贸易的百分比总数里，我把1714—1773年西印度群岛与圣克罗伊岛、蒙特克里斯蒂和圣尤斯特歇斯岛这些小地方的贸易额都计算在内；其中也包括英国在战争中占领，后来又归还的古巴、瓜德罗普等岛屿的贸易额。此外，在1714—1773年西印度群岛与大陆贸易的数字中也把加拿大、佛罗里达等地区的数额计算在内。至于对这些不同地区加以比较的重要性，可参见第8章和该章第36条注释。

为了确切地说明这些统计数字，必须把英国的贸易总额计算进去。这些数字如下（Ibid., Part I, pp. 78-79）：

年份/年	英国进口额/英镑	英国出口额/英镑
1697	3 482 586	3 525 906
1773	11 406 841	14 763 252
1714—1773	492 146 670	730 962 102

殖民地	年份/年	英国进口额/英镑	占英国进口总额的百分比	英国出口额/英镑	占英国出口总额的百分比	占英国贸易总额的百分比
西印度群岛	1697	326 536	9.3%	142 796	4.0%	7.0%
美洲大陆	1697	279 852	8.0%	140 129	3.9%	6.0%
非洲	1697	6615	……	13 435	……	……
西印度群岛	1773	2 830 853	24.8%	1 270 846	8.6%	15.5%
美洲大陆	1773	1 420 471	12.5%	2 375 797	16.1%	14.5%
非洲	1773	68 424	……	662 112	……	……
西印度群岛	1714—1773	101 264 818	20.5%	45 389 988	6.2%	12.0%
美洲大陆	1714—1773	55 552 675	11.3%	69 903 613	9.6%	10.2%
非洲	1714—1773	2 407 447	0.5%	15 235 829	2.1%	1.4%

英国对各个殖民地的进出口额如下：

殖民地	英国进口额/英镑 1697年	英国进口额/英镑 1773年	英国出口额/英镑 1697年	英国出口额/英镑 1773年	英国进口额/英镑 1714—1773年	英国出口额/英镑 1714—1773年
安提瓜岛	28 209	112 779	8029	93 323	12 785 262	3 821 726
巴巴多斯	196 532	168 682	77 465	148 817	14 506 497	7 442 652
牙买加	70 000	1 286 888	40 726	683 451	42 259 749	16 844 990
蒙特塞拉特岛	14 699	47 911	3532	14 947	3 387 237	537 831
尼维斯岛	17 096	39 299	13 043	9181	3 636 504	549 564
卡罗来纳	12 374	456 513	5289	344 859	11 410 480	8 423 588
新英格兰	26 282	124 624	68 468	527 055	4 134 392	16 934 316
纽约	10 093	76 246	4579	289 214	1 910 796	11 377 696
宾夕法尼亚	3347	36 652	2997	426 448	1 115 112	9 627 409
弗吉尼亚与马里兰	227 756	589 803	58 796	328 904	35 158 481	18 391 097
佐治亚		85 391		62 932	622 958[1]	746 093[1]
圣基茨岛		150 512		62 607	13 305 659	3 181 901
多巴哥岛		20 453		30 049	49 587[2]	122 093[2]
格林纳达岛		445 041		102 761	3 620 504[3]	1 179 279[3]
圣文森特岛		145 619		38 444	672 991	235 665
多米尼加		248 868		43 679	1 469 704[4]	322 294[4]
西属西印度群岛		35 941		15 114		
托尔托拉岛		48 000		26 927	863 931[5]	220 038[5]
安圭拉岛					29 933[6]	1241[6]
整个西印度群岛					220 448[7]	7 193 839[7]
哈得孙湾					583 817	211 336

①1732—1773年的统计数字。　②1764—1773年的统计数字。
③1762—1773年的统计数字。　④1763—1773年的统计数字。
⑤1748—1773年的统计数字。　⑥1750—1770年的统计数字。
⑦1714—1768年的统计数字。

17. Bennett, *op. cit.*, 50, 54.
18. Stock, *op. cit.*, Ⅳ, 329. Sir John Barnard, March 28, 1737.
19. M. Postlethwayt, *The African Trade, the Great Pillar...*, 13-14.
20. E. D. Ellis, *An Introduction to the History of Sugar as a Commodity* (Philadelphia, 1905), 82.
21. C. Whitworth, *Works of Davenant*, Ⅱ, 10.
22. H. See, *Modern Capitalism, Its Origin and Evolution* (New York, 1928), 104.
23. L. A. Harper, *The English Navigation Laws* (New York, 1939), 242.
24. Andrews, *The Colonial Period...*, Ⅳ, 9.
25. Ibid., Ⅳ, 65, 71, 126, 154-155.
26. 见 G. P. Insh 的研究，*The Company of Scotland Trading to Africa and the Indies*（London, 1932）。
27. Collins, *op. cit.*, 143.
28. Ibid., 157. 1697年，牙买加总督要求将《航海法》放宽7年，以确保经济复苏。*Calendar of State Papers, Colonial Series*, ⅩⅤ, 386. Beeston to Blathwayt, Feb. 27, 1697.
29. *Calendar of State Papers, Colonial Series*, Ⅸ, 474-475. Oct. 26, 1676.
30. Stock, *op. cit.*, Ⅳ, 828. May 30, 1739.
31. Andrews, *The Colonial Period...*, Ⅱ, 264.
32. *Parl. Hist.*, ⅩⅩⅨ, 343. Alderman Watson, April 18, 1791; Donnan, *op. cit.*, Ⅱ, 606.
33. Holt and Gregson Papers (Liverpool Public Library), Ⅹ, 429. 信件标题是"Commerce"，在格雷格森的手稿中，未标注日期。
34. G. L. Beer, *The Old Colonial System* (New York, 1933), Ⅰ, 17.
35. Ibid., Ⅰ. 43n.
36. Stock, *op. cit.*, Ⅲ, 355.
37. 这个比例是用1710—1714年西印度群岛的12.2万吨的平均值与1709年对外贸易的24.36万吨的数字比较得出的，出自 A. P. Usher, "The Growth

of English Shipping, 1572-1922", *Quarterly Journal of Economics* (May, 1928), 469。
38. Usher, *op. cit.*, 469. 1787年为998 637吨。
39. Pitman, *The Development of the British West Indies, 1700-1763* (New Haven, 1917), 66.
40. R. Stewart-Browne, *Liverpool Ships in the Eighteenth Century* (Liverpool, 1932), 117, 119, 126-127, 130. 关于贝克与道森造船公司和西班牙殖民地的奴隶贸易，见Donnan, *op. cit.*, Ⅱ, 577n; Aimes, *op. cit.*, 36; *Report of the Committee of Privy Council, 1788*, Part Ⅵ。
41. Enfield, *op. cit.*, 26，提到1771年共有海员5967名。格雷格森说，奴隶贸易雇用的海员为3000人。Holt and Gregson Papers, X, 434. Undated Letter to T. Brooke, M. P.
42. 1708年，伦敦海运业请求支持垄断权。1709年和1710年，怀特黑文的船主递呈了2份反对垄断的请愿书；1708年和1710年，伦敦及其附近地区的造船工递呈3份请愿书；1709年，其他几个城市的造船工也递呈了1份请愿书。Stock, *op. cit.*, Ⅲ, 204n, 207n, 225n, 226, 249, 250n, 251.
43. Holt and Gregson Papers, X, 375, 377.
44. Enfield, *op. cit.*, 89.
45. Holt and Gregson Papers, X, 435. Gregson to Brooke.
46. MacInnes, *op. cit.*, 337.
47. *Parl. Hist.*, XXIX, 343. Alderman Watson, April 18, 1791.
48. J. G. Broodbank, *History of the Port of London* (London 1921), Ⅰ, 76-82, 89-108; W. S. Lindsay, *A History of Merchant Shipping and Ancient Commerce* (London, 1874-1876), Ⅱ, 415-420.
49. Latimer, *op. cit.*, 6.
50. W. N. Reid and J. E. Hicks, *Leading Events in the History of the Port of Bristol* (Bristol, n. d.), 106; J. Latimer, *Annals of Bristol in the Seventeenth Century* (Bristol, 1900), 334; W. Barrett, *The History and Antiquities of the City of Bristol* (Bristol, 1780), 186; J. A. Fraser, *Spain and the West Country* (London, 1935), 254-255.
51. J. F. Nicholls and J. Taylor, *Bristol Past and Present* (Bristol, 1881-1882), Ⅲ, 165.

注 释

52. MacInnes, *op. cit.*, 335.
53. Ibid., 202.
54. Ibid., 233.
55. Barrett, *op. cit.*, 189.
56. Ibid。布里斯托尔入港船只总吨位是28 125吨，其中来自西印度群岛的入港船只吨位是16 209吨；出港船只总吨位是46 729吨，其中开往西印度群岛的船只吨位是16 913吨。
57. MacInnes, *op. cit.*, 236, 367.
58. Ibid., 358, 370.
59. MacInnes, *op. cit.*, 228, 230, 235, 363, 367.
60. *H. of C. Sess. Pap.*, 1837-1838, Vol. 48. 确切数字是62 335英镑5便士。这个家族拥有954名奴隶，是另外456名奴隶的部分拥有者。
61. MacInnes, *op. cit.*, 371.
62. Enfield, *op. cit.*, 11-12.
63. P. Mantoux, *The Industrial Revolution in the Eighteenth Century* (London, 1928), 108.
64. Enfield, *op. cit.*, 67.
65. Fraser, *op. cit.*, 254-255.
66. Enfield, *op. cit.*, 69.
67. P. Mantoux, *op. cit.*, 109.
68. Clarkson, *Essay on the Impolicy...*, 123-125.
69. J. Corry, *The History of Lancashire* (London, 1825), II, 690.
70. H. Smithers, *Liverpool, Its Commerce, Statistics and Institutions* (Liverpool, 1825), 105.
71. Mackenzie-Grieve, *op. cit.*, 4.
72. G. Williams, *op. cit.*, 594.
73. Holt and Gregson Papers, X, 367, 369, 371, 373.
74. J. A. Picton, *Memorial of Liverpool* (London, 1873), I, 256.
75. MacInnes, *op. cit.*, 191.
76. J. Touzeau, *The Rise and Progress of Liverpool from 1551 to 1835* (Liverpool, 1910), II, 589, 745.
77. "Robin Hood", "The Liverpool Slave Trade", *The Commercial World and*

Journal of Transport (Feb. 25, 1893), pp. 8-10; (March 4, 1893), p.3.
78. G. Eyre-Todd, *History of Glasgow* (Glasgow, 1934), III, 295.
79. Donnan, *op. cit.*, II, 567-568.
80. Stock, *op. cit.*, II, 109.
81. Donnan, *op. cit.*, I, 267.
82. Stock, *op. cit.*, II, 179.
83. Donnan, *op. cit.*, I, 413, 417-418; Stock, *op. cit.*, II, 162n, 186n, III, 207n, 302n.
84. Donnan, *op. cit.*, I, 379.
85. Ibid., I, 411, 418n.
86. Stock, *op. cit.*, II, 20; III, 90, 224n, 298; IV, 293-297.
87. Ibid., II, 20; III, 90, 224n, 298; IV, 293-297.
88. Ibid., IV, 161n-162n.
89. Ibid., III, 45.
90. J. James, *History of the Worsted Manufacture in England from the Earliest Times* (London, 1857), appendix, p. 7.
91. A. S. Turberville, *Johnson's England* (Oxford, 1933), I, 231-232.
92. Wadsworth and Mann, *op. cit.*, 147-166.
93. Holt and Gregson Papers, X, 422-423.
94. *Report of the Committee of Privy Council, 1788*, Part VI. Evidence of Mr. Taylor.
95. Holt and Gregson Papers, X, 423.
96. Donnan, *op. cit.*, II, 337n, 512-522n.
97. Wadsworth and Mann, *op. cit.*, 149, 156-157, 231, 233, 243-247, 447.
98. Ibid., 229n, 231, 231n.
99. *Cambridge History of the British Empire*, II, 224; Wadsworth and Mann, *op. cit.*, 190.
100. 英国进口数据来自J. Wheeler, *Manchester, Its Political, Social and Commercial History, Ancient and Modern* (Manchester, 1842), 148, 170；西印度群岛进口数据见L. J. Ragatz, *Statistics for the Study of British Caribbean History, 1763–1833* (London, n. d.), 15, Table VI。
101. Wadsworth and Mann, *op. cit.*, 169.
102. Fraser, *op. cit.*, 241.

103. Latimer, *Annals of Bristol in the Eighteenth Century*, 302; Pitman, *The Development of the British West Indies, 1700-1763* (New Haven, 1917), 340.
104. Nicholls and Taylor, *op. cit.*, Ⅲ, 34.
105. Latimer, *Annals of Bristol in the Seventeenth Century*, 280-281, 318-320.
106. *The New Bristol Guide* (Bristol, 1799), 70.
107. Donnan, *op. cit.*, Ⅱ, 602-604.
108. Reid and Hicks, *op. cit.*, 66; MacInnes, *op. cit.*, 371.
109. Latimer, *Annals of Bristol in the Seventeenth Century*, 44-45, 88.
110. Bourne, *op. cit.*, Ⅱ, 17-18; Botsford, *op. cit.*, 120, 123.
111. *H. of C. Sess. Pap.*, 1837-1838, Vol. 48. 确切数字是17 868英镑16先令8便士。
112. Eyre-Todd, *op. cit.*, Ⅲ, 39-40, 150-154.
113. Enfield, *op. cit.*, 90; T. Kaye, *The Stranger in Liverpool; or, An Historical and Descriptive View of the Town Liverpool and Its Environs* (Liverpool, 1829), 184. 关于布兰克家族和奴隶贸易，见Donnan, *op. cit.*, Ⅱ, 655 n。
114. Stock, *op. cit.*, Ⅰ, 385, 390.
115. C. Whitworth, *Works of Davenant*, Ⅱ, 37.
116. C. W. Cole, *French Mercantilism, 1683-1700* (New York, 1943), 87-88. 这项禁令至今仍在执行。See J. E. Dalton, *Sugar, A Case Study of Government Control* (New York, 1937), 265-274.
117. Bennett, *op. cit.*, Introduction, p. xxvii.
118. Anonymous, *Some Considerations humbly offer'd upon the Bill now depending in the House of Lords, relating to the Trade between the Northern Colonies and the Sugar-Islands* (London, 1732), 15.
119. F. Cundall, *The Governors of Jamaica in the First Halt of the Eighteenth Century* (London, 1937), 178.
120. *Parl. Hist.*, ⅩⅣ, 1293-1294. Jan. 26, 1753; Anonymous, *An Account of the Late Application to Parliament from the Sugar Refiners, Grocers, etc., of the Cities of London and Westminster, the Borough of Southwark and of the City of Bristol* (London, 1753), 3-5, 43.
121. Stock, *op.cit.*, Ⅴ, 559. March 23, 1753.
122. *H. of C. Sess. Pap., Reports, Miscellaneous, 1778-1782*, Vol. 35, 1782.

Report from the Committee to whom the Petition of the Sugar Refiners of London was referred. 特别参考弗朗西斯·肯布尔（Frances Kemble）提供的证据。

123. Stock, *op. cit.*, Ⅳ, 132n; Ragatz, *Statistics...*, 17, Table Ⅺ.
124. Saugnier and Brisson, *Voyages to the Coast of Africa* (London, 1792), 285.
125. R. Muir, *A History of Liverpool* (London, 1907), 197.
126. Donnan, *op. cit.*, Ⅱ, 529n.
127. Stock, *op. cit.*, Ⅳ, 303, 306, 309.
128. Anonymous, *Short Animadversions on the Difference now set up between Gin and Rum, and Our Mother Country and Colonies* (London, 1769), 8-9.
129. Stock, *op. cit.*, Ⅳ, 310.
130. Windham Papers (British Museum), Add. MSS. 37886, ff.125-128. "Observations on the proposal of the West India Merchants to substitute sugar in the distilleries instead of barley", Anonymous, probably 1807.
131. *Hansard, Third Series*, Ⅴ, 82. July 20, 1831.
132. E. R. Johnson, et al., *History of Domestic and Foreign Commerce of the United States* (Washington, D. C., 1915), Ⅰ, 118. 其出口总量为349 281加仑，对非洲的出口量为292 966加仑。
133. J. Corry and J. Evans, *The History of Bristol, Civil and Ecclesiastical* (Bristol, 1816), Ⅱ, 307-308; Saugnier and Brisson, *op. cit.*, 296-299.
134. Saugnier and Brisson, *op. cit.*, 217.
135. Stock, *op. cit.*, Ⅱ, 264n.
136. Donnan, *op. cit.*, Ⅰ, 234n, 300n.
137. Ibid., Ⅰ, 256, 262; Ⅱ, 445.
138. Ibid., Ⅰ, 283.
139. Stock, *op. cit.*, Ⅲ, 207n, 225n, 250n, 278n (Birmingham); 204n, 228n (London).
140. Donnan, *op. cit.*, Ⅱ, 98.
141. W. H. B. Court, *The Rise of the Midland Industries* (Oxford, 1938), 145-146.
142. T. S. Ashton, *Iron and Steel in the Industrial Revolution* (Manchester, 1924), 195.
143. Stock, *op. cit.*, Ⅳ, 434.

144. R. K. Dent, *The Making of Birmingham: Being a History of the Rise and Growth of the Midland Metropolis* (Birmingham, 1894), 147.
145. H. Hamilton, *The English Brass and Copper Industries to 1800* (London, 1926), 137-138, 149-151, 286-292.
146. E. Shiercliff, *The Bristol and Hotwell Guide* (Bristol, 1789), 16.
147. A. H. Dodd, *The Industrial Revolution in North Wales* (Cardiff, 1933), 156-157.
148. Donnan, *op. cit.*, Ⅰ, 237.
149. Stewart-Browne, *op. cit.*, 52-53.
150. Donnan, *op. cit.*, Ⅱ, 610-611.
151. Ibid., Ⅱ, 609.
152. H. Scrivenor, *A Comprehensive History of the Iron Trade* (London, 1841), 344-346, 347-355. 百分比是根据所给表格计算出来的。

第4章 西印度群岛利益集团

1. Adam Smith, *op. cit.*, 158.
2. R. Cumberland, *The West Indian: A Comedy* (London, 1775 edition), Act Ⅰ, Scene Ⅲ. 该剧的简要介绍来自 Sypher, *op. cit.*, 239。
3. Stock, *op. cit.*, Ⅴ, 259. William Beckford, Feb. 8, 1747.
4. F. W. Pitman, "The West Indian Absentee Planter as a British Colonial Type" (*Proceedings of the Pacific Coast Branch of the American Historical Association*, 1927), 113.
5. C. Whitworth, *Works of Davenant*, Ⅱ, 7.
6. Cumberland, *op. cit.*, Act Ⅰ, Scene Ⅴ. Quoted also in Pitman, *The West Indian Absentee Planter...*, 124.
7. Pitman, *The West Indian Absentee Planter...*, 125.
8. H. Merivale, *op. cit.*, 82-83.
9. L. J. Ragatz, *Absentee Landlordism in the British Caribbean, 1750-1833* (London, n.d.), 8-20; Pitman, *The West Indian Absentee Planter...*, 117-121.
10. R. M. Howard (ed.), *Records and Letters of the Family of the Longs of*

Longville, Jamaica, and Hampton Lodge, Surrey (London, 1925), I, 11-12; Cundall, *The Governor of Jamaica in the Seventeenth Century*, 26.

11. J. Britton, *Graphical and Literary Illustrations of Fonthill Abbey, Wiltshire, with Heraldical and Genealogical Notices of the Beckford Family* (London, 1823), 25-26.
12. Ibid., 26-28, 35, 39.
13. *H. of C. Sess. Pap.*, 1837-1837, Vol. 48. 确切数字是15 160英镑2先令9便士。
14. J. Murch, *Memoir of Robert Hibbert, Esquire* (Bath, 847), 5-6, 15, 18-19, 97, 104-105.
15. Broodbank, *op. cit.*, I, 102-103; A. Beaven, *The Aldermen of the City of London* (London, 1908-1913), II, 203.
16. *H. of C. Sess. Pap.*, 1837-1838, Vol. 48. 确切数字是31 121英镑16先令。
17. 参见《希伯特杂志》第1期封里。1734年，托马斯·希伯特（Thomas Hibbert）来到牙买加后，在金斯敦公爵街建造了家族邸宅，最初起名为"希伯特公馆"，因有一段时间被充作军队的司令部，通常被称为立法会会议厅。见 *Papers Relating to the Preservation of Historic Sites and Ancient Monuments and Buildings in the West Indian Colonies*, Cd. 6428 (His Majesty's Stationery Office, 1912), 13。
18. Howard, *op. cit.*, I, 67, 71.
19. Ibid., I, 177.
20. C. De Thierry, "Distinguished West Indians in England", *United Empire* (Oct., 1912), 831.
21. Anonymous, *Fortunes Made in Business* (London, 1884), II, 114-119, 122-124, 130, 134; Bourne, *op. cit.*, II, 303.
22. *Correspondence Between John Gladstone, M.P. and James Cropper, on the Present State of Slavery in the British West Indies and in the United States of America, and on the Importation of Sugar from the British Settlements in India* (Liverpool, 1824).
23. *H. of C. Sess. Pap.*, 1837-1838, Vol. 48. 确切数字是85 606英镑2便士。
24. Harlow, *Christopher Codrington*, 210, 242.
25. A. Warner, *Sir Thomas Warner, Pioneer of the West Indies* (London, 1933), 119-123, 126, 132.

26. Edwards, *op. cit.*, I, Introduction, P. ix.
27. MacInnes, *op. cit.*, 308-310.
28. C. Wright and C. E. Fayle, *A History of Lloyd's, from the Founding of Lloyd's Coffee House to the Present Day* (London, 1928), 286.
29. Eyre-Todd, *op. cit.*, III, 151-152.
30. L. J. Ragatz, *The Fall of the Planter Class in the British Caribbean, 1763-1833* (New York, 1928), 51.
31. *Parl. Hist.*, XXXIV, 1102. Duke of Clarence, July 5, 1799.
32. L. J. Ragatz, *The Fall of the Planter Class in the British Caribbean, 1763-1833* (New York, 1928), 50.
33. Botsford, *op. cit.*, 148; A. Ponsonby, *English Diaries* (London, 1923), 284.
34. MacInnes, *op. cit.*, 236.
35. Bready, *op. cit.*, 157.
36. G. W. Dasent, *Annals of an Eventful Life* (London, 1870), I, 9-10.
37. Sypher, *op. cit.*, 255.
38. L. B. Namier, *The Structure of Politics at the Accession of George III* (London, 1929), I, 210.
39. L. M. Penson, *The Colonial Agents of the British West Indies* (London, 1924), 185-187.
40. A. S. Turberville, *English Men and Manners in the Eighteenth Century* (Oxford, 1926), 134.
41. Lecky, *op. cit.*, I, 251, quoting Bolingbroke.
42. Cumberland, *op. cit.*, Act I, Scene V. Also quoted in Pitman, *The West Indian Absentee Planter…*, 124.
43. J. Latimer, *Annals of Bristol in the Nineteenth Century* (Bristol, 1887), 137-138.
44. *Recollections of Old Liverpool*, 76-82. 这一新的倾向表明，威廉·尤尔特·格莱斯顿这个西印度群岛人的对手在摧毁西印度群岛的奴隶制和垄断权方面发挥了显著的作用，他得到了布兰克（Brancker）、厄尔（Earle）等人的支持。这些人同奴隶制与奴隶贸易的关系是有记录可查的。约翰·博尔顿在英属圭亚那拥有289个奴隶，因而获得补偿金15 391英镑17先令11便士 [*H. of C. Sess. Pap.*, 1837-1838, Vol. 48（第131页）]。1789年，博尔顿拥有的6艘船开往非洲，运载了2534个奴隶（Donnan, *op. cit.*, II, 642-644）。
45. Penson, *op. cit.*, 176.
46. Enfield, *op. cit.*, 92.
47. C. De Thierry, "Colonials at Westminster", *United Empire* (Jan., 1912), 80.
48. Beaven, *op. cit.*, II, 139.
49. Reid and Hicks, *op. cit.*, 57.
50. *Fortunes Made in Business*, II, 127, 129-131.
51. Hansard, Third Series, LXXVIII, 469. John Bright March 7, 1845.
52. C. De Thierry, "Colonials at Westminster", 80.
53. Hansard, Third Series, XVIII, 111. May 30, 1833.
54. H. of C. Sess. Pap., 1837-1838, Vol. 48.付给他的补偿金为4866英镑19先令11便士。
55. L. J. Ragatz, *The Fall of the Planter Class in the British Caribbean, 1763-1833* (New York, 1928), 53.
56. C. De Thierry, "Colonials at Westminster", 80.
57. Hansard, Third Series, X, 1238. March 7, 1832.
58. H. of C. Sess. Pap., 1837-1838, Vol. 48.支付的数目为12 281英镑5先令10便士。
59. C. O. 137/100. Balcarres to Portland, Sept. 16, 1798.
60. Anonymous, *A Report of the Proceedings of the Committee of Sugar Refiners for the purpose of effecting a reduction in the high prices of sugar, by lowering the bounty of refined sugar exported, and correcting the evils of the West India monopoly* (London, 1792), 34.
61. Anonymous, *A Merchant to His Friend on the Continent: Letters Concerning the Slave Trade* (Liverpool, n. d.). 致霍克斯伯里勋爵的信写道："这些信的主要内容，提到了作为这个国家整个贸易的保护者和支持者的问题。"
62. Liverpool Papers, Add. MSS. 38223, ff. 170, 175. Sept. 8, and 12, 1788.
63. Ibid., Add. MSS, 38231, f.59. Thomas Naylor, Mayor, to Hawkesbury, July 10, 1796; f.60, Minutes of the Common Council, July 6, 1796; f.64, Hawkesbury to Naylor, July 16, 1796.
64. Bourne, *op. cit.*, II, 135n. 麦考利把他描写为"一个聒噪的、爱夸耀富有而又庸俗的煽动家，他的伦敦腔和发音不准的拉丁语已成为报上的笑柄"（Ibid.）。霍勒斯·沃波尔说他是"一个大吹大擂的蠢货"（*The Letters of Horace Walpole*, V, 248. Walpole to Earl of Stratford, July 9, 1770）。贝克福德的拉丁语水平可由他出名的"omnium meum mecum porto"（意为"一切都是我的，我都带去"）得知（Beaven, *op. cit.*, II, 211）。这只能看作是一种社会的产物，这个社会只谈论种植方面的事情，不谈其他；至于屈莱顿（Dryden），他们只将其看作是个姓名而已（Steen, *op. cit.*, 430, 433）。

65. *Guide to the Guildhall of the City of London* (London, 1927), 58-59.
66. Beaven, *op. cit.*, II, 139.
67. R. Pares, *War and Trade in the West Indies, 1739-1763* (Oxford, 1936), 509.
68. E. J. Stapleton (ed.), *Some Official Correspondence of George Canning* (London, 1887), I, 134. 1824年1月9日致利物浦的信写道："这是个最令人不安的问题……有些症结不可能一下子解开，但也不必一刀割去……应当留意，不要混淆道义上真实的东西和历史上虚假的东西……我们不能在这个议会里制定法律，犹如我们不能为一个新世界制定法律一样。" *Hansard, New Series*, IX, 275, 278, 282. May 15, 1823.
69. *Despatches, Correspondence and Memoranda of Field Marshal Arthur, Duke of Wellington* (London, 1867-1880), V, 603. Memorandum for Sir George Murray, May 16, 1829.
70. Huskisson Papers (British Museum), Add. MSS. 38745, ff.182-183. To Joseph Sandars, Jan. 22, 1824. See also Ibid., f.81. "支持利物浦的贸易委员会及其成员应该尽快离开反对奴隶制协会，这在我看来并非无足轻重。" Huskisson to Canning on his membership in the Anti-Slavery Society, Nov. 2, 1823.
71. Ibid., Add. MSS. 38752, f.26. Huskisson to Horton, Nov. 7, 1827. 关于坎宁从非洲机构理事会辞职的信，见同一来源 Add. MSS. 38745, ff.69-70. Oct. 26, 1823。
72. Ibid., Add. MSS. 38752, ff. 26-27.
73. W. Smart, *Economic Annals of the Nineteenth Century* (London, 1910-1917), II, 545.
74. *The Right in the West India Merchants to a Double Monopoly of the Sugar-Market of Great Britain, and the Expedience of All Monopolies, Examined*

(London, n. d.), 59-60.
75. Stock, *op. cit.*, Ⅴ, 261. Feb. 8, 1747.
76. Cundall, *The Governors of Jamaica in the Seventeenth Century*, 100.
77. *Parl. Hist.*, XⅢ, 641. Feb. 13, 1744.
78. Ibid., 652, 655. Feb. 20, 1744.
79. Pares, *op. cit.*, 508-509.
80. Penson, *op. cit.*, 228.

第5章　英国的工业与三角贸易

1. Hughes, *op. cit.*, 56-57, 217.
2. Ibid., 91-97, 101; Grindon, *op. cit.*, 42, 54, 79-82, 185-189; Botsford, *op. cit.*, 122; Bourne, *op. cit.*, Ⅱ, 78-79; Donnan, *op. cit.*, Ⅱ, 493, 656.
3. Hughes, *op. cit.*, 170-174. 1799年，莱兰拥有4艘运奴船，这一年共运载了1641个奴隶。Donnan, *op. cit.*, Ⅱ, 646-649.
4. Hughes, *op. cit.*, 74-79, 84-85, 107-108, 111, 133, 138-141, 162, 165-166, 196-198, 220-221. 关于厄尔家族，见 Botsford, *op. cit.*, 123；Bourne, *op. cit.*, Ⅱ, 64。1799年，厄尔家族拥有3艘运奴船，这一年运载了969个奴隶；1798年，英格拉姆拥有3艘运奴船，运载了1006个奴隶；1799年，博尔德拥有2艘运奴船，运载了539个奴隶。Donnan, *op. cit.*, Ⅱ, 642-649.
5. Latimer, *Annals of Bristol in the Eighteenth Century*, 297-298, 392, 468, 507; *Annals of Bristol in the Nineteenth Century*, 113, 494; Bourne, *op. cit.*, Ⅱ, 18.
6. C. W. Barclay, *A History of the Barclay Family* (London, 1924-1934), Ⅲ, 235, 242-243, 246-247, 249; Gary, *op. cit.*, 194, 221, 455, 506; Bourne, *op. cit.*, Ⅱ, 134-135; Botsford, *op. cit.*, 120-121, 295. 伦敦另一家与奴隶贸易有联系的、享有盛名的银行是巴林银行。Gary, *op. cit.*, 506.
7. Eyre-Todd, *op. cit.*, Ⅲ, 151, 218-220, 245, 372; J. Buchanan, *Banking in Glasgow During the Olden Time* (Glasgow, 1862), 5-6, 17, 23-26, 30-34.
8. J. Lord, *Capital and Steam-Power, 1750-1850* (London, 1923), 113.
9. Ibid., 192.
10. Liverpool Papers, Add. MSS. 38227, ff.43, 50, 140, 141. Sept. 7 and 14,

注　释

Nov. 15 and 17, 1791.
11. Namier, "Antony Bacon...", 25-27, 32, 39, 41, 43; Ashton, *op. cit.*, 52, 136, 241-242; J. H. Clapham, *An Economic History of Modern Britain, The Early Railway Age, 1820-1850* (Cambridge, 1930), 187-188.
12. Beaven, *op. cit.*, II, 131.
13. Ashton, *op. cit.*, 157.
14. F. Martin, *The History of Lloyd and of Marine Insurance in Great Britain* (London, 1876), 62.
15. Wright and Fayle, *op. cit.*, 19, 91, 151, 212, 218-219, 243, 293, 327. 可以与劳埃德相提并论的一些知名人士有巴林、废奴主义者理查德·桑顿和扎卡里·麦考利（Ibid., 196-197）。
16. *H. of C. Sess. Pap.*, 1837-1838, Vol. 48. 确切数字是 15 095 英镑 4 先令 4 便士。
17. Clapham, *op. cit.*, 286.
18. Wright and Fayle, *op. cit.*, 240-241.
19. Callender, *op. cit.*, 78-79.
20. Dodd, *op. cit.*, 37, 91, 125, 204-208, 219. See also C. R. Fay, *Imperial Economy and Its Place in the Formation of Economic Doctrine* (Oxford, 1934), 32.
21. Huskisson Papers, Add. MSS. 38745, ff.182-183. Huskisson to Sandars, Jan. 22, 1824，同意他的退出。另外可参 J. Francis, *A History of the English Railway: Its Social Relations and Revelations, 1820-1845* (London, 1851), I, 93。
22. 见 *Hansard*, VI, 919。加斯科因反对英国在拿破仑战争期间征服的新殖民地禁止奴隶贸易，他认为那样做是一种背信弃义的行为（April 25, 1806）。关于格莱斯顿，见 Francis, *op. cit.*, I, 123; F. S. Williams, *Our Iron Roads: Their History, Construction, and Social Influences* (London, 1852), 323-324, 337。关于莫斯，见 Francis, *op. cit.*, I, 123; Hughes, *op. cit.*, 197-198。
23. V. Sommerfield, *English Railways, Their Beginnings, Development and Personalities* (London, 1937), 34-38; Latimer, *Annals of Bristol in the Nineteenth Century*, 111, 189-190. 其中 3 名董事与西印度群岛有关系，并捐助了 217 500 英镑中的 51 800 英镑。
24. Lord, *op. cit.*, 166.
25. Scrivenor, *op. cit.*, 86-87. 1740 年炼铁 89 炉，出铁 17 350 吨；1788 年炼铁 85 炉，出铁 68 300 吨。

26. Wheeler, *op. cit.*, 148, 170. 进口量由 1 985 868 磅增至 6 700 000 磅，出口额由 23 253 英镑增至 355 060 英镑。
27. W. T. Jackman, *The Development of Transportation in Modern England* (Cambridge, 1916), II, 514n. 人口从 19 837 人增至 27 246 人。
28. Butterworth, *op. cit.*, 57; Wheeler, *op. cit.*, 171. 人口从 2 万人增至 8 万人。
29. Lord, *op. cit.*, 143.
30. P. Mantoux, *op. cit.*, 102-103.
31. Adam Smith, *op. cit.*, 549, 555, 558-559, 567, 573, 576, 579, 581, 595, 625-626.
32. Ibid., 577.

第 6 章　美国独立战争

1. Johnson, *op. cit.*, II, 118-119. 比例是根据所给出口数据表计算出来的。
2. Pitman, *The Development of the British West Indies, 1700–1763* (New Haven, 1917), Preface, p. vii.
3. *Calendar of State Papers, Colonial Series*, V, 382. Governor Willoughby, May 12, 1666; Ibid., V, 414. John Reid to Secretary Arlington, 1666(?).
4. Postlethwayt, *Universal Dictionary...*, II, 767.
5. Callender, *op. cit.*, 96, 引自 *American Husbandry*（1775）。
6. Callender, *op. cit.*, 96.
7. *Cambridge History of the British Empire*, I, 564.
8. Andrews, *The Colonial Period...*, I, 72.
9. *Cambridge History of the British Empire*, I, 564.
10. Andrews, *The Colonial Period...*, I, 497-499.
11. *Calendar of State Papers, Colonial Series*, I, 429-430. Sept. 26, 1655. 温思罗普总督反对移民，认为移民"不讨上帝的欢心"。R. C. Winthrop, *Life and Letters of John Winthrop* (Boston, 1864-1867), II, 248.
12. C. Whitworth, *Works of Davenant*, II, 9, 21, 22.
13. H. A. Innis, *The Cod Fisheries, the History of an International Economy* (New Haven, 1940), 78.

14. Stock, *op. cit.*, V, 259. William Beckford, Feb. 8, 1747.
15. Callender, *op. cit.*, 78.
16. P. W. Bidwell and J. I. Falconer, *History of Agriculture in the Northern United States, 1620-1820* (New York, 1941), 43.
17. Harlow, *A History of Barbados…*, 272.
18. Ibid., 268.
19. Andrews, *The Colonial Period…*, Ⅳ, 347.
20. Harlow, *A History of Barbados…*, 287.
21. *Calendar of States Papers, Colonial Series*, Ⅶ, 4. John Style to Secretary Morrice, Jan. 14, 1669.
22. Ibid., Ⅹ, 297. "Narrative and Disposition of Capt. Breedon concerning New England", Oct. 17, 1678.
23. Stock, *op. cit.*, Ⅱ, 269. Jan. 27, 1698.
24. A. M. Whitson, "The Outlook of the Continental American Colonies on the British West Indies, 1760-1775", *Political Science Quarterly* (March, 1930), 61-63.
25. Innis, *op. cit.*, 134-135.
26. *Calendar of State Papers, Colonial Series*, V, 167. 1663年11月1日，雷纳图斯·恩尼斯（Renatus Enys）致国务大臣亨利·贝内特（Henry Bennet）的信中写道："该殖民地不共戴天的仇敌，是巴巴多斯的绅士们……他们不择手段地诽谤这个国家。"
27. Ibid., Ⅺ, 431. Governor Lynch to Governor Stapleton of the Leeward Islands, May 16, 1683.
28. *Parl. Hist.*, ⅩⅦ, 482-485. April 29, 1772. 关于这个问题的讨论，见 C. Wilson, *Anglo-Dutch Commerce and Finance in the Eighteenth Century* (Cambridge, 1941), 182-183。
29. Pares, *op. cit.*, 220.
30. *Calendar of State Papers, Colonial Series*, V, 167. Governor Willoughby, Nov. 4, 1663.
31. Pitman, *The Development of the British West Indies, 1700-1763* (New Haven, 1917), 70-71; Stock, *op. cit.*, Ⅳ, 97.
32. Bennett, *op. cit.*, 22-25.

33. M. Postlethwayt, *Great Britain's Commercial Interest*..., Ⅰ, 494; M. Postlethwayt, *Universal Dictionary*..., Ⅰ, 869; *An Account of the Late Application... from the Sugar Refiners*, 4; Stock, *op. cit.*, Ⅳ, 101.
34. Pares, *op. cit.*, 180.
35. J. Almon, *Anecdotes of the Life of the Right Honourable William Pitt, Earl of Chatham, and of the Principal Events of His Time* (London, 1797), Ⅲ, 222, 225. 这段引文出自阿尔蒙重版的一本当时的小册子，即 *Letter from a Gentleman in Guadeloupe to His Friend in London*（1760）。
36. C. Whitworth, *State of the Trade of Great Britain*..., Part Ⅱ, pp.85-86. 关于加拿大和佛罗里达的数字如下：

	英国进口额/英镑	英国出口额/英镑
加拿大	448 563	2 383 679
佛罗里达	79 993	375 068

有关格林纳达岛和多米尼加的数字，参见第3章第16条注释。
37. Pares, *op. cit.*, 219.
38. Almon, *op. cit.*, Ⅲ, 225.
39. Pares, *op. cit.*, 224.
40. Stock, *op. cit.*, Ⅴ, 461. March 7, 1750.
41. Whitson, *op. cit.*, 73.
42. Stock, *op. cit.*, Ⅴ, 537n.
43. Anonymous, *The Importance of the Sugar Colonies to Great Britain Stated* (London, 1731), 7.
44. Stock, *op. cit.*, Ⅳ, 136. Thomas Winnington, Feb. 23, 1731.
45. Ibid., Ⅴ, 462.
46. M. Postlethwayt, *Universal Dictionary*..., Ⅰ, 871-872, Ⅱ, 769; M. Postlethwayt, *Great Britain's Commercial Interest*..., Ⅰ, 482, 486, 489-490, 493.
47. Almon, *op. cit.*, Ⅲ, 16. Circular Letter to the Governors of North America, Aug. 23, 1760.
48. Stock, *op. cit.*, Ⅴ, 478. April 16, 1751.
49. Anonymous, *A Letter to a Noble Peer, relating to the Bill in favour of the Sugar*

Planters (London, 1733), 18.
50. Whitson, *op. cit.*, 76.
51. A. M. Schlesinger, *The Colonial Merchants and the American Revolution, 1763–1776* (New York, 1918), 42-43.
52. *Some Considerations Humbly offer'd...*, 11.
53. *A Letter to a Noble Peer...*, 20.
54. Whitson, *op. cit.*, 70.
55. Stock, *op. cit.*, V, 477. April 16, 1751.
56. Ibid., IV, 161n, 162n, 163n.
57. Ibid., V, 482. April 19, 1751.
58. Donnan, *op. cit.*, III, 203-205. Jan. 24, 1764.
59. W. S. McClellan, *Smuggling in the American Colonies at the Outbreak of the Revolution* (New York, 1912), 37.
60. Wood, *op. cit.*, 136-141.
61. Stock, *op. cit.*, IV, 143. Feb. 23, 1731.
62. Ibid., IV, 125. Jan. 28, 1731.
63. Ibid., IV, 185. Feb. 21, 1732.
64. Ibid., IV, 139. Feb. 23, 1731.
65. E. Donnan, "Eighteenth Century English Merchants, Micajah Perry", *Journal of Economic and Business History* (Nov., 1931), 96. Perry to Cadwallader Colden of New York.
66. Pitman, *The Development of the British West Indies, 1700–1763* (New Haven, 1917), 272.
67. C. W. Taussig, *Rum, Romance and Rebellion* (New York, 1928), 39.
68. Stock, *op. cit.*, V. 477. April 16, 1751.
69. Callender, *op. cit.*, 133.
70. Innis, *op. cit.*, 212.
71. Arthur Young, *Annals of Agriculture* (London), IX, 1788, 95-96; X, 1788, 335-362.《西印度群岛农业》(West Indian Agriculture) 一文值得一读。
72. Whitson, *op. cit.*, 77-78.
73. MacInnes, *op. cit.*, 295.
74. Edwards, *op. cit.*, II, 515.

75. Whitson, *op. cit.*, 86.
76. L. J. Ragatz, *The Fall of the Planter Class in the British Caribbean, 1763-1833* (New York, 1928), 174.
77. G. Chalmers, *Opinions on Interesting Subjects of Public Law and Commercial Policy; Arising from American Independence* (London, 1784), 60.
78. L. J. Ragatz, *The Fall of the Planter Class in the British Caribbean, 1763-1833* (New York, 1928), 176.
79. C. P. Nettels, *The Roots of American Civilization* (New York, 1939), 655.
80. 各个岛提出要求开放港口的请愿书之多，使霍克斯伯里勋爵担心，"我们在西印度群岛的每一个港口，会由于开放所带来的巨大利益而申请成为自由港"（Liverpool Papers, Add. MSS. 38228, f.324. Feb. 1793）。1784年2月20日，奥德（Orde）总督在从多米尼加寄来的信中说："人们万分焦急地期待着自由港口法的公布。"[B.T. 6/103（Public Record Office）]。
81. W. H. Elkins, *British Policy in Its Relation to the Commerce and Navigation of the U.S.A., 1794-1807* (Oxford University D. Phil. Thesis, c.1935), 96.
82. Innis, *op. cit.*, 221, 251.
83. T. Pitkin, *A Statistical View of the Commerce of the United States* (Hartford, 1817), 167.
84. *Report of the Committee of Privy Council, 1788*, Part V, Question 1. 富勒、朗和奇泽姆先生的证据。
85. Pitman, *The Settlement... of British West India Plantations...*, 276.
86. *Report of the Committee of Privy Council, 1788.* 见注释84说明。
87. Pitman, *The Settlement... of British West India Plantations...*, 280.
88. *Parl. Hist.*, XXIX, 260. Wilberforce, April 18, 1791.
89. Klingberg, *op. cit.*, 13-14, 103; H. Brougham, *An Inquiry into the Colonial Policy of the European Powers* (Edinburgh, 1803), I, 522.
90. Chatham Papers (Public Record Office), G. D. 8/349. 西印度群岛以及与牙买加（1783—1804年）和圣多明各（1788—1800年）有关的文件。Extracts from "Considerations on the State of St. Domingo", by Hilliard d'Aubertenil, 303.
91. *Report of the Committee of Privy Council, 1788*, Part V. 见注释84说明。
92. Brougham, *op. cit.*, I, 539-540.

93. In the Chatham Papers, G. D. 8/102. 这封皮特注明日期为1783年11月25日的不寻常信件，可能是写给东印度公司总督的，信上说："我想，公司事务中最实质性的问题，是要讲明证券持有者在要求支付现款之前，是否愿意给公司提供一切方便。我已全面了解到，他们打算这么做；但是，如果从他们那里能得到一份以全体的名义发表的公开声明，将意义重大。为此，可能需要召集他们开一次大会。但倘若没有一定把握，就不要贸然采取这个措施。这点，我不能不提出来请您考虑。不过，我必须请求您不要说这个主意是我提出的，并请原谅我冒昧地打扰您。"
94. R. Coupland, *Wilberforce* (Oxford, 1923), 93.
95. Sugar: Various MSS. (in the writer's possession). Adamson to Ferguson, March 25, 1787.
96. *East India Sugar, Papers Respecting the Culture and Manufacture of Sugar in British India* (London, 1822), Appendix I, p. 3.
97. Clarkson, *Essay on the Impolicy...*, 34.
98. Pitkin, *op. cit.*, 30, 200-201. 皮特金（Pitkin）提供的1784—1790年的数字是以英镑计算的，而1792—1801年的数字则以美元计算。本书正文提到的百分比数字系根据皮特金书中所列的表格计算出来的。比起花费时间把英镑换算成美元，考察贸易的增长情况看来是更可靠的办法。
99. Merivale, *op. cit.*, 230.
100. Anonymous, *The Speeches of the Right Honourable William Huskisson with a Biographical Memoir* (London, 1831), II, 312. March 21, 1825.

第7章　1783—1833年英国资本主义的发展

1. *Parl. Hist.*, XXIII, 1026-1027. June 17, 1783.
2. P. Mantoux, *op. cit.*, 340.
3. Clapham, *op. cit.*, Chap. V.
4. Lord, *op. cit.*, 176.
5. Clapham, *op. cit.*, 156.
6. P. Mantoux, *op. cit.*, 257.
7. Clapham, *op. cit.*, 184-185, 196.

8. Lord, *op. cit.*, 174.
9. A. Redford, *The Economic History of England, 1760-1860* (London, 1931), 22.
10. P. Mantoux, *op. cit.*, 258.
11. N. S. Buck, *The Development of the Organization of Anglo-American Trade, 1800-1850* (New Haven, 1925), 166.
12. Ibid., 164.
13. Wheeler, *op. cit.*, 175.
14. Butterworth, *op. cit.*, 112.
15. Buck, *op. cit.*, 169.
16. P. Mantoux, *op. cit.*, 368. 这句话是阿瑟·扬说的。
17. Ibid., 367-368.
18. Jackman, *op. cit.*, II, 514n. 从27 246人增至163 888人。
19. Butterworth, *op. cit.*, 37.
20. P. Mantoux, *op. cit.*, 258.
21. C. H. Timperley, *Annals of Manchester: Biographical, Historical, Ecclesiastical, and Commercial, From the Earliest Period to the Close of the Year 1839* (Manchester, 1839), 89.
22. Buck, *op. cit.*, 36n.
23. Scrivenor, *op. cit.*, 87（1788年生铁产量为68 300吨）; Clapham, *op. cit.*, 149（1830年生铁产量为65万~70万吨）.
24. Scrivenor, *op. cit.*, 87 (1788年投入85炉); Clapham, *op. cit.*, 149 (1830年投入250~300炉).
25. Scrivenor, *op. cit.*, 123-124, 293-294.
26. Clapham, *op. cit.*, 240.
27. *Cambridge History of the British Empire*, II, 223. 约翰·哈罗德·克拉彭撰写的论文《1783—1822年工业革命与殖民地》（The Industrial Revolution and the Colonies, 1783–1822）值得一读，它对我们评估西印度群岛垄断制遭破坏的情况是很有帮助的。
28. Clapham, *op. cit.*, 431; F. Engels, *The Condition of the Working Class in England in 1844* (London, 1936 edition), 13. 煤矿的数量由40个增加到76个。
29. Scrivenor, *op. cit.*, 297.
30. Redford, *op. cit.*, 41-42.

31. Clapham, *op. cit.*, 152, 154; A. P. Usher, *A History of Mechanical Inventions* (New York, 1929), 332.
32. Clapham, *op. cit.*, 189.
33. Scrivenor, *op. cit.*, 421. 具体数字如下：1815年英国铁制品的出口总量为79 569吨，出口到英属西印度群岛的为7381吨，出口到美国的为21 501吨。1833年的出口总量为179 312吨，出口到英属西印度群岛的为5400吨，出口到美国的为62 253吨。
34. P. Mantoux, *op. cit.*, 276.
35. Clapham, *op. cit.*, 144, 196; Buck, *op. cit.*, 163.
36. Engels, *op. cit.*, 9. 从7.5万件增至49万件。
37. Clapham, *op. cit.*, 243, 478.
38. James, *op. cit.*, 286; P. Mantoux, *op. cit.*, 106n; Clapham, *op. cit.*, 249. 1830年的棉花出口额为31 810 474英镑。Buck, *op. cit.*, 166.
39. P. Mantoux, *op. cit.*, 369; Engels, *op. cit.*, 9.
40. H. Merivale, *op. cit.*, 120.
41. *Cambridge History of the British Empire*, II, 231.
42. H. Merivale, *op. cit.*, 121.
43. Redford, *op. cit.*, 45.
44. L. H. Jenks, *The Migration of British Capital to 1875* (London, 1927), 64.
45. *Hansard, New Series*, XV, 385. Lord Redesdale, April 19, 1825.
46. Jenks, *op. cit.*, 67.
47. Customs 8 (Public Record Office), Vols. 14 and 35. 具体数字为：1821年6 422 304英镑，1832年7 017 048英镑。
48. Jenks, *op. cit.*, 75-76.
49. *The Cambridge History of British Foreign Policy* (Cambridge, 1923), II, 74. Canning to Granville, Dec. 17, 1824.
50. Customs 8, Vols. 14 and 35. 1821年为2 114 329英镑，1832年为5 298 596英镑。
51. Ibid. 1821年为3 239 894英镑，1832年为9 452 822英镑。
52. Jenks, *op. cit.*, 47.
53. Customs 8, Vols. 14 and 35. 1821年为43 113 855英镑，1832年为65 025 278英镑。

54. Ibid. 1821年为19 082 693英镑，1832年为29 908 964英镑。
55. Ibid. 1821年为3 639 746英镑，1832年为6 377 507英镑。
56. Ibid. 英国对西印度群岛的出口额如下：1821年为4 704 610英镑，1832年为3 813 821英镑。英国对牙买加的出口额如下：1821年为3 214 364英镑，1832年为2 022 435英镑。
57. W. L. Burn, *Emancipation and Apprenticeship in the British West Indies* (London, 1937), 52.
58. *Hansard, Third Series*, LXXVII, 1062, Milner Gibson, Feb. 24, 1845.
59. H. Merivale, *op. cit.*, 203.
60. W. L. Burn, *op. cit.*, 73. 伯恩否认那是地狱。
61. W. L. Mathieson, *British Slavery and Its Abolition, 1823-1838* (London, 1926), 222.
62. A. Prentice, *History of the Anti-Corn Law League* (London, 1853), I, 5.
63. E. Halévy, *A History of the English People, 1830-1841* (London, 1927), 42-43, 47, 56-58.
64. F. M. Eden, *Eight Letters on the Peace; and on the Commerce and Manufactures of Great Britain* (London, 1802), 129.
65. *Cambridge History of the British Empire*, II, 239.

第8章　新的工业生产秩序

1. H. Merivale, *op. cit.*, 238-239.
2. Ibid., 93.
3. Liverpool Papers, Add. MSS. 38295, f.102. An anonymous correspondent to Lord Bexley, July, 1823.
4. C. O. 137/166. Hibbert to Horton, April 2, 1827.
5. *Hansard, New Series*, XIV, 1164. Lord Dudley and Ward, March 7, 1826.
6. Ibid., *Third Series*, III, 354. Mr. Robinson, March 11, 1831.
7. Bready, *op. cit.*, 308.
8. 这是鲍林博士（Dr. Bowring）说的话，但日期已无法查到。
9. A. Prentice, *op. cit.*, I, 75.
10. *The Right in the West India Merchants...*, 17, 18-19, 26-27, 50-51, 53, 74-75.

11. *Hansard, New Series*, Ⅷ, 339. 1823年3月3日与印度贸易有关的商人、船东等人的请愿书。
12. *Report of a Committee of the Liverpool East India Association, Appointed to Take into Consideration the Restrictions of the East India Trade* (Liverpool, 1822), 21-22.
13. Z. Macaulay, *East and West India Sugar; or a Refutation of the Claims of the West India Colonists to a Protecting Duty on East India Sugar* (London, 1823), 37.
14. *Debates at the General Court of Proprietors of East India Stock on the 19th and 21st March on the East India Sugar Trade* (London, 1823), 12. Mr. Tucker.
15. Ibid., 40-41.
16. *Cambridge Modern History* (Cambridge, 1934), Ⅹ, 771-772.
17. *Hansard, New Series*, Ⅰ, 424-425, 429. May 16, 1820.
18. Ibid. XXⅡ, 111, 118. Match 23, 1812. 皮特的赞美见 *Cambridge Modern History*, Ⅹ, 771。
19. W. Naish, *Reasons for Using East India Sugar* (London, 1828), 12.
20. *Hansard, Third Series*, LXXⅤ, 438. Mr. Villiers, June 10, 1844.
21. Ibid., 444.
22. H. Merivale, *op. cit.*, 225.
23. Ibid., 205.
24. J. B. Seely, *A Few Hints to the West Indians on Their Present Claims to Exclusive Favour and Protection at the Expense of the East India Interests* (London, 1823), 89.
25. *The Speeches of... Huskisson...*, Ⅱ, 198. May 22, 1823.
26. Ibid., Ⅲ, 146. May 15, 1827.
27. *Hansard, Third Series*, LⅦ, 920. Villiers, April 5, 1841.
28. Ibid., 162-163. Labouchere, March 12, 1841.
29. Ibid., *Third Series*, LXXⅦ, 1056. Milner Gibson, Feb. 24, 1845.
30. Ibid., *Third Series*, LⅦ, 920. Villiers, April 5, 1841.
31. Ibid., *Third Series*, LXXⅦ, 1078. Feb. 24, 1845.
32. P. Guedalla, *Gladstone and Palmerston* (London, 1928), 30.
33. *Hansard, Third Series*, CⅪ, 592. May, 31, 1850.

34. Ibid., *Third Series*, XCVI, 123. Feb. 4, 1848.
35. Ibid., *Third Series*, CXXIV, 1036. March 3, 1853.
36. Pitman, *The Settlement... of British West India Plantations...*, 282-283.
37. Penson, *op. cit.*, 208.
38. T. Fletcher, *Letters in Vindication of the Rights of the British West India Colonies* (Liverpool, 1822), 27; Anonymous, *Memorandum on the Relative Importance of the West and East Indies to Great Britain* (London, 1823), 30; C. O. 137/140. 议会委员会受命调查与牙买加商业和农业状况有关的各项问题得出的报告，调查内容是在此基础上向东印度开放贸易可能产生的后果，以及现有食糖出口最大限额的实际情况（Jamaica, 1813）。
39. C.O. 137/140. Report from a Committee of the Honourable House of Assembly..., Jamaica, 1813.
40. K. N. Bell and W. P. Morrell, *Select Documents on British Colonial Policy, 1830-1860* (Oxford, 1928), 414. Russell to Light, Feb. 15, 1840.
41. H. Merivale, *op. cit.*, 84.
42. *Hansard, Third Series*, III, 537. Mr. Fitzgerald, March 18, 1831; Ibid., *Third Series*, XVIII, 111. Henry Goulburn, May 30, 1833.
43. Ibid., *New Series*, IV, 947. Marryat, Feb. 28, 1821.
44. Ibid., *Third Series*, C, 356. Bentinck, July 10, 1848.
45. Ibid., *Third Series*, LXXV, 213. Stewart, June 3, 1844; Ibid., *Third Series*, XCIC, 1094. Miles, June 23, 1848.
46. Ibid., *Third Series*, LVI, 616. Viscount Sandon, Feb. 12, 1841.
47. Ibid., *Third Series*, XCIX, 1098. Miles, June 23, 1848. Ibid., 1466. Nugent, June 30, 1848. 他们辩解说，非洲人在契约期满返回家乡时，会把文明带回非洲去的（Ibid., *Third Series*, LXXXVIII, 91. Hogg, July 27, 1846）。关于犯人的请求，见Ibid., *Third Series*, LXXV, 1214. Mr. James, June 21, 1844。
48. Ibid., *Third Series*, LXXVII, 1269. Feb. 26, 1845.
49. Ibid., *Third Series*, CXI, 581. May 31, 1850.
50. Ibid., *Third Series*, LXXV, 198. June 3, 1844.
51. Ibid., *Third Series*, CXV, 1440. April 10, 1851.
52. Ibid., 1443.
53. *The Political Writings of Richard Cobden* (London,1878), 12, 14.

54. Ibid., 257. 科布登准备让美国占领古巴（*Hansard, Third Series*, CXXXII, 429–430. April 4, 1854）。
55. *Hansard, Third Series*, CVI, 942, 951-952, 958. June 26, 1849; Ibid., *Third Series*, C, 825, July 25, 1848.
56. Ibid., *Third Series*, C, 831, 834, 849. July 25, 1848.
57. Ibid., *New Series*, XXII, 855. Feb. 3, 1830.
58. Ibid., *Third Series*, XI, 834. March 23, 1832.
59. Ibid., *Third Series*, XCIX, 875. June 19, 1848.
60. W. P. Morrell, *British Colonial Policy in the Age of Peel and Russell* (Oxford, 1930), 286.
61. Bell and Morrell, *op. cit.*, Introduction, pp. xiii, xxiv.
62. H. Merivale, *op. cit.*, 78.
63. *Hansard*, XXXIV, 1192. Barham, June 19, 1816.
64. *Addresses and Memorials to His Majesty from the House of Assembly at Jamaica, voted in the years 1821 to 1826, inclusive, and which have been presented to His Majesty by the Island Agent* (London, 1828), 22.
65. *Hansard, Third Series*, XCIX, 872. Seymer, June 19, 1848.
66. Ibid., *Third Series*, XCVI, 75. Robinson, Feb. 3, 1848.
67. Ibid., *Third Series*, LXIII, 1218–1219. June 3, 1842.
68. Ibid., *Third Series*, LXXV, 462. June 10, 1844.
69. Ibid., *Third Series*, LXXXVIII, 164. July 28, 1846.
70. E. L. Woodward, *The Age Reform, 1815-1870* (Oxford, 1938), 351. Morrell, *op. cit.*, 519. 在谈到迪斯雷利这些话时，作者称之为"出奇的轻率之举"，虽然并不清楚他轻率到什么程度。"一钱不值的遗产"是殖民部的泰勒说的。Bell and Morrell, *op. cit.*, Introduction, P. XXVI.
71. J. Morley, *The Life of William Ewart Gladstone* (London, 1912), I, 268.
72. Penson, *op. cit.*, 209.
73. Chatham Papers, G. D. 8/352. West India Planters and Merchants, Resolutions, May 19, 1791.
74. *Calendar of State Papers, Colonial Series*, XIII, 719. Petition of Jamaica Merchants, Oct. 11, 1692.
75. A. M. Arnould, *De la Balance du Commerce et des Relations Commerciales*

Extérieures de la France, dans Toutes les Parties du Globe, particulièrement à la fin du Règne de Louis XIV, et au Moment de la Révolution (Paris, 1791), I, 263, 326-328.

76. Hansard, IX, 90-91, Hibbert. March 12, 1807.
77. Parl. Hist., XXIX, 1147. April 2, 1792.
78. L. J. Ragatz, The Fall of the Planter Class in the British Caribbean, 1763-1833 (New York, 1928), 211.
79. Chatham Papers, G. D. 8/102. 1787年12月7日，皮特致信伊登说："我越仔细考虑这件事，就越焦急不安，我感觉这件事应该尽快解决。"皮特拒不考虑暂时中断奴隶贸易，也拒绝在"作为整体基础的人道和正义原则"上做出妥协。The Journal and Correspondence of William, Lord Auckland (London, 1861), I, 304. Pitt to Eden, Jan. 7, 1788. 皮特认为，1788年法国新宪法的有利影响将会成为"我们解决奴隶贸易问题的一个机会"。The Manuscripts of J. B. Fortescue Esq. preserved at Dropmore (Historical Manuscripts Commission, London, 1892-1927), I, 353. Pitt to Grenville, Aug. 29, 1788.
80. L. J. Ragatz, The Fall of the Planter Class in the British Caribbean, 1763-1833 (New York, 1928), 213-214.
81. Liverpool Papers, Add. MSS. 38409, ff. 151, 155. 可能写于1789年。
82. Ibid., ff.147-148.
83. Ibid., Add. MSS. 38349, f.393. 可能写于1791年后。
84. 见Liverpool Papers, Add. MSS. 38224, f.118。1789年5月7日，英国驻巴黎大使多尔赛特勋爵致信霍克斯伯里勋爵说："至于对英国人道主义的阿谀，看来不外是想要恭维我们，好让我们保持沉默，同时心里还感到高兴。"詹姆斯·哈里斯爵士（Sir James Harris）从荷兰写来的信说，人道主义的原则多半不会对荷兰商人产生多少影响，要得到他们的默许不会那么容易。The Manuscripts of J. B. Fortescue..., III, 442-443. Harris to Grenville, Jan. 4, 1788.
85. Correspondence, Despatches and Other Papers of Viscount Castlereagh (London, 1848-1853), XI, 41. Liverpool to Castlereagh, Oct. 2, 1815. See to Liverpool Papers, Add. MSS. 38578, f.28. Liverpool to Castlereagh, Nov. 20, 1818. 这句话出自西印度群岛一个奴隶主之口，未免可笑。

86. Gaston Martin, *La Doctrine Coloniale de la France en 1789* (Cahiers de la Revolution Francaise, No. 3, Bordeaux, 1935), 25, 39.
87. J. Ramsay, *An Inquiry into the Effects of Putting a Stop to the African Slave Trade* (London, 1784), 24.
88. Chatham Papers, G. D. 8/349. 西印度群岛有关牙买加和圣多明各的文件。这是圣多明各议会主席德卡杜塞（De Cadusey）于1791年10月29日提出的建议。他说，如果必要，可以把在一般情况下的叛国行为说成是正当的。因为，道理很明显，这个提议不可能是"官方"的。他还恳请皮特以政策和人道的名义接受"公众表达的意志"。这个提议在英国并不使人感到意外。1791年5月13日，英国驻巴黎大使报告说，法属殖民地居民纷纷议论要"投入英国的怀抱"。F. O. 27/36 (Public Record Office). Gower to Grenville.
89. F. O. 27/40. De Curt to Hawkesbury, Dec. 18, 1792. 德库尔特（De Curt）请求说，无论从哪个方面看，他都应该算是英国人。后来，他还正式"以人道的名义及其对英国的效忠"要求受到保护。Liverpool Papers, Add. MSS. 38228, f.197. Jan. 3, 1793.
90. *Parl. Hist.*, XXXII, 752. Dundas, Feb. 18, 1796.
91. J. W. Fortescue, *A History of the British Army* (London, 1899-1930), IV, Part I, 325.
92. Ibid., 565.
93. Wilberforce, *Life of Wilberforce*, I, 341.
94. Ibid., II, 147, 286; A. M. Wilberforce, *The Private Papers of William Wilberforce* (London, 1897), 31. Pitt to Wilberforce, May 31, 1802.
95. Klingberg, *op. cit.*, 116, quoting Lecky.
96. Wilberforce, *Life of Wilberforce*, II, 225. Stephen to Wilberforce, July, 1797.
97. Liverpool Papers, Add. MSS. 38227, f.5. Aug. 7, 1791. 一位牙买加的匿名人士给一位布里克伍德（Brickwood）先生。
98. Chatham Papers, G. D. 8/334. Miscellaneous Papers relating to France, 1784-1795. James Chalmers to Pitt, Dec. 24, 1792.
99. F. M. Eden, *op. cit.*, 18.
100. L. J. Ragatz, *The Fall of the Planter Class in the British Caribbean, 1763-1833* (New York, 1928), 308.

101. H. of C. Sess. Ap. Report on the Commercial State of the West India Colonies, 1807, 4-6; Hansard, IX, 98, Hibbert, March 12, 1807.
102. Hansard, VIII, 238-239. Dec. 30, 1806.
103. Ibid., 985. Hibbert, Feb. 23, 1807. 由于新殖民地需要更多奴隶，1807—1833年，英国以需用家奴服侍主人为由，把旧殖民地的奴隶输往新殖民地，见Eric Williams, "The Intercolonial Slave Trade After Its Abolition in 1807", Journal of Negro History (April, 1942)。
104. Hansard, II, 652, June 13, 1804. 谢菲尔德勋爵回应说这将是一种失信。Ibid., VII, 235. May 16, 1806.
105. Ibid., VIII, 658-659. Feb. 5, 1807.
106. Ibid., IX, 101. March 12, 1807.
107. H. Merivale, op. cit., 303, 313-317.
108. Ragatz, Statistics..., 20 (Table XVII).
109. Ibid., 20 (Tables XVII, XIX and XX). 安提瓜岛：162 573英担和115 932英担。毛里求斯：155 247英担和524 017英担。
110. Ibid., 20 (Tables XIX and XXI). 从4000英担增至11.1万英担。
111. Customs 5 (Public Record Office), Vols. 16 and 22. 新加坡的出口量由5000英担增至3.3万英担，菲律宾的出口量由8800英担增至3.25万英担，爪哇的由950英担增至2.17万英担。
112. J. de la Pezuela, Diccionario Geográfico, Estadístico, Histórico de la Isla de Cuba (Madrid, 1862), I, 59; Anuario Azucarero de Cuba (Habana, 1940), 59. 从1.45万吨增至62万吨。
113. Customs 5, Vols. 6, 20 and 21. 从巴西进口的蔗糖分别为5.08万英担和36.26万英担，从古巴进口的蔗糖分别为3.55万英担和21.08万英担。
114. Pitman, The Settlement... of British West India Plantations..., 262.
115. Pezuela, op. cit., I, 59. 另一个巨大的阿瓦拉种植园共有土地1996公顷，役使600个奴隶，年产蔗糖3570吨（Ibid.）。
116. Hansard, Third Series, LXX, 212. Cobden, June 22, 1843.
117. Ibid., Third Series, LVII, 610. Ellenborough, March 26, 1841.
118. Ibid., Third Series, II, 709. Poulett Thomson, Feb. 21, 1831.
119. *Statements, Calculations and Explanations submitted to the Board of Trade relative to the Commercial, Financial and Political State of the British West*

India Colonies, since the 19th of May, 1830 (H. of C. Ses. Pap., Accounts and Papers, 1830-1831, IX, No.120), 58. 汉堡进口的蔗糖从 68 798 箱增至 75 441 箱，普鲁士进口的蔗糖从 207 801 箱增至 415 134 箱。俄国进口的古巴糖从 616 542 普特增至 935 395 普特（1 普特为 36 磅），进口的巴西糖从 331 584 普特增至 415 287 普特。
120. Hansard, Third Series, XVII, 1209, 1211-1212. May 14, 1833.
121. W. L. Burn, op. cit., 367n.
122. C. O. 295/93, n. d. 这份市议会的请愿书附在格兰特总督 1832 年 8 月 29 日的电文中。

第9章 英国资本主义与西印度群岛

1. H. Richard, *Memoirs of Joseph Sturge* (London, 1864), 84, Cropper to Sturge, Oct. 14, 1825.
2. Auckland Papers (British Museum), Add. MSS. 34427, ff.401-402 (v). Wilberforce to Eden, Jan. 1788.
3. R. Coupland, *Wilberforce*, 422.
4. Bready, *op. cit.*, 302, 341.
5. A. Prentice, *op. cit.*, I, 3-4.
6. T. P. Martin, "Some International Aspects of the Anti-Slavery Movement, 1818-1823", *Journal of Economic and Business History* (Nov. 1928), 146.
7. *Hansard, Third Series*, XVI, 290, March 6, 1833.
8. Wadsworth and Mann, *op. cit.*, 288, 289.
9. Murch, *op. cit.*, 76.
10. Report of the Speeches at the Great Dinner in the Theatre, Manchester, to celebrate the election of Mark Philips, Esq. and the Rt. Hon. C. P. Thomson (John Rylands Library), 2, 8.
11. *Hansard, Third Series*, XXXIII, 472. April 29, 1836.
12. Ibid., *Third Series*, XLVIII, 1029. June 28, 1839.
13. Ibid., *Third Series*, C, 54. Milner Gibson, July 3, 1848.
14. Ibid., *Third Series*, LXXVII, 1053. Gibson, Feb. 24, 1845.

15. *Hansard, Third Series,* LVI, 605. Hawes, Feb.12, 1841.
16. Ibid., *Third Series,* LXXVII, 1053. Gibson, Feb. 24, 1845; Ibid., *Third Series,* C, 54. Gibson, July 3, 1848.
17. Ibid., *Third Series,* LXXVII, 1144. Feb. 24, 1845; Ibid., *Third Series,* XCIX, 1428. June 30, 1848.
18. Ibid., *Third Series,* C, 324. Bentinck, July 10, 1848, quoting Bright. 本廷克着重提到过去抵制印度纺织品的保护措施。
19. Ibid., *Third Series,* LXXVIII, 930. March 14, 1845.
20. Ibid., *Third Series,* LXXVI, 37. June 27, 1844.
21. Ibid., *Third Series,* XCIX, 1420. June 30, 1848.
22. Ibid., 747. June 16, 1848.
23. Auckland Papers, Add. MSS. 34427, ff.401-402 (v). Wilberforce to Eden, Jan., 1788.
24. J. A. Langford, *A Century of Birmingham Life: or a Chronicle of Local Events* (Birmingham, 1870), I, 434.
25. Ashton, *op. cit.,* 223.
26. Langford, *op. cit.,* I, 436, 440.
27. Ibid., I, 437.
28. Dent, *op. cit.,* 427.
29. Ibid.
30. N. B. Lewis, *The Abolitionist Movement in Sheffield, 1823-1833* (Manchester, 1934), 4-5.
31. Eng. MS., 743 (John Rylands Library). Auxiliary society for the relief of Negro Slaves, f.12. Jan.9, 1827; f.15. July 10, 1827. 他们向城镇居民提出的要求被写在一张小卡片上，未注明日期，藏于约翰·赖兰兹图书馆（John Rylands Library）的5号卡片盒中。
32. Lewis, *op. cit.,* 6.
33. *Hansard, Third Series,* XIX, 1270. July 25, 1833.
34. Ibid., *Third Series,* XVI, 288. March 6, 1833; Ibid., *Third Series,* XVIII, 911. June 17, 1833.
35. Ibid., *Third Series,* LXXV, 446-447. June 10, 1844.
36. Ibid., *Third Series,* LXII, 1174. June 3, 1842.

37. Ibid., 1173.
38. Ibid., *Third Series.* LXX, 210. June 22, 1843.
39. J. Bright and J. T. Rogers (eds.), *Speeches on Questions of Public Policy by Richard Cobden, M. P.* (London, 1878), 91-92.
40. J. E. Ritchie, *The Life and Times of Viscount Palmerston* (London, 1866-1867), Ⅱ, 743-744.
41. *Hansard, Third Series,* LXXVII, 1128. Feb. 24, 1845.
42. Ibid., *Third Series,* XCIX, 751-752. June 16, 1848.
43. Mackenzie-Grieve, *op. cit.,* 283.
44. *Hansard,* Ⅵ, 918. April 25, 1806.
45. Ibid., Ⅶ, 612. Lord Howick, June 10, 1806.
46. Ibid., Ⅷ, 948. Lord Howick, Feb. 23, 1807.
47. Jackman, *op. cit.,* Ⅱ, 515n.
48. *Hansard,* Ⅷ, 961-962. Feb. 23, 1807.
49. Buck, *op. cit.,* 31-32.
50. *Hansard, New Series,* XXIII, 180. March 11, 1830.
51. *The Speeches of... Huskisson...,* Ⅰ, 115, Feb. 1826.
52. *Hansard, Third Series,* XIX, 793. July 17, 1833.
53. Ibid., *Third Series,* XVIII, 909-910. June 17, 1833.
54. Ibid., *Third Series,* XVI, 285. March 6, 1833.
55. Ibid., *Third Series,* XVIII, 910. June 17, 1833.
56. Eyre-Todd, *op. cit.,* Ⅲ, 256, 263-264.
57. Donnan, *op. cit.,* Ⅱ, 537n, 564n-565n.
58. *Hansard, Third Series,* XVI, 291. March 6, 1833. 1846年，另一位奥斯瓦德进一步说："当我们穿用奴隶生产出来的棉布，喝奴隶种出来的咖啡，吸奴隶种出来的烟叶时，无论如何也不能想象，生活中还有什么理由不能食用奴隶生产的砂糖……他们必须设法在海关及其他方面纠正这种不合理现象。" *Hansard, Third Series,* LXXXVIII, 122. July 28, 1846. 要是能知道这位奥斯瓦德是否也是这一奥斯瓦德家族的成员，那就更有趣了。
59. Ragatz, *Statistics...,* 9 (Table Ⅳ).
60. *Report of the Proceedings of the Committee of Sugar Refiners,* 3, 8, 15.

61. Ibid., 18n.
62. Liverpool Papers, Add. MSS. 38227, 217. Chairman to Hawkesbury, Jan. 23, 1792; ff. 219-222. Chairman to Pitt, Jan. 12, 1792.
63. 1816年，印度的棉花出口额为700万英镑，1817年为3100万英镑，1818年为6700万英镑，但1822年仅有400万英镑。美国的棉花出口额在1816年为5000万英镑，1822年为5900万英镑。巴西的棉花出口额在1816年为2000万英镑，1822年为2400万英镑。Customs 5, Vols. 5, 6, 7, 11. 但由于印度的棉花耕作粗放、包装简陋，在英国市场上质量最劣。E. Baines, *History of the Cotton Manufacture in Great Britain* (London, 1835), 308. 约翰·布赖特后来常常讲起这个故事。在兰开夏郡的一次祷告会上竟有人请愿："主啊，恳求您赐给我们棉花吧！但是，主啊，我们可不想要苏拉特！"这是指苏拉特出产的棉花，而且很可能与美国的内战有关。G. M. Trevelyan, *The Life of John Bright* (Boston, 1913), 318n.
64. T. P. Martin, *op. cit.*, 144. 此语出自 M'Queen。
65. *Debates... on the East India Sugar Trade*, 19.
66. *Hansard, Third Series*, VII, 764. John Wood, Sept. 28, 1831.
67. Ibid., *Third Series*, XIX, 1165-1167. William Clay, July 24, 1833.
68. Ibid., *Third Series*, VIII, 764. Sept. 28, 1831.
69. Ibid., *Third Series*, VIII, 362. Oct. 7, 1831.
70. *The Speeches of... Huskisson...*, III, 454. May 25, 1829.
71. *Hansard, Third Series*, XVIII, 589. June 11, 1833.
72. Ibid., *Third Series*, XVII, 75. William Ewart, April 3, 1833; Ibid., *Third Series*, LVIII, 101. Ewart, May 10, 1841.
73. Ibid., *Third Series*, LVI, 608. B. Hawes, Feb. 12, 1841.
74. Ibid., *Third Series*, LXXXVIII, 517. Aug. 10, 1846.
75. Ramsay, MS, Vol., f.64. "An Address on the Proposed Bill for the Abolition of the Slave Trade".
76. Auckland Papers, Add. MSS. 34227, f.123. Wilberforce to Eden, Nov. 23, 1787.
77. *Parl. Hist.*, XXIX, 270. April 18, 1791.
78. Ibid., 322.

79. *Hansard*, VIII, 948-949. Feb. 23, 1807.
80. Proceedings of the Committee for Abolition of the Slave Trade, 1787-1819 (British Museum), Add. MSS. 21255, f.100 (v). April 14, 1789.
81. J. Newton, *Thoughts upon the African Slave Trade* (Liverpool, 1788), 8.
82. Ramsay. MS. Vol., f. 64.
83. *Hansard*, VIII, 947-948. Lord Howick, Feb. 23, 1807.
84. *Report of a Committee of the Liverpool East India Association…*, 56.
85. *The Speeches of… Huskisson…*, III, 442. May 12, 1829.
86. *Hansard, Third Series*, VII, 755. Sept. 28, 1831.
87. Ibid., *Third Series*, XVI, 881-882. March 20, 1833.
88. Ibid., 290. March 6, 1833.
89. Ibid., *Third Series*, XIX, 1169. July 24, 1833.
90. Lindsay, *op. cit.*, III, 85-86.
91. Bell and Morell, *op. cit.*, Introduction, p. xli.

第10章　英国的商业界与奴隶制

1. *Hansard, Third Series*, XCIX, 1223. G. Thompson, June 26, 1848. 汤普森是著名的废奴主义者。
2. Ibid., *Third Series*, LXXV, 170. Lord John Russell, June 3, 1844.
3. *Despatches… of Wellington*, I, 329. Wellington to Canning, Sept. 30, 1822.
4. Ibid., I, 453. Wellington to Canning, Oct. 28, 1822.
5. *Correspondence… of Canning*, I, 62. Memorandum for the Cabinet, Nov. 15, 1822.
6. *Hansard, Third Series*, XCVI, 1096. Hutt, Feb. 22, 1848.
7. *Despatches… of Wellington*, I, 329. Canning to Wellington, Sept. 30, 1822.
8. *Correspondence… of Canning*, I, 62. Memorandum for the Cabinet, Nov. 15, 1822.
9. R. I. and S. Wilberforce, *The Correspondence of William Wilberforce* (London, 1840), II, 466. Oct. 24, 1822.
10. *Despatches… of Wellington*, I, 474-475. Oct. 31, 1822.

11. *Hansard*, XXX, 657-658. April 18, 1815; Ibid., XXXI, 174. May 5, 1815. 关于巴林家族和拉丁美洲，见 Jenks, *op. cit.*, 48。
12. *Hansard*, XXXI, 557, 606, 850-851, 1064. June 1, 5, 16, and 30, 1815.
13. Ibid., *New Series*, XI, 1345. June 15, 1824.
14. Ibid., 1475-1477. June 23, 1824.
15. *Hansard, New Series*, XXV, 398. June 15, 1830.
16. Ibid., 405. General Gascoyne, June 14, 1830; Ibid., *New Series*, XX, 495. Gascoyne, Feb. 23, 1829.
17. *Correspondence... of Castlereagh*, X, 112. Castlereagh to Liverpool, Sept. 9, 1814.
18. *Hansard, Third Series*, LIX, 609. Brougham, Sept. 20, 1841.
19. Ibid., *Third Series*, XCVI, 1101-1102. Jackson, Feb. 22, 1848.
20. Ibid., *Third Series*, CII, 1084. Bishop of Oxford, Feb. 22, 1849.
21. Ibid., *Third Series*, XCVI, 1095. Quoted by Hutt, Feb. 22, 1848.
22. Ibid., *Third Series*, XCVIII, 1168. Palmerston, May 17, 1848; Ibid., 1198. Cardwell, May 18, 1848.
23. Ibid., *Third Series*, LXV, 938, 942, 945. Aug. 2, 1842.
24. Ibid., *Third Series*, LXXI, 941. Aug. 18, 1843.
25. A. K. Manchester, *British Preeminence in Brazil, Its Rise and Decline* (Chapel Hill, N.C., 1933), 315.
26. *Hansard, Third Series*, LXXVII, 1066. Ewart, Feb. 24, 1845; Ibid., LXX, 224, June 22, 1843.
27. Ibid., *Third Series*, XCIX, 1121. Hawes, June 23, 1848.
28. Ibid., *Third Series*, XCVI, 1100. Hutt, Feb. 22, 1848.
29. Ibid., *Third Series*, LXXXI, 1170. Hutt, June 24, 1845.
30. Ibid., *Third Series*, XCIX, 748. June 16, 1848.
31. Ibid., *Third Series*, CXIII, 40. July 19, 1850.
32. Ibid., *Third Series*, XCVII, 988. Urquhart, March 24, 1848.
33. Ibid., *Third Series*, LXXXI, 1169-1170. Hutt, June 24, 1845.
34. Ibid., *Third Series*, LXXV, 170. Russell, June 3, 1844.
35. Ibid., *Third Series*, CVII, 1036. Gibson, July 27, 1849.
36. Ibid., *Third Series*, XCVI, 1101. Hutt, Feb. 22, 1848.

37. *Hansard, Third Series*, LXXXI, 1158-1159. June 2, 1845.
38. Ibid., *Third Series*, XCVI, 1092, 1096. Hutt, Feb. 22, 1848.
39. Ibid., 1092.
40. Ibid., *Third Series*, XCVII, 986-987. Urquhart, March 24, 1848.
41. Ibid., *Third Series*, CI, 177. Urquhart, Aug. 16, 1848.
42. Ibid., *Third Series*, LXXXI, 1156, 1158. Hutt, June 24, 1845.
43. Ibid., *Third Series*, XCVII, 987. Urquhart, March 24, 1848.
44. Ibid., *Third Series*, LXXXI, 1165, 1170. Hutt, June 24, 1845.
45. Ibid., *Third Series*, CIX, 1109. Hutt, March 19, 1850.
46. Ibid., *Third Series*, CXIII, 61. Hutt, July 19, 1850.
47. Ibid., *Third Series*, LXXXI, 1158. Hutt, July 19, 1850.
48. W. L. Mathieson, *Great Britain and the Slave Trade, 1839-1865* (London, 1929), 90n. 这是卡莱尔的说法。
49. *Hansard, Third Series*, LXXVI, 947, 963. Peel, July 16, 1844.
50. Ibid., *Third Series*, LXXX, 482. Peel, May 16, 1845.
51. Ibid., *Third Series*, LXXXII, 1058-1064. July 24, 1845.
52. Ibid., *Third Series*, XCVI, 1125. Feb. 22, 1848.
53. Ibid., *Third Series*, LVIII, 648, 653. May 18, 1841.
54. Ibid., *Third Series*, LXXXII, 550, 552. July 15, 1845.
55. Ibid., *Third Series*, XCVIII, 994-996. March 24, 1848.
56. Ibid., *Third Series*, L, 383. Aug. 19, 1839.
57. Ibid., *Third Series*, LVIII, 167, 169. May 10, 1841.
58. Ibid., *Third Series*, CIX, 1162. March 19, 1850.
59. *The Manuscripts of J. B. Fortescue...*, IX, 14-19. Edmund Lyon to Grenville, Jan. 16, 1807.
60. *Hansard*, XXVIII, 349. Lord Holland, June 27, 1814.
61. Ibid., XXX, 657-658. April 18, 1815.
62. *Statements, Calculations and Explanations submitted to the Board of Trade...*, p. 84. Letter from Keith Douglas, Oct. 30, 1830.
63. C. O. 137/186. Memorial of Jamaica deputies, Nov. 29, 1832.
64. D. Turnbull, *The Jamaica Movement, for Promoting the Enforcement of the Slave-Trade Treaties, and the Suppression of the Slave Trade* (London,

1850), 65, 94-95, 99, 120, 201, 249, 267.
65. *Times*, Jan. 30, 1857.
66. Guedalla, *op. cit.*, 64-66.

第11章 "圣徒"与奴隶制

1. R. Coupland, *The Empire in These Days* (London, 1935), 264. 库普兰教授对废奴运动史的了解，并不像他的偶像那样多。1807年，威尔伯福斯写道："此刻，废奴运动何等深入人心啊！上帝是能够改变人的心灵的。" Wilberforce, *Life of Wilberforce*, III, 295, Feb. 11, 1807.
2. *Hansard*, VIII, 679-682. Feb. 6, 1807.
3. K. Farrer (ed.), *The Correspondence of Josiah Wedgwood* (London, 1906), I, 215-216, June 17, 1793.
4. 见 Proceedings of the Committee for Abolition of the Slave-Trade, Add. MSS., 21254, ff.12-12 (v)。Samuel Hoare to Clarkson, July 25, 1787: "希望你在热心、积极处理这件事情时，也要兼有耐心和稳重的态度，只有这样才能保证事情的成功。"
5. Wilberforce, *Life of Wilberforce*, IV, 240-241. 写于1811年。
6. Bell and Morrell, *op. cit.*, 376. Memorandum of Stephen, October, 1831.
7. C. O. 295/93. Stephen to Howick, Aug. 25, 1832.
8. Bell and Morrell, *op. cit.*, 420. Minute of Stephen, Sept. 15, 1841.
9. Ramsay, MS. Vol., f.28. Dec. 27, 1787.
10. Klingberg, *op. cit.*, 60-61. 拉姆齐1788年在枢密院的证词非常值得一读。
11. Sir G. Stephen, *Anti-Slavery Recollections* (London, 1854), 77; Richard, *op. cit.*, 78. 斯蒂芬和理查德实际上是在讨论非洲的制度和反奴隶制协会。
12. Stephen, *op. cit.*, 79.
13. R. Coupland, *Wilberforce*, 417.
14. *Hansard, New Series*, XI, 1413. Wilberforce, June 15, 1824.
15. R. Coupland, *Wilberforce*, 406-408, 411-417. 关于他反对妇女组织的反奴隶制协会，见 Wilberforce, *Life of Wilberforce*, V, 264-265; Wilberforce to Babington, Jan. 31, 1826. 至于他对第一次改革条例草案的意见，见

Wilberforce, *Correspondence of Wilberforce*, Ⅱ, 265; Wilberforce to his son Samuel, March 4, 1831。
16. Proceedings of the Committee for Abolition of the Slave Trade, Add. MSS. 21255, f.50 (v). Aug. 12, 1788; Add. MSS. 21256, ff.40 (v). 96 (v). Jan. 31, 1792, March 29, 1797.
17. *Hansard*, Ⅸ, 143-144. March 17, 1807.
18. *Parl. Hist.*, XXXⅢ, 1119. July 5, 1799.
19. *Hansard, New Series*, XIX, 1469. Quoted by Lord Seaford, June 23, 1828.
20. Ibid., *New Series*, Ⅸ, 265-266. May 15, 1823.
21. Richard, *op. cit.*, 79.
22. Stephen, *op. cit.*, 120-122.
23. Richard, *op. cit.*, 101-102. March 28, 1833.
24. A. Cochin, *L'Abolition de L'Esclavage* (Paris, 1861), Introduction, pp. xiv-xv.
25. Proceedings of the Committee for Abolition of the Slave Trade, Add. MSS., 21256, f.95. June 14, 1795.
26. W. Fox, *An Address to the People of Great Britain on the Propriety of Abstaining from West India Sugar and Rum* (London, 1791).
27. R. K. Nuermberger, *The Free Produce Movement, A Quaker Protest Against Slavery* (Durham, N. C., 1943), 9-10.
28. Anonymous, *Remarkable Extracts and Observations on the Slave Trade with Some Considerations on the Consumption of West India Produce* (Stockton, 1792), 9. 副本藏于赫尔的威尔伯福斯博物馆。
29. Naish, *op. cit.*, 3.
30. Undated sheet, in Wilberforce Museum.
31. Anonymous, *The Ladies' Free Grown Cotton Movement* (John Rylands Library). Undated.
32. Gurney to Scoble, Dec. 5, 1840. In Wilberforce Museum. 我对参考编号 D. B. 883 有些犹豫，因为杂乱无章的文件没有得到很好的整理。
33. "《爱尔兰黑人之友协会》（*The Hibernian Negro's Friend Society*）的原则、计划和宗旨，与先前那些反奴隶制协会的原则、计划和宗旨不同，它是以致伦敦反奴隶制协会秘书托马斯·普林格尔（Thomas Pringle）先生的一封信的形式作为通告的。" 3. Jan. 8, 1831 (John Rylands Library).

34. *Hansard, Third Series,* XX, 315, 323, 324, Aug. 5, 1833; Ibid., 446. Aug. 9, 1833.
35. Ibid., *Third Series,* XXXVIII, 1853. Hobhouse, July. 10, 1837.
36. Ibid., *Third Series,* LVI, 218. O'Connell, Feb. 2, 1841.
37. Ibid., 619. Feb. 12, 1841.
38. Ibid., *Third Series,* LXV, 1075. Baring, Aug. 5, 1842.
39. Ibid., *Third Series,* LXX, 1294. July 21, 1843.
40. Ibid., *Third Series,* LXVIII, 753. April 10, 1843.
41. Eng. MS., 741. Clarkson to L. Townsend, Aug. 1825.
42. Clarkson Papers (British Museum), Add. MSS. 41267 A, ff.178-179.
43. *Debates... on the East India Sugar Trade,* 35.
44. *Hansard, Third Series,* XXXVIII, 1853-1854. July 10, 1837.
45. Ibid., *Third Series,* LXX, 1294. July 21, 1843.
46. Bell and Morrell, *op. cit.*, Introduction, p.xxx.
47. 参阅1786年7月，东印度公司认购日志中的80万英镑增发股票；东印度公司1783—1791年、1791—1796年的股票分类账。这批档案保存在伦敦罗汉普顿英国银行档案馆。1786年发放的股票，亨利·桑顿认购了500英镑，约翰·桑顿认购了3000英镑。约翰死后，他的股票留给亨利3000英镑，留给罗伯特4000英镑，留给塞缪尔3000英镑，留给其余每人2000英镑。
48. *Debates on the expediency of cultivating sugar in the territories of the East India Company* (East India House, 1793).
49. *Debates... on the East India Sugar Trade,* 5. L. J. Ragatz, *The Fall of the Planter Class in the British Caribbean, 1763-1833* (New York, 1928), 363.
50. Macaulay, *op. cit.*, 29.
51. *Debates... on the East India Sugar Trade,* 36. Hume.
52. *Correspondence between...Gladstone... and Cropper...,* 25; F. A. Conybeare, *Dingle Bank, the Home of the Croppers* (Cambridge, 1925), 7; L. J. Ragatz, *The Fall of the Planter Class in the British Caribbean, 1763-1833* (New York, 1928), 364.
53. J. Cropper, *Letters to William Wilberforce, M.P., recommending the encouragement of the cultivation of sugar in our dominions in the East Indies,*

as the natural and certain means of effecting the total and general abolition of the Slave Trade (Liverpool, 1822), Introduction, p. vii.
54. Correspondence between... Gladstone... and Cropper..., 16. 克罗珀回信说，这种联系已经中断。对此，威廉·尤尔特·格莱斯顿反问道："倘若我们看到这种中断与他成为知名的反奴作家是同时发生的，那倒是一个颇为奇怪的巧合。再说，在他还未停止代理奴隶棉花之前，不应该改行去当作家，这难道不是极为明显的事实吗？"（Ibid., 37）
55. Correspondence between... Gladstone... and Cropper..., 55.
56. J. Cropper, "Slave Labour and Free Labour". *The substance of Mr. Cropper's address on Wednesday November 22 (1825) at the respectable meeting at the King's Head, Derby* (Derby, 1825), 3. John Rylands Library.
57. J. Cropper, *A Letter addressed to the Liverpool Society for promoting the abolition of Slavery, on the injurious effects of high prices of produce and the beneficial effects of low prices, on the condition of slaves* (Liverpool, 1823), 8-9.
58. Ibid., 22.
59. J. Cropper, *Relief for West Indian distress, shewing the inefficiency of protecting duties on East India sugar, and pointing out other modes of certain relief* (London, 1823), 9.
60. Ibid., 30.
61. Conybeare, *op. cit.*, 25, 56-57.
62. *The Liverpool Mercury and Lancashire General Advertiser*, June 7, 1833.
63. R. Coupland, *The British Anti-Slavery Movement*, 124; Mathieson, *British Slavery and Its Abolition*, 125.
64. Wilberforce, *Life of Wilberforce*, Ⅴ, 180.
65. *Hansard, New Series*, Ⅸ, 467. May 22, 1823.
66. Ibid., *New Series*, Ⅶ, 698. May 17, 1822.
67. R. Coupland, *The British Anti-Slavery Movement*, 124.
68. Klingberg, *op. cit.*, 203.
69. W. L. Burn, *op. cit.*, 88.
70. L. J. Ragatz, *The Fall of the Planter Class in the British Caribbean, 1763-1833* (New York, 1928), 436.
71. *Hansard, New Series*, Ⅸ, 349. Baring, May 15, 1823.

72. Klingberg, *op. cit.*, 146.
73. Ibid., 147-148.
74. 威廉·威尔伯福斯后来承认:"我们已具备亚历山大大帝赞不绝口的宗教品德……" To Lady Olivia Sparrow, May 31, 1814. In Wilberforce Museum, D. B. 25 (60). 关于这个问题,他给沙皇写了一封措辞强硬的信。Wilberforce, *Life of Wilberforce*, V, 136-137. Wilberforce to Macaulay, Nov. 20, 1822. 威尔伯福斯把沙皇开始答应抵制巴西产品后来又进口的行为,看作一种背信弃义的行为,"任何背约的人都是有罪的,他将永远丧失一个体面人的品德"。Liverpool Papers, Add. MSS. 38578, ff.31-32. Wilberforce to Liverpool, Sept. 4, 1822.
75. *Correspondence...of Castlereagh*, XII, 4-35. Memorandum of James Stephen, Sept. 8, 1818. "有关非洲和殖民地问题的讨论,可能会在亚琛召开的大会上被提出。"
76. Wilberforce, *Life of Wilberforce*, IV, 133.
77. *Hansard*, XXVIII, 279, 284. June 27, 1814.
78. Ibid., 393. June 28, 1814.
79. Wilberforce, *Life of Wilberforce*, IV, 209. Sept. 7, 1814.
80. *Despatches... of Wellington*, V, 15. Sept. 4, 1828.
81. *Hansard, Third Series*, XCVI, 37. Bentinck, Feb. 3, 1848.
82. 约翰·赖兰兹图书馆的小册子。
83. *The Liverpool Mercury and Lancashire General Advertiser*, July 23, 1832. 报道利物浦西印度群岛协会的一次会议。
84. Ibid., Aug. 24, 1832, Letter of "Another Elector" to "An Elector".
85. Anonymous, *The Tariff of Conscience. The Trade in Slave Produce Considered and Condemned* (Newcastle Anti-Slavery Series, No. 11, n. d.). John Rylands Library.
86. Anonymous, *Conscience Versus Cotton; or, the Preference of Free Labour Produce* (Newcastle Anti-Slavery Series, No.10, n. d.). John Rylands Library.
87. *Hansard, Third Series*, XIX, 1177. July 24, 1833.
88. Ibid., *Third Series*, VI, 1353. Sept. 12, 1831.
89. Ibid., 1355. Hume.
90. Eng. MS., 415. Buxton to Mrs. Rawson, Oct. 6, 1833.

91. *Hansard, Third Series*, XCIX, 1022. June 22, 1848.
92. Eng., MS., 415. Buxton to Mrs. Rawson, Oct. 6, 1833.
93. Gurney to Scoble, Dec. 5, 1840. Wilberforce Museum, D. B. 883.
94. *Hansard, Third Series*, LXXXI, 1159. Quoted by Hutt, June 24, 1845.
95. Ibid., *Third Series*, CIX, 1098. Quoted by Hutt, March 19, 1850. 1858年，威尔伯福斯声明："除非我们准备诚实和坚定地执行与盟国共同制定的查禁奴隶贸易的条约，否则我们无权向世人自称是奴隶贸易的取缔者。" *Hansard, Third Series*, CL, 2200. June 17, 1858.
96. *Hansard, Third Series*, XCIX, 849. June 19, 1848. 1850年，巴克斯顿要求将奴隶生产的蔗糖排除在外，可是并不要求排除奴隶生产的棉花和烟叶。他辩解说："没有理由因为有一些弊端无法反对，就不去反对可以成功反对的弊端。" Ibid., *Third Series*, CXI, 533. May 31, 1850. 1857年，他上疏女王，恳请竭尽全力取缔奴隶贸易。Ibid., *Third Series*, CXLVI, 1857. July 14, 1857. 舆论上的这种改变是和资本家观点的改变相一致的。1849年，威廉·赫特是一个委员会的主席。这个委员会认为查禁奴隶贸易的种种努力是不切实际的，毫无希望。1853年，赫特和约翰·布赖特都加入的一个委员会宣称："这些出于人道的原因所做的种种努力，历经多年始终未中断，应当看作国家的荣誉和体面。而且这种努力的成果，只有坚持到彻底废除罪恶的奴隶贸易以后，才会产生强大的感召力。" Mathieson, *Great Britain and the Slave Trade*, 133-134.
97. *Hansard, Third Series,* CXXXIX, 116. June 26, 1855.
98. Ibid., *Third Series*, LXXVI, 187. July 2, 1844.
99. Ibid., *Third Series*, CL, 2205. June 17, 1858.
100. Ibid., *Third Series*, LXXVII, 1290, 1292, 1300, 1302. Feb. 26, 1845.
101. Ibid., *Third Series*, LVIII, 193. May 11, 1841.
102. Ibid., *Third Series*, LXXVII, 1290. Feb. 26, 1845.
103. Ibid., *Third Series*, LXXXVIII, 4-5. July 27, 1846. 这是一份克拉克森向上议院提交的请愿书，由布鲁厄姆呈递。
104. Mathieson, *Great Britain and the Slave Trade*, 34-35. 这笔钱指的是"人头税"。每一艘被俘获的船，不载奴隶的，按船的吨位每吨征税4英镑；载有奴隶的，则对每个活着的奴隶征收5英镑"人头税"，对俘获后死去的奴隶，每人征收2英镑10先令。

105. *Hansard, Third Series,* XCVI, 85. Feb. 4, 1848.
106. Ibid., *Third Series,* 131. Inglis, Aug. 8, 1839.
107. Ibid., *Third Series,* XCIX, 1324. Inglis, June 29, 1848.
108. Ibid., *Third Series,* LXXXVIII, 163. Quoted by Disraeli, July 28, 1846.
109. H. Merivale, *op. cit.,* 303-304.
110. *Hansard, Third Series,* XCVI, 133. Feb. 4, 1848.
111. Morley, *op. cit.,* I, 78.
112. Sypher, *op. cit.,* 217.
113. E. B. Dykes, *The Negro in English Romantic Thought* (Washington D. C., 1942), 79-80.
114. Sypher, *op. cit.,* 215-216; Dykes, *op. cit.,* 70.
115. Lewis, *op. cit.,* 15, 17.
116. Ibid., 13-14.
117. T. Carlyle, "The Nigger Question", in *English and Other Critical Essays* (Everyman's Edition, London, 1925). 文章写于1849年，值得一读。
118. *Hansard, Third Series,* XCVI, 1052. Feb. 22, 1848.

第12章　奴隶与奴隶制

1. C. L. R. James, *The Black Jacobins, Toussaint L'Ouverture and the San Domingo Revolution* (London, 1938). 书中讲的是圣多明各的奴隶革命。还应该参考H. Aptheker, *Negro Slave Revolts in the United States* (New York, 1943)。关于西半球情况令人信服的概括，可以在Herskovits, *op. cit.,* 86–109中找到。
2. C. O. 28/95. House of Assembly, Barbados, Nov. 15, 1825.
3. C. O. 28/92. Report of a Debate in Council on a despatch from Lord Bathurst to Sir H. Warde, Sept. 3, 1823. Mr. Hamden, pp.21-22. 也可见C. O. 295/59。特立尼达岛总督曾辩解说，对女奴隶做出这种让步，会被男奴隶看作一种不公道的做法。Woodford to Bathurst, Aug. 6, 1823; C.O. 295/60. 特立尼达岛一个有名的种植园主伯恩利（Burnley）先生说："我承认，这个计划在我看来太荒谬和离奇，我简直不知该如何处理这个问题才好。"

4. C. O. 28/92. Report of a Debate in Council... Mr. Hamden, p.5.

5. C. O. 137/145. Shand to Bathurst, Nov. 26, 1817.

6. C. O. 137/148. Manchester to Bathurst, July 10, 1819.

7. C. O. 28/92. Report of a Debate in Council... Mr. Hamden, p.24.

8. C.O. 295/92. Edward Jackson to Governor Grant, Dec. 31, 1831.

9. C. O. 137/156. Manchester to Bathurst, Dec. 24, 1824.

10. C.O. 137/163. Manchester to Bathurst, Nov. 13, 1826.

11. C.O. 137/154. Manchester to Bathurst, Oct. 13, 1823.

12. C. O. 111/55. D'Urban to Bathurst, July 14, 1826.

13. C. O. 295/85. Oct. 29, 1830. 1825—1830年释放奴隶的数量如下：

年份	释奴人数	获得释奴补偿金的人数	田间奴隶人数	家用奴隶人数
1825	162	98	38	124
1826	167	108	46	121
1827	167	129	49	118
1828	128	84	33	95
1829	87	41	15	72
1830（至10月29日）	32	22	6	26

14. C. O. 295/72. Woodford to Bathurst, Aug. 8, 1826.

15. C. O. 295/73. Stephen to Horton, Oct. 5, 1826.

16. C. O. 295/67. Henry Gloster, Protector of Slaves, to Governor Woodford, July 7, 1825. 菲茨杰拉德的复信如下：奴隶约翰·菲利普"身上有7道伤痕，如不算足部，其受伤部位在所有文明国家的认知中，都是最侮辱人尊严的部位"；奴隶菲利普"身上有23道伤痕，切斯特菲尔德勋爵坚持认为，此人在征用展示时，应该最末一个进去，最先一个出来。在有妇女在场的情况下，提起他的名字，甚至被看作严重失礼"；奴隶西蒙·迈德"在身上特定部位有23道伤痕，此奴极少犯罪，但却为他人代罪受过"。

17. Bell and Morrell, *op. cit.*, 382.
18. C. O. 28/99. Carrington, Agent for Barbados, to Bathurst, March 2, 1826.
19. C.O. 28/93. Warde to Bathurst, Oct. 21, 1824.
20. C. O. 28/92. Report of a Debate in Council..., p. 33.
21. C.O. 137/143. Oct. 31, 1815.
22. C. O. 137/165. Message of House of Assembly, Dec. 1827.
23. Bell and Morrell, *op. cit.*, 405. Protest of Assembly of Jamaica, June, 1838.
24. C.O. 137/183. Manchester to Goderich, Nov. 13, 1832.
25. Ibid., Manchester to Goderich, Dec. 16, 1832.
26. C. O. 137/186. Memorial of the Jamaica deputies to Britain, Nov. 29, 1832.
27. C. O. 137/183. Manchester to Goderich, secret and confidential, Dec. 16, 1832.
28. *Hansard*, XXXI, 781-782. Marryat, June 13, 1815.
29. C.O. 137/183. Manchester to Goderich, secret and confidential, Dec. 16, 1832.
30. C.O. 137/187. Z. Jones to Goderich, Feb. 22, 1832.
31. C.O. 137/187. Goderich to Manchester, secret, March 5, 1832.
32. 这句话是乔治·坎宁说的。
33. C. O. 137/154. Manchester to Bathurst, Dec. 24, 1823.
34. C. O. 28/111. Smith to Stanley, July 13, 1833.
35. C. O. 295/92. Memorial for ourselves and in behalf of all our fellow subjects of African descent (enclosed in Governor Grant's despatch to Goderich, March 26, 1832).
36. Ibid., Grant to Goderich, March 26, 1832.
37. Ibid., William Clunes to Goderich, Jan. 27, 1832.
38. C. O. 28/111. Smith to Stanley, May 23, 1833.
39. C. O. 28/88. Combermere to Bathurst, Jan. 15, 1819.
40. C. O. 111/69. D'Urban to Murray, April 20, 1830. 也可见 C. O. 295/87。Smith to Goderich from Trinidad，July 13. 1831："这些奴隶具有一种无法解释的本领。每当我们即将接到一份会影响他们的状况和地位的公文时，他们总能事先得知其中与他们有关但往往走了样的消息。"
41. C. O. 295/92. Grant to Goderich, March 26, 1832.

42. Ibid., *Gazette Extraordinary*, March 25, 1832.
43. C. O. 295/93. Extract from a Trinidad paper, n. d.
44. C. O. 295/92. Grant to Howick, April 30, 1832.
45. C. O. 137/119. Coote to Castlereagh, June 27, 1807; C. O. 137/120. Edmund Lyon, Agent for Jamaica, to Castlereagh, July 17, 1807.
46. C. O. 137/142. Manchester to Bathurst, Jan. 26, 1816.
47. C. O. 137/143. Extract of a letter from Jamaica, May 11, 1816.
48. C. O. 295/39. John Spooner, of Barbados, to Governor Woodford, April 18, 1816.
49. C. O. 28/85. Col. Codd to Governor Leith, April 25, 1816; Ibid., Rear Admiral Harvey to J. W. Croker, April 30, 1816.
50. C. O. 295/60, A commandant of Trinidad to Governor Woodford, Aug. 30, 1823.
51. C. O. 137/145. Shand to Bathurst, Nov. 26, 1817.
52. C. O. 111/44. D'Urban to Bathurst, May 5, 1824.
53. C. O. 295/89. Grant to Howick, Dec. 10, 1831.
54. C. O. 137/183. Mulgrave to Howick, Aug. 6, 1832.
55. C. O. 28/111. Smith to Stanley, May, 23, 1833.
56. C. O. 111/8. Nicolson to Castlereagh, June 6, 1808.
57. C. O. 137/156. Manchester to Bathurst, July 31, 1824.
58. C. O. 28/85. Leith to Bathurst, April 30, 1816.
59. Ibid., Codd to Leith, April 25, 1816.
60. Ibid., Leith to Bathurst, April 30, 1816.
61. C. O. 137/143. Alexander Aikman Jr. to Bathurst, May 2, 1816.
62. C. O. 137/142. Manchester to Bathurst, May 4, 1816.
63. C. O. 111/39. Murray to Bathurst, Aug. 24, 1823.
64. Ibid., Murray to Bathurst, Sept. 27, 1823.
65. C. O. 28/92. Warde to Bathurst, Aug. 27, 1823.
66. C. O. 137/156. Manchester to Bathurst, July 31, 1824.
67. C. O. 111/44. D'Urban to Bathurst, May 5, 1824.
68. Ibid., D'Urban to Bathurst, May 5, 1824. 这是一天之内的第二封信。
69. Ibid., D'Urban to Bathurst, May 15, 1824.

70. C. O. 28/107. Lyon to Goderich, March, 28, 1831.
71. Ibid., Lyon to Goderich, April 2, 1831.
72. C. O. 137/181. Belmore to Goderich, Jan. 6, 1832.
73. C. O. 137/182. Belmore to Goderich, May 2, 1832.
74. C. O. 295/92. Grant to Howick, April 30, 1832.
75. C. O. 137/188. Mulgrave to Goderich, April 26, 1833.
76. *Hansard, Third Series*, XIII, 77. May 24, 1832.
77. C. O. 137/191. F. B. Zuicke to Governor Belmore, May 23, 1832.
78. C. O. 28/111. Smith to Goderich, May 7, 1833.
79. Ibid.
80. Ibid., Smith to Stanley, May 23, 1833.

第13章 结 论

1. Gaston Martin, *L'ère des Négriers, 1714-1774* (Paris, 1931), 424.

参考文献

本书是根据我在1938年9月提交给牛津大学近代史系的博士论文《论废除西印度群岛奴隶贸易和奴隶制的经济要素》（The Economic Aspect of the Abolition of the West Indian Slave Trade and Slavery）写成的。所参考的资料，主要是本文论述的1783—1833年的手稿资料。

第一手资料（手稿）

伦敦档案馆

1. 殖民部文件。这类资料的价值不言自明。本书正文所引用的此类文件资料已做了最大限度的删减，是我全面查阅了230余册文件档案后选录的。这批文件包括牙买加、巴巴多斯、特立尼达岛和英属圭亚那的，涉及年代为1789—1796年（废奴运动早期）和1807—1833年。文件索取号为C. O. 27（巴巴多斯），C. O. 111（英属圭亚那），C. O. 295（特立尼达岛），C. O.

137（牙买加）。

2. 查塔姆伯爵老威廉·皮特的文件，索取号 G. D./8。这批文件只选用了小威廉·皮特的书信集和档案，没有选用他父亲的。大量有关查塔姆伯爵的材料散见于理查德·佩尔斯（Richard Pares）的著作中。我所查阅的这批文件，提供了关于英属各座岛屿、圣多明各和印度的材料，极有价值，时间为自1784年小威廉·皮特活跃于英国议会舞台起，至1860年他去世为止。所以，这是极为重要的文件资料。

3. 外交部文件。在叙述1789—1793年的史实，特别是论述英国政府对待法属圣多明各的态度时，我主要利用了这批文件。本书正文里引用了几段重要的外交条文，所引文件索取号为 F. O. 27（法国）。

4. 海关档案。其中查阅过的档案有 Customs 8，关于1814—1832年英国出口的资料；Customs S 是关于英国进口的资料。

大英博物馆

1. 利物浦的文件。这是本书使用的最重要的附有原稿的文件。这批文件汇编成几大卷，读者从本书的注释中可以找到各个时期的主要参考文件。霍克斯伯里勋爵查尔斯·詹金森（后来的第一代利物浦伯爵）作为西印度群岛种植园的经营者，并且担任过贸易委员会主席，在废奴运动时期自然占有重要的地位。他的书信集收入了许多有价值的书信和备忘录，内容涉及奴隶贸易、英属和法属殖民地情况、英法战争期间英国与反叛的法属殖民地居民的谈判事宜,以及印度的食糖问题。

2. 废除奴隶贸易委员会的会议记录簿(Minute Books of the Committee for the Abolition of the Slave Trade),其中有3本记录了大量有用的相关材料。

3. 奥克兰的文件。这批文件内容为1787年英国派往法国的使节劝说法国取缔奴隶贸易的情况;其中收入了5封威廉·威尔伯福斯的书信,可以补充这位废奴主义者的传记。

4. 威廉·赫斯基森的文件。这批文件包含若干赫斯基森评论解放奴隶、论述西印度群岛人和废奴主义者的宝贵材料。

利物浦的公共图书馆

本书使用了这座图书馆馆藏的3份重要手稿:一份是霍尔特和格雷格森文件第十卷(Vol. 10 of the Holt and Gregson Papers),内有说明利物浦如何依赖奴隶贸易的完备统计材料,还有马修·格雷格森(Matthew Gregson)论述同一问题的书信;一份是奴隶贩子罗伯特·博斯托克在1789—1792年与他的船长之间的通信集;一份是1779—1788年利物浦运奴船的航行日志(Journals of Liverpool Slave Ships, 1779-1788)。

曼彻斯特的约翰·赖兰兹图书馆

这座著名的郡图书馆设在曼彻斯特这个对英国的资本主义发展起了重大作用,又与奴隶制有密切关系的城市里。馆内保存着迄今未经使用的英国手稿。馆藏的手稿里有关于印度的食糖问题和抵制西印度群岛奴隶生产产品的大量材料，福韦尔·巴克斯顿建议把向黑人传播基督教作为取消奴隶制的补偿的信件，还有托马斯·巴宾顿·麦考利的一封有趣的信，他因无力为出版一本拟用作庆祝释奴法令颁布的选集捐款，写下这封信陈诉做生意的艰难。

赫尔的威尔伯福斯博物馆

该馆馆藏的材料数量很少。在散见的几封信中，凡提及格尼论述去非洲传播福音意义的材料，我在正文里都引用了。这些信件的索取号，与我1939年6月到该馆参观时使用的一样。这座博物馆的价值，不在于它收藏的文献档案，而在于它展出的奴隶贸易时期使用过的各种触目惊心的刑具。有一间展览室展出了一份"奥兰治山庄"（Orange Hill Estate，未标明所在地点）编制的奴隶名册。在这份名册中，奴隶按体力、年龄和肤色分成几类。其中有5个奴隶，年龄从1岁8个月到20岁不等，被归到很有趣的"混血"（mongrel）类别中。在种植园里，人们较熟悉的奴隶有黑人、黑白混血儿等几类，但"混血"这类奴隶到底是怎样形成和划分的，我们不得而知。

牛津大学的罗德楼图书馆

在罗德楼图书馆的藏书中，有一卷手稿出自废奴主义者詹姆斯·拉姆齐。这卷手稿引人入胜，收入了拉姆齐的笔记、备忘录和演讲词，不仅对研究整个废奴运动很有用，而且对深入了解拉姆齐其人也有用。在拉姆齐1788年向枢密院提交他的证词和几本著作之前，人们对他了解甚少。

伦敦罗汉普顿的英国银行档案馆

这里保存了东印度公司的股票分类账。我查阅的几册为1786年7月东印度公司认购80万英镑追加股票的登录簿，以及1783—1791年和1791—1796年东印度公司的股票分类账。查阅这些账册可以看出东印度人与废奴主义者之间的联系。

第一手资料（印刷品）

1.《英国议会议事录》(*Hansard*)。有必要强调这一时期议会议事录的重要性。因为除了英国作者威廉·劳·马西森（William Law Mathieson），还没有人认真使用过这批价值极大的资料。1650—1860年的议会议事录保存得相当完整。虽然1760年之前的演讲词极度分散，但是值得学者们庆幸的是，利奥·弗朗西斯·斯托克（Leo Francis Stock）这位勤奋的作者已把它们收集起来，汇编成一套方便查阅的书册，其标题为《英国议会关于北美问题的议事记录和辩论录》(*Proceedings and Debates in the British Parliament respecting North America*)，按日期分为五卷，由卡内基学会（Carnegie Institution）主持出版。

1760—1860年的议会议事录，分别以下列的标题见世：1760—1803年的题为《科贝特英国议会史》(*Cobbett's Parlia-*

mentary History of England），1803—1812年的题为《科贝特议会辩论录》(Cobbett's Parliamentary Debates)，1812—1820年的题为《英国议会议事录》(Hansard)；1820—1830年的题为《英国议会议事录新辑》(Hansard, New Series)，1830—1860年的题为《英国议会议事录第三辑》(Hansard, Third Series)。我保留了官方的这种分期法，以便查找和参阅。比起仅用"英国议会议事录"这个单一的名称来统称各个完全不同的丛辑，这种分期法使用起来方便得多，否则会造成各卷册之间的混乱，以致不易查找。年代较早的历年议会议事录都编入了一个单册。1845年以后各年的议事录，一般是每年编成四卷分册。

2.《美洲奴隶贸易的文献说明》(Documents Illustrative of the History of the Slave Trade to America)。这是卡内基学会出版的又一套四卷本的出色著作。研究黑奴制度的学者应该永远感激这部著作的作者，已故的伊丽莎白·唐南（Elizabeth Donnan）教授，以及她的得力助手。与本书的研究内容有密切关系的，主要是第二卷。这一卷涉及18世纪西印度群岛的奴隶贸易。涉及17世纪的第一卷，尤其是其中涉及1688年以后这段时期奴隶贸易情况的内容，同样很有用处。第三卷和第四卷的内容，是关于美洲大陆北部、中部和南部各个殖民地的奴隶贸易情况，凡需要查阅的，我都查阅了。

3.《议会文件》(Parliamentary Papers)。提交给议会的文件和议会委员会收藏的证词，我都归到这一标题下。鉴于在注释中已经列出参考的文件，这里就不再列出详细目录。但1784—

1848年的许多很有价值的报告，是研究西印度群岛问题时不能忽略的。这批文件或许鲜为人知，或有待广泛利用，这里我需要着重指出其中的第48卷。这一卷收入了1837—1838年的议会文件。根据1833年的释奴法令，获得奴隶补偿金的一份详细名单就收在这一卷里。现存的唯一完整的议会文件集收藏在大英博物馆。

4.《枢密院委员会上议院议员关于贸易与海外种植园所有事宜的报告，1788年》(*Report of the Lords of the Committee of Privy Council appointed for the consideration of all matters relating to Trade and Foreign Plantations, 1788*)。对想要了解美国独立战争以后各产糖殖民地情况的人来说，这份文件不可不读。自然，据以说明小威廉·皮特对待奴隶贸易的态度的，也是这份报告。这份报告分为多个部分，其中最重要的是第3部分，这部分谈的是奴隶的状况，第5部分谈到法国在食糖贸易方面的竞争，第6部分为报告发表的最后阶段所收到的杂项文件。

5. 这一时期几位著名政治家的书信集和备忘录。其中已经发表的至少有乔治·坎宁、卡斯尔雷子爵罗伯特·斯图尔特、威灵顿公爵阿瑟·韦尔斯利和威廉·温德姆·格伦维尔的书信集和备忘录［格伦维尔的已由历史文献手稿委员会以《德罗摩尔藏J. B. 福特斯鸠先生手稿》(*The Manuscripts of J. B. Fortescue Esq. preserved at Dropmore*)为题发表］。由威廉·威尔伯福斯的儿子出版的《威廉·威尔伯福斯书信集》(*Correspondence of William Wilberforce*)和《威廉·威尔伯福斯的私人文件》

(Private Papers of William Wilberforce)，也应该归入这一类。

6.《官方文件汇编，殖民地辑：美洲和西印度群岛》(Calendar of State Papers, Colonial Series, America and West Indies)。这个文件汇编附有一份出色的索引，而且是采用简短的形式。内容包括甘蔗种植、奴隶贸易，以及美洲大陆与西印度群岛之间经济关系等的项目。此外，这个专辑还编入了关于西印度群岛白奴的大量有用的材料。我查阅的几册是1611—1697年的。

第二手资料

同期资料

这批资料卷帙浩繁。我仔细查阅过著名重商主义者马拉奇·波斯尔思韦特、查尔斯·戴夫南特、约书亚·吉、达尔比·托马斯爵士和威廉·伍德的著作，也查阅了反对重商主义的名著《国富论》一书。同期资料中有关契约奴的材料虽然不多，但现存的材料很有价值。具有重大价值的关于西印度群岛人与印度人之间激烈论战的材料，我也全部查阅过。除大英博物馆馆藏的材料，我还查阅了印度事务部档案馆的资料，以及约翰·赖兰兹图书馆的众多小册子。布赖恩·爱德华兹的名著《英属西印度群岛史》(History of the British West Indies) 也很值得重视。该书不但内容有价值，而且可以被看作奴隶社会在文化上的一个难得的样本。这个西印度群岛的奴隶社会与古希腊的奴隶社会不同，它既不重视教育，也没有给这个世界创造出什么伟大的成果。除查阅大量的地方史资料，我还特意查阅了港口大城市、工业中心，以及当时英国工商业的发展史资料。我广泛利用了废奴主义者的著作，特别是威廉·威尔伯福斯的儿子撰写的五卷本的威尔伯福斯生平史，这部生平史内容不连贯，但资料丰富。

现代的资料

研究1763—1833年的英属西印度群岛的任何问题，可以不必全部列出著者和资料来源的目录。有这样一个故事，大意是说废奴主义者们每当争论一个观点时，就会有人提议"查一查麦考利的著作"。同样，"查一查拉加茨的著作"这个提议，对研究1763—1833年的加勒比地区史来说，也并不为过。洛厄尔·J. 拉加茨撰写的《英属加勒比地区殖民地种植园主阶级的衰落，1763—1833年》（*The Fall of the Planter Class in the British Caribbean, 1763-1833*）一书，是一本原始资料很完备的著作。他撰写的《1763—1834年英属加勒比地区历史研究指南》（*Guide for the Study of British Caribbean History, 1763-1834*）一书，对研究加勒比地区的学者是本不可或缺的参考书。学者不仅可以从该书中得到一份各类著作的完整书目，而且可以读到每一本著作的主要观点的简介。拉加茨的《1763—1833年研究英属加勒比地区历史的统计资料》（*Statistics for the Study of British Caribbean History, 1763-1833*）一书，提供了许多有价值的统计材料。《1763—1834年下议院和上议院会议文件目录索引》(Check Lists of House of Commons and House of Lords Sessional Papers, 1763-1834)一书,对参考这一时期议会文件时遇到明显差错而又不得其解的所有学者来说,是不可不查阅的。拉加茨教授还编辑了三册本的书目索引:《美国出版的关于殖民地历史和海外扩张的著作与论文目录索引》(A List of Books and Articles on Colonial History and Overseas Expansion Published in the United States),分别编为1900—1930年、1931—1932年和1933—1935年三大册。在目录索引中列出了大量论及契约白奴地位的著作和论文。最后,是他最近编辑的《研究1815—1939年欧洲历史的书目提要》(A Bibliography for the Study of European History, 1815 to 1939),在该书的第140~158页,开列了一份长长的关于英国的书目,其中很多著作对研究19世纪英国发展情况极有价值。

除拉加茨教授的著作,美国学者弗兰克·W.皮特曼教授撰写的关于加勒比地区的著作,也值得大加重视。他著作中论述的那一时期,正好可以补充拉加茨对这个问题所做的研究。皮特曼教授撰写的《1700—1763年英属西印度群岛的发展》(The Development of the British West Indies, 1700-1763)是一部杰作。这部著作与拉加茨的著作一样,是在认真分析原始资料的基础上写成的。皮特曼教授的论文《18世纪英属西印度群岛种植园的资金筹措与清算》(The Settlement and Financing of British West India Plantations in the Eighteenth Century)是查尔斯·麦克莱恩·安德鲁斯的学生们为祝贺他的寿辰所写的论文之一。该文真可以说是一篇名作。

有两部英国人写的著作,应当同那些在英国流行的、对奴隶制加以唯心主义解释和歪曲事实的著作加以区别。理查德·佩尔斯的《1739—1763年西印度群岛的战争与贸易》(*War and Trade in the West Indies, 1739-1763*)一书,内容上虽不免对战争和外交活动做了过多的描述,但包含了关于西印度群岛的重要材料。这些材料对了解西印度群岛种植园主对其他国家产糖殖民地的态度,具有重要意义。佩尔斯的著作把社会经济问题摆在次要地位。而在威廉·劳伦斯·伯恩的著作中,这个问题则是作为主要问题来阐述的。伯恩的《英属西印度群岛的奴隶解放与学徒年限》(*Emancipation and Apprenticeship in the British West Indies*)一书,对1833—1838年的学徒制度做出了有见解的分析。不过,该书论述奴隶解放的前三章参考价值不大,部分原因是作者仅满足于第二手资料。在少数几个英国作家中,值得一提的是威廉·劳·马西森。固然马西森的著作与雷金纳德·库普兰的一样,利用的都是第二手资料,但与库普兰不同的是,马西森善于运用第二手资料,而且始终不忘英国是一个有议会的国家,在议会里可以开展辩论。马西森撰写的4本论奴隶制的著作,都附有一份完备的索引,很有参考价值。库普兰代表了感性的历史观,但他的著作在介绍废奴运动方面却不是感性的。查尔斯·马尔科姆·麦金尼斯(Charles Malcolm MacInnes)研究奴隶制问题的一部较早的著作《英国与奴隶制》(*England and Slavery*)是一部充满感情色彩的历史著作，而他后来写的《布里斯托尔：帝国的门户》(Bristol, A Gateway of Empire) 一书，则是一部有价值的、科学性的历史著作，而且是根据布里斯托尔档案馆未公布的材料写成的。弗兰克·J. 克林贝格在《英国的反奴隶制运动》(The Anti-Slavery Movement in England) 一书中，正式提出了美国历史唯心主义的问题。

有两部全面论述资本主义与奴隶制关系的著作，有必要特别提出来。第一部著作是威尔逊·E. 威廉姆斯（Wilson E. Williams）的硕士论文《非洲与资本主义的兴起》(Africa and the Rise of Capitalism)，1938年由哈佛大学社会学系出版。第二部较为重要，是西里尔·莱昂内尔·罗伯特·詹姆斯（Cyril Lionel Robert James）撰写的《黑色雅各宾：杜桑·卢维杜尔与圣多明各的革命》(The Black Jacobins, Toussaint L'Ouverture and the San Domingo Revolution)。这本书在第38~41页，对资本主义与奴隶制关系所做的简明扼要的阐述，据我所知，在英国还是第一次。

要对殖民地政策做全面研究，有两部著作不可不读。一部是查尔斯·麦克莱恩·安德鲁斯著的《美国历史中的殖民地时期》(The Colonial Period of American History)。该书除一些精彩章节论述巴巴多斯和牙买加，还从重商主义的整体背景来论述产糖殖民地的应有作用。安德鲁斯对各类贸易法和普遍殖民制度所做的分析和论述，对每个研究早期大英帝国史的学者来说都是入门必读的。另一部是乔治·路易斯·比尔（George

Louis Beer）所著的《旧殖民制度》（*The Old Colonial System*）。该书论述的范围虽然很窄，但正好可以补充安德鲁斯著作的不足。赫尔曼·梅里韦尔1839—1841年在牛津大学的讲演稿《关于殖民与殖民地》（*Colonization and Colonies*）是牛津大学最优秀的学术成果。肯尼思·诺曼·贝尔（Kenneth Norman Bell）与威廉·帕克·莫雷尔（William Parker Morrell）合编的《1830—1860年英国殖民地政策的精选文件》（*Select Documents on British Colonial Policy, 1830-1860*），收入了这一重要时期若干很有价值的原始文件的复印件。要专门研究旧殖民制度时期的西印度群岛，文森特·哈洛、詹姆斯·亚历山大·威廉姆森和C. S. S. 海厄姆（C. S. S. Higham）的著作都是很重要的参考著作。其中哈洛的《巴巴多斯史》（*History of Barbados*）一书尤为重要。要了解20世纪巴巴多斯及英属西印度群岛的问题，就得追根溯源，探究由蔗糖和奴隶制引起的经济和社会方面的变化。

关于英国私人企业兴起和发展的著作，在各章注释中都列出了。至于对英国资本主义的发展做了最全面论述的著作，只需指出保罗·芒图和约翰·哈罗德·克拉彭就足够了。克拉彭的《现代英国经济史：铁路时代初期》（*An Economic History of Modern Britain, The Early Railway Age*）一书的第5章，对工业革命做了最精辟的分析。他的一篇编入《剑桥大英帝国史》（*Cambridge History of the British Empire*）第二卷的论文《1783—1822年的工业革命与殖民地》，对废奴运动和西印度群岛奴隶制的崩溃所持的见解，比英国"官方"史学家所有著作中的见解都要理智和深刻。

在文学领域，怀利·西弗尔教授所著的《被俘的几内亚诸王：18世纪英国的反奴隶制文学》(*Guinea's Captive Kings: British Anti-Slavery Literature of the XVIIIth Century*）一书，是研究黑奴制度的优秀作品之一。从政治角度来看，这本书有很大缺陷，而且这个缺陷在某些方面是不可原谅的。然而，就这一时期的文学来说，该书仍不失为一部有见识又有综合分析的作品。正因为如此，它对社会学研究也很有帮助。我的一位同事，伊娃·比阿特丽斯·戴克斯（Eva Beatrice Dykes）博士最近出版的《英国浪漫主义思想中的黑人》(*The Negro in English Romantic Thought*，1942），对西弗尔的作品是有益的补充。玛格丽特·斯蒂恩（Marguerite Steen）的畅销小说《毁我者，阳光也》(*The Sun Is My Undoing*) 对深入了解三角贸易及其对英国资本主义的重要性有所启发。

我考察这一时期法属圣多明各和西属古巴的发展所使用的资料，自然也是第二手资料。就法国而言，最主要的作家是加斯顿·马丁。1940年夏季，罗森沃尔德奖学金让我可以到古巴的档案馆和图书馆搜集资料。华金·德拉·佩苏埃拉（Joaquín de la Pezuela）编的综合性《古巴岛地理、统计、历史辞典》(*Diccionario Geografico, Estadistico, Historico de la Isla de Cuba*），在食糖这一条目下收入了大量精彩材料。当时的糖业大王胡斯托·赫尔曼·坎特罗著述的《古巴岛的制糖厂》是一部抒情的、有大量插图的珍贵著作。

我在3篇已发表的论文中,详细论述了新近提出的几个问题。这3篇论文的题目是:《英国奴隶制的黄金时代》("The Golden Age of the Slave System in Britain", *Journal of Negro History*),《1807年废奴后各殖民地之间奴隶贸易的情况》("The Intercolonial Slave Trade After Its Abolition in 1807", *Journal of Negro History*),《保护关税、自由放任与食糖》("Protection, Laisser-Faire and Sugar", *Political Science Quarterly*)。